옮긴이 **배동근**

영어 전문 번역가. 영화 번역과 방송 번역 일을 했고 학원에서 영어를 가르치다 지금은 책 번역 일을 하고 있다. 리베카 긱스의『고래가 가는 곳(Fathoms)』을 옮겼고, 이 책으로 제62회 한국출판문화상 번역 부문 후보에 올랐다. 색인의 역사를 다룬『인덱스(Index)』를 비롯해『도서관의 역사(The Library)』『해파리의 시간은 거꾸로 간다(Jellyfish Age Backwards)』『쓰기의 미래(Who Wrote This?)』등을 우리말로 옮겼다.
현재 역사학자 앤드루 페테그리의『전쟁의 책(The Book at War)』(가제)과, 심리학자 필립 짐바르도와 로버트 존슨의 공저『셰익스피어 심리학(Psychology According to Shakespeare)』(가제)을 번역하고 있다.

해제 **조귀동**

저널리스트, 경제칼럼니스트이자 명지대학교 경제학과 객원교수. 서울대학교 경제학부를 졸업하고, 서강대학교 경제학과 박사과정을 수료했다. 한국 경제의 구조와 그 변화 과정에 대한 글을 써 왔다. 경제가 어떻게 정치와 사회에 영향을 미치는지, 그리고 거꾸로 정치와 사회가 경제에 어떻게 영향을 미치는지도 주된 관심 분야다. 저서로는『세습 중산층 사회』『전라디언의 굴레』『2022 한국의 논점』(공저)『이탈리아로 가는 길』등이 있다.

중산층
연대기

THE RISE OF THE GLOBAL MIDDLE CLASS
Copyright © 2023 by Homi Kharas. All rights reserved.
Published by Rowman&Littlefield, an imprint of Bloomsbury Publishing Plc.

Korean translation published in agreement with Rowman&Littlefield, an imprint of
Bloomsbury Publishing Plc, London, UK, through Danny Hong Agency, Seoul, Korea.
Korean translation copyright © 2025 by Book21 Publishing Group.

이 책의 한국어판 저작권은 대니홍에이전시를 통해 저작권사와 독점 계약한
(주)북이십일에 있습니다. 저작권법에 의해 한국 내에서 보호를 받는 저작물이므로
무단전재와 복제를 금합니다.

더 나은 삶을 향한 열망이 만든 역사

중산층
연대기

THE RISE OF THE GLOBAL MIDDLE CLASS
How the Search for the Good Life Can Change the World

호미 카라스Homi Kharas 지음
배동근 옮김
조귀동 해제

arte

일러두기

— 이 책은 Homi Kharas의 THE RISE OF THE GLOBAL MIDDLE CLASS: How the Search for the Good Life Can Change the World(Brookings Institution Press, 2023)를 완역한 것이다.

— 국립국어원의 한글 맞춤법과 외래어 표기법을 따르되, 일부 표현은 시대와 맥락, 관례를 고려해 표기했다.

— 도서명은 겹낫표(『 』), 기사나 논문 등 수록된 글은 홑낫표(「 」), 정기간행물은 겹화살괄호(《 》), 영화, 희곡, 보고서 등은 홑화살괄호(〈 〉)로 묶었다.

— 미주는 모두 원주이다. 본문 속 괄호( )로 부연하는 내용은 모두 원서를 따랐으며 저자가 쓴 것이다. 역주는 본문 속에 등장하며 대괄호([ ])로 묶고 문장 끝에 '옮긴이'라고 표기했다.

— 국내에 번역된 도서는 한국어판 제목을 본문과 미주에 적고 원서명을 병기했다. 아직 번역되지 않은 도서는 본문에는 그 제목을 번역하고 원제를 병기했다.

해제

'중산층'은 어떻게 오늘날의 세계를 만들어 냈나

1930년대 미국 뉴욕 중심부 맨해튼을 찍은 사진을 보면 지금과 별 차이 없는 모습이 놀랍다. 즐비하게 늘어선 고층 빌딩, 화려한 야경, 거리에 빼곡한 자동차는 익숙한 풍경이다. 그런데 1870년대 같은 곳을 찍은 사진에선 벽돌 건물, 넓지만 포장 안 된 흙길을 지나가는 마차들, 굴뚝과 돛이 함께 있는 배들로 채워진 부두 등 지금과 다른 시대라는 게 확연히 드러난다. 60년 만에 도시의 풍광과 사람들의 생활 방식이 뒤바뀐 것이다.

변화의 원동력은 경제학자들이 '제2차 산업혁명'이라 부르는 급격한 생산력 증가였다. 1870~1914년 전기와 내연기관이 새로운 동력원으로 사용되고 화학 등 고도의 과학 지식에 기반한 산업이 성장하면서 경제 발전의 양상이 크게 바뀌었다. 18세기 후반 시작된 산업혁명으로 인간은 자연의 한계에서 벗어나서 지속적으로 소득이 늘어나는 '근대적 경제성장'에 진입했다. 하지만 발전 속도는 여전히 더뎠다. 특히 기술적, 조직적 역량(즉 생산성)의 향상 속도가 느렸다. 1770~1870년 세계의 연평균 총요소생산성 증가율은 0.45퍼센트로 인구 증가율(0.9퍼센트)의 절반 수준에 불과했다. 하지만 1870년부터 상황이 바뀌었다. 생산성 증가율이 연 2.1퍼센트로 뛰고, 인구 증가율을 앞지르게 됐다.

『중산층 연대기―더 나은 삶을 향한 열망이 만든 역사』는 제2차 산업혁명의 결과 현대사회의 주역이 된 중산층을 렌즈 삼아 오늘날의 세계가 어떻게 만들어졌는지 살핀다. 중산층은 19세기 후반부터 이어진 경제·사회 발전의 결과물이면서, 동시에 그 발전을 이끌어가는 집단이기 때문에 이 같은 접근 방식은 풍부하면서도 통찰력 있는 분석 결과를 제공한다.

제2차 산업혁명이 어떻게 중산층을 대규모로 창출했나 살펴보자. 먼저 1인당 소득이 증가하면서 내구소비재의 수요가 늘어났다. 냉장고(1862년), 세탁기(1874년), 에어컨(1902년) 등 우리가 편리하게 사용하는 기기들이 잇따라 등장했다. 커다란 철제 선박이 대형 증기기관과 선체 밑에 설치된 스크루 프로펠러로 움직이게 되면서 대규모 해상운송이 가능해졌다. 전신이나 전화를 통해 수천 킬로미터 떨어진 사람들과 의사소통할 수 있게 됐다. 오늘날 세계화라 불리는 현상이 시작됐다. 기술 발전과 시장 확대는 컨베이어벨트와 과학적 관리법으로 상징되는 대량생산의 문을 열어젖혔다.

인구 증가율이 낮아지면서 '산출 증가 → 인구 성장 → 소득 정체'의 악순환이 끊겼다. 고무에 황을 섞어 얇고 탄력 있고 질긴 소재로 가공할 수 있게 되면서(가황고무법, 1844년 발명)

능동적인 피임이 가능해졌다. 부모들은 자녀의 수를 줄이고, 대신 교육 등 자녀 양육의 질에 집중하기 시작했다. 교육을 통해 소수의 자녀가 좀 더 높은 임금을 받는 일자리를 구하는 것이, 많은 자녀가 저임금 일자리를 전전하는 것보다 낫다고 판단해서다.

중산층의 경제 기반은 근대적 대기업이다. 사무, 경영관리, 연구 개발을 맡을 대규모 화이트칼라와 함께 숙련도가 높고 노동조합으로 뭉친 대공장의 블루칼라 노동자 집단이 등장했다. 법률가나 의사 등 전문직도 규모가 커지고 직군이 다양해졌다. 대규모 토지 자산에 기반한 귀족, 임금을 모아서는 얻기 힘든 규모의 자본을 굴리는 자본가와 다르게 중산층은 자신이 가진 능력, 인적 자본이라고 일컬어지는 것을 활용해 생계를 꾸렸다. 하지만 이들의 소득은 나름 자산을 축적하고, 미래를 위해 여러 준비를 할 수 있는 정도는 되었다. 폭발적으로 확대된 중·고등 교육은 그들에게 기회였지만, 그 기회에서 배제될 경우 곧장 지위를 잃을 수 있는 위험이기도 했다. 더 나은 삶을 위해, 위태로운 계층 지위에서 탈락하지 않기 위해 늘 노력해야만 했다.

주택 1~2채를 핵심 자산으로 삼는 세습 중산층, 은퇴 자금 등을 운용하는 뮤추얼펀드가 주된 행위자인 금융시장, 헬리콥터맘·사커맘 등 신조어를 낳는 양육 행태, 다양한 유행과 문화 상품 등 중산층의, 중산층에 의한, 중산층을 위한 라이프스타일은 현대사회를 지배하게 됐다. 브래드퍼드 들롱(J. Bradford DeLong) 미국 캘리포니아대(버클리) 교수는 이런 변화들 때문에 1870~2010년을 "인류 역사상 가장 중요한 영향을 미친 세기"*라고 주장한다.

이 책은 먼저 영국을 필두로 한 서유럽과 미국에서 중산층이 형성된 과정을 경제사적인 시각에서 살피면서, 동시에 중산층의 등장이 미친 영향을 따진다. 그리고 1945년 2차대전 이후 형성된 전 지구적 자본주의와 세계화 속에서 일본·한국·대만 등 동아시아 신흥공업국, 중국, 인도가 가파른 경제성장을 시작하면서 새롭게 중산층의 대군(大軍)에 합류한 이들을 시기별 특징과 함께 분석한다. 그리고 오늘날 여러 나라, 특히 미국과 유럽에서 중산층이 맞이한 위기와 경제적 이륙을 시도할 나라가 계속 나오기 위해 인류가 해결해야 하는 생태, 에너지, 기술 문제를 다룬다.

'열망의 계층' 또는 '번영과 경제성장의 엔진'

저자인 호미 카라스는 말레이시아계 영국인 경제학자로 영국 케임브리지대(킹스칼리지)를 졸업하고 미국 하버드대에서 경제학 박사학위를 받았다. 세계은행에서 26년간 근무하면서 아시아·태평양 담당 수석 이코노미스트 등을 역임했다. 2007년 미국의 싱크탱크인 브루킹스연구소로 자리를 옮겨 선임 연구원으로 재직하고 있다. 여러 나라의 경제 발전과 성장

---

* 브래드퍼드 들롱 저, 홍기빈 역, 『20세기 경제사(Slouching Towards Utopia: An Economic History of the Twentieth Century)』, 생각의힘, 2024, 17쪽.

문제를 다루는 세계은행 이코노미스트로서 오랫동안 중산층 문제, 특히 비(非)선진국에서의 중산층 성장에 대해 천착해 왔다. 2006년 발표한 보고서에서 제시한 '중진국 함정(middle-income trap)' 이론**이 대표적이다.

중진국 함정 이론은 여러 저소득 국가가 중간 소득 국가까지는 올라가는 데 성공하지만, 이후 고소득 국가에 진입하는 데 어려움을 겪는 구조적인 이유가 있다고 지적한다. 생산성 혁신이나 구조 개혁 없는 물적 요소 투입 위주의 경제성장, 후진적인 금융시장이나 과도한 자국 산업 보호 정책에 따른 자원 배분의 비효율 등이 직접적인 원인이다. 또 불평등이 심화되면서 중산층이 제대로 성장하지 않고, 권위주의 정치체제 탓에 엘리트들의 부패와 지대추구가 만연한 것도 문제라는 게 그의 주장이다. 이를 해결하기 위해 중산층을 육성하고, 그들이 주도하는 민주주의 정치를 도입하는 게 바람직하다는 함의도 이 이론엔 담겨 있다. 저자가 전 세계적인 시각에서 중산층의 형성을 조망하는 책을 쓰게 된 것은 자연스러운 결과다.

중산층은 모호한 개념이다. 가장 널리 사용되는 기준은 소득이다. 경제협력개발기구(OECD)는 나라별 중위소득의 75~200퍼센트를 중산층으로 규정한다. 소득 대신 소비 대비 비율을 쓰는 경제학자도 있다. 소비가 자산, 고령화, 이전

** Indermit S. Gill, and Homi Kharas, "The Middle-Income Trap Turns Ten," Policy Research Working Paper No. WPS 7403, World Bank, 2015, https://openknowledge.worldbank.org/server/api/core/bitstreams/883a42f3-c08a-5193-a5d3-f76b6d53e027/content.

소득이나 상속 등의 영향을 더 잘 반영한다고 보기 때문이다. 2019년 노벨 경제학상을 탄 아브히지트 바네르지(Abhijit Banerjee), 에스테르 뒤플로(Esther Duflo)처럼 신흥국 경제개발을 연구한 학자들은 절대적인 소득·소비 수준을 기준으로 삼는다. 카라스는 세 번째 방식으로 중산층을 규정하되, 두 번째 방식에도 부합한다는 설명을 덧붙였다. 그는 선진국에서 빈곤의 시작점이자, 중진국에서 안정된 생활이 가능한 수준인 1인당 하루 12달러 지출부터 그 10배인 1인당 하루 120달러 지출까지를 중산층을 분류하는 기준으로 잡았다.

중산층 규정에는 직업, 교육 같은 계층 지위도 중요하다. 인적자본을 이용해 소득을 올리는 집단이기 때문이다. 대학을 졸업한 화이트칼라나 전문직, 또는 높은 임금을 받는 대공장 숙련 노동자가 중산층의 표준이다. 오늘날 중산층의 특징은 최소한의 생계를 유지하는 수준을 뛰어넘는 임금을 정기적으로 받는 데 있는데, 대규모 조직과 생산 시설을 갖춘 기업이 고용하기 때문에 가능한 양태다. 기업이나 공공기관 조직의 승진 사다리를 올라가는 건 소득 증가뿐만 아니라 계층 지위 상승의 주된 수단이다. 미국 사회학 교과서인 『소사이어티인포커스(Society in Focus)』*는 상류층(upper class), 상위 중산층(upper middle class), 하위 중산층(lower middle class), 하류층(lower class)으로 계층을 나눈다. 전체 인구의 15퍼센트를 차지하는

---

* William E. Thompson, Joseph V. Hickey, and Mica L. Thompson, *Society in focus: An introduction to sociology*, Rowman & Littlefield, 2016, p. 203~204.

상위 중산층은 명문대를 졸업한 임원을 포함한 대기업 고소득 화이트칼라와 전문직 종사자로 흔히 대중매체에서 그려지는 남부럽지 않은 라이프스타일을 갖고 있고, 지역 사회에서 오피니언리더 역할을 맡는다. 하위 중산층은 보통의 대학 졸업장 정도를 가진 33퍼센트 정도의 계층으로, 안정된 생계를 유지할 수 있는 일자리가 있으나 상위 중산층 수준의 부유한 생활 방식을 모방하기엔 역부족인 소득을 거둔다.

중산층은 소득·직업·학력이 다양하지만, 소득이나 계층 지위 상승을 위해 노력한다는 점에서 비슷한 행동 방식을 보인다. 미국 상무부가 2010년 발간한 『미국의 중산층(Middle Class in America)』**은 중산층의 특징으로 "지금보다 더 많은 소득을 얻고자 하는 열망"을 가장 먼저 꼽았다. "이를 위해 계획을 세우고 저축을 하는 것이 (중산층적 삶의) 주요한 구성 요소"라는 것이다. 여러 나라에서 중산층이 '현재'의 삶의 양상이 아니라 현실적으로 달성할 수 있는 '목표'인 이유다. 누구나 열심히 노력하면 얻을 수 있는 생활상이기 때문에, 일종의 사회계약으로서의 성격도 강하다. 이 사회계약이 중요한 까닭은 절제와 저축, 자녀 교육에 대한 관심, 자발적인 노력이 경제 발전에 중요하기 때문이다. 또 중산층은 "많은 사람이 현재 소속감을 느끼거나 혹은 가까운 미래에 속하기를 원하는 '사회적 정체성'을 제공해 준 개념"***이어서 사회적 접착제 기능도 담당했다.

** US Department of Commerce, *Middle Class in America*, 2010, p. viii.
*** 구해근, 『특권 중산층』, 창비, 2022, 37쪽.

이 때문에 OECD는 중산층을 "번영과 경제성장을 위한 엔진"이며 "포용적 성장의 토대"*로 규정한다.

세계화에 성장하고, 세계화에 흔들리다

2차대전 이후 탄생한 미국 주도의 글로벌 자본주의 경제는 중산층 전성시대를 낳았다. 미국과 서유럽에서 중산층이 양적·질적으로 팽창하고, 다른 지역에서도 중산층이 등장하기 시작했다. 전쟁 전 영국을 제외한 다른 서유럽 국가들의 소득수준은 미국과 비교해서 상당히 낮았고, 따라서 중산층이 다수를 차지할 정도로 많지 않았다. 1937년 독일(7468달러, 2011년 가격 기준)과 프랑스(7152달러)의 1인당 GDP(국내총생산)는 각각 미국(1만 1295달러)의 66퍼센트, 63.3퍼센트에 불과했다.** 하지만 오일쇼크가 발생한 1973년, 독일은 71.7퍼센트, 프랑스는 76.8퍼센트 수준에 도달할 정도로 가파르게 성장했다. 원래 소득수준이 낮은 편이었던 이탈리아의 경우 1980년대 중반 영국, 프랑스를 앞지를 정도까지 치고 올라가 '경제 기적'이라는 말이 나올 정도였다.

모지스 아브라모비츠(Moses Abramovitz) 등 경제학자들은 서유럽이 '따라잡기(catch-up)'에 성공할 수 있었던 요인을 다

---

* OECD, *Under Pressure: The Squeezed Middle Class*, OECD Publishing, 2019, p. 17.
** Maddison Project Database 2023, https://www.rug.nl/ggdc/historicaldevelopment/maddison/releases/maddison-project-database-2023.

음과 같이 설명한다.*** 먼저 생산성이 개선됐다. 하나의 시장으로 묶이고 교류가 활발해지면서 다른 나라의 앞선 과학기술이나 경영기법을 바로 도입할 수 있게 됐다. 무역이 늘어나고, 국제 금융시장이 활성화되면서 새로운 시장 확보와 자본 조달이 용이해졌다. 이전과 달리 국내 정치 상황이 안정되고, 케인스주의와 복지국가라는 합의가 유지되면서 기업 활동이 활성화됐다.

서유럽에 이어 일본, 한국, 대만, 싱가포르 등 동아시아 국가들이 성장의 바통을 이어받았다. 산업에 쓰이는 최초의 반도체인 트랜지스터는 미국 통신사 벨(Bell)의 연구소에서 발명됐지만, 이를 이용해 휴대용 라디오 같은 소비재를 만들어 대박을 친 건 일본의 소니(SONY)였다. 동아시아 국가들은 정부가 미국과 서유럽 시장을 겨냥한 수출 제조업을 집중 지원하는 방식으로 빠르게 국민소득을 늘리고 경제구조를 고도화했다. 1961년 이케다 하야토(池田勇人) 일본 총리는 국민소득을 10년 이내에 2배로 늘리겠다는 소득배증계획(所得倍増計画)을 내놓았고, 10년이 채 지나지 않아 모두가 중산층인 '1억 총중류 사회'가 만들어졌다. 서유럽 밖에서 선진국 진입에 성공한 사례는 동아시아 국가들뿐이다.

1990년대에는 중국, 2000년대에는 인도의 '이륙(take-off)'이 시작됐다. 중국은 동아시아 신흥공업국의 선례를 충실히

*** Moses Abramovitz, "Catch-Up and Convergence in The Postwar Growth Boom and After," *Convergence of Productivity: Cross-National Studies and Historical Evidence*, 1994, p. 86~125.

따라갔다. 냉전 종식 이후 신자유주의 물결 속에서 세계의 공장 역할을 해냈다. 국민의 열의와 정부의 교육 재정 투입이 결합되어서 만들어 낸 질이 높으면서도 풍부한 노동력, 수출 시장 수요를 겨냥한 산업 육성 전략, 부패 등의 문제가 있지만 꽤 잘 작동하는 행정기관 및 법 제도 등은 2001년 세계무역기구(WTO) 가입과 맞물려 폭발적인 성장을 이끌어 냈다. 인도는 IT(정보기술)에 힘입은 서비스 산업의 글로벌 재편성에서 수혜를 받았다. 인포시스(Infosys)를 비롯해 위프로(Wipro), 타타컨설턴시서비스(TCS) 등 IT 개발 업무를 하청받아 수행하는 기업이 세계적인 규모로 성장했다. 영어 사용 국가이며 이민자가 많아 다른 나라 기업과 네트워크를 빠르게 발전시킬 수 있었던 게 인도식 세계화의 비결이다.

하지만 세계화와 기술 발전은 차츰 선진국 중산층을 옥죄기 시작했다. 고학력·고숙련 노동자의 생산성만 집중적으로 높이는 숙련편향적기술발전(SBTC)은 양극화를 키웠다. 또 IT 발전으로 단순 사무나 조립 같은 일상적인 업무가 자동화되면서 중간 숙련 일자리가 집중적으로 사라졌다. 하위 중산층을 만들어 내는 일자리들이 사라지고, 명문대 출신 고소득층과 나머지 평범한 중산층의 격차가 계속 벌어지게 됐다. 일본·한국·대만에 이어 중국까지 저렴한 비용을 내세워 공산품 생산을 도맡으면서 한때 제조업 중심지였던 곳들이 쇠락했다. 선진국 기업들은 중국, 베트남 등 인건비가 싼 곳으로 생산 거점을 옮기든지 아니면 대규모 자동화로 효율을 끌어올려야 했다. 두 방법 모두 중산층의 기반을 허물어뜨리는 결과를 낳았다.

중국 등 상품 수출국과 미국 등 수입국 사이의 무역 불균형은, 수출국에 쌓인 자금이 미국 금융시장에 다시 흘러가는 방식으로 유지됐다. 풍부한 유동성에 선진국 금리는 낮은 수준을 유지했다. 라구람 라잔(Raghuram Rajan)은 소득 불평등 확대에 직면한 미국이 저소득층에 대한 대출을 늘리는 방식으로 위기를 모면하려 한 것이, 2000년대 가계 부채 급증의 주된 원인이라고 주장한다.* 가계 대출 증가는 자산 가격을 끌어올리고 다시 불평등을 심화시켰다. 그리고 '빚으로 지은 집'이 무너진 2008년 글로벌 금융 위기(대침체)는 하위층이나 중산층 가운데 소득이 낮은 집단을 집중적으로 강타했다.

트럼프 시대, 중산층을 다시 생각한다

중산층이 흔들리면서 미국과 유럽에선 포퓰리즘 정치가 급격히 성장했다. 이들은 '우리'를 구성하는 것들이 '외부'에 의해 무너지고 있다는 서사를 핵심으로 한다. 강한 경제적 민족주의를 기반으로 무너진 그들의 생활세계를 재건해야 한다는 것이다. 세계화와 기술 발전에 타격을 입은 중하층 노동계급, 장노년, 지방이나 소도시 거주자의 불만을 겨냥한다 2017년 영국 브렉시트(Brexit, 영국의 유럽연합 탈퇴) 찬반 국민투표 당시 탈퇴 찬성파는 "통제권을 되찾자(Let's take back control)"라는

---

* 라구람 G. 라잔 저, 김민주·송희령 역, 『폴트 라인(Fault Lines)』, 에코리브르, 2011년.

구호와 함께 EU에 퍼 주는 돈을 건강보험(NHS)에 써야 한다고 주장했다. 원래 브렉시트는 소수 주변부 정치인들의 주장에 불과했는데, 글로벌 금융 위기 이후 노동계급과 고졸 이하 학력자들을 중심으로 급격히 세를 넓혔다.

미국의 트럼피즘(Trumpism)에 인종주의적 성격이 강한 이유는 1950~1960년대 중산층 육성이라는 사회계약의 대상이 백인 노동계급에 국한됐기 때문이다. 사회계약이 무너진 것은 다른 나라가 미국을 갈취(ripping off)*했기 때문만 아니라 소수 인종이나 불법 이민자들, 정치적 올바름을 주장하는 워크(woke, 일종의 미국판 '깨어 있는 시민')가 '우리'들의 공동체를 무너뜨렸기 때문이라는 게 트럼피즘의 핵심이다. 세계화로 성장한 엘리트들에 맞서 싸우고, 국가를 되찾기 위해 소외된 백인 하위 중산층을 동원하며, 그들에게 무자비한 투쟁이 필요하다고 주장하는 이유이기도 하다.

서구 밖에서 중산층 성장을 경험한 국가는 구조적 한계에 직면하고 있다. 동아시아 국가들은 저출생-고령화로 골머리를 앓고 있다. 중산층 집단이 분해되면서 결혼과 양육에 따른 상대적, 절대적 비용이 급격히 증가한 것이 주요 원인이다. 계층 지위 탈락에의 공포는 자녀 교육에 대한 군비 경쟁의 강도를 높이고 있다. 다른 한편으로, 인공지능(AI) 서비스를 위한 초대형 데이터센터가 막대한 양의 전기와 물을 사용하는 데서 드

---

* Josh Boak, "Trump announces sweeping new tariffs to promote US manufacturing, risking inflation and trade wars," Associated Press, April 3, 2025.

러나듯,** 성장이 환경에 주는 부담은 증가 일로다. 남아시아와 아프리카까지 중산층이 늘어나는 상황에서 성장의 생태적 한계는 모두가 피부로 느낄 수 있는 문제가 됐다.

저자가 책 후반부에서 새로운 형태의 중산층을 어떻게 만들어 낼 것인지 집중적으로 다루는 것은, 여러 나라가 당면하고 있는 과제 가운데 상당 부분이 중산층과 연관되기 때문이다. 중산층은 성장의 문제이면서 동시에 분배의 문제다. 그리고 공동체가 구성원들에게 삶을 개선할 수 있다는 희망과 그 방법을 어떻게 제공할지의 문제이기도 하다. 1870년 시작돼 2010년 글로벌 금융 위기로 막을 내린 '장기 20세기' 이후 시대에서 모두가 번영과 발전의 성과를 누릴 수 있기 위해서는 결국 평범한 사람들이 어떻게 행복해질 수 있는지 방법을 제시해야 한다. 『중산층 연대기』가 던지는 묵직한 화두다.

― 조귀동, 명지대학교 경제학과 객원교수,
『세습 중산층 사회』 저자

** 조성호, 「물 한 컵 마셔야 질문 6개 답하는 챗GPT… AI가 지구 갈증 부른다」, 《조선일보》, 2025년 4월 6일, https://www.chosun.com/economy/weeklybiz/2025/04/03/AHOPIUMVDVHFXFES5GOCZWVWMM/.

차례

해제: '중산층'은 어떻게 오늘날의 세계를 만들어 냈나	5
서문: 행복한 삶	21
1장 중간 부류에 속한 사람들	37
2장 최초의 10억: 빅토리아 시대와 서구의 발흥, 1830~1975년	65
3장 두 번째 10억: 제3세계의 경제성장과 지구화, 1975~2006년	135
4장 세 번째 10억: 중국몽과 서방의 경계, 2006~2014년	175
5장 네 번째 10억: 인도라는 난감한 거인, 2014~2022년	217
6장 다섯 번째 10억: 앞에 닥친 위험, 2022~2030년	247
7장 글로벌 중산층을 위한 새로운 과제: 50억 명을 위한 행복	295
감사의 말	325
옮긴이의 말	327
주	335
찾아보기	354

서문: 행복한 삶

"행복한 삶은 도시국가의 목적이다."

— 아리스토텔레스, 기원전 330년경

만약 이 책을 읽고 있다면 당신은 글로벌 중산층일 가능성이 높고 아리스토텔레스가 말했던 "행복한 삶"을 영위하고 있을 공산이 크다. 지난 2000년 동안 정책 입안자들은 중산층의 규모를 키우기 위해 애써 왔다. 그러나 200년 전까지도 그들은 대체로 실패를 거듭했다. 어느 방법으로 경제성장을 이루더라도 사람들을 부유하게 만들기보다는 결국 인구만 늘어났기 때문이다. 아리스토텔레스가 살던 때에는 대략 1억 5000만 명이 살았다. 1820년 즈음 중산층의 이야기가 정말로 시작되었을 때에는 약 11억 명이 있었다. 10억 명이 조금 못 되는 90퍼센트의 사람들이 극심한 가난에 시달리며 살았다. 그들의 삶은 17세기에 철학자 토머스 홉스가 말한 대로 "외롭고 가난하고 비참하고 야만스러웠으며 짧았다".[1] 나머지 대부분도 거의 가난했다. 대략 800만 명에 달하는 1퍼센트가 못 되는 사람들이 중산층이나 부유층으로 여겨졌다.

1800년대 초반에서 중반 사이에 들어서야 행복한 삶을 즐기기를 열망할 수 있는 사람들, 즉 글로벌 중산층이라 부를 만한 집단이 성장하기 시작했다. 이 집단은 유럽에서 시작해서 북아메리카, 오세아니아, 일본으로 확장했고 이제는 개발도상국들에서, 특히 아시아에서 빠르게 규모를 키우고 있다. 2023년 이 글을 쓰고 있는 동안, 유럽과 미국의 중산층이 괴로워하고 있고 전 세계가 코비드-19(Corona Virus Disease-19, COVID-19) 팬데믹에 대응하느라 애를 먹고 있지만, 세계 전체적으로는 중산층이 과거 어느 때보다 더 빠르게 늘어나고 있다. 전 세계 인구의 절반인 40억 명이 중산층이거나 그보다 더 부유한 상태이며 세계는 이미 전환점을 지났다.[2] 지금부터는 중산층에 진입하지 못한 사람들이 진입한 사람보다 적어지기 때문에 중산층이 계속 성장하는데도, 심지어 전 세계 인구가 여전히 증가하고 있는데도 중산층의 증가율은 줄어들 것이다.

  몇 년 안으로, 아마도 2030년을 전후해서 50억 번째로 중산층에 진입하는 사람이 나오리라 예상한다. 그때가 되면 겨우 두 세기 만에 중산층은 정치권력이 사실상 전혀 없었던 집단에서 거의 모든 나라의 정치와 경제정책을 지배하는 대세로 변모할 것이다. 이 책은 전 세계적으로 사회계층이 변화해 온 모습에 대한, 중산층의 확산에 내재된 긴장과 모순에 대한, 이것이 미래세대의 경제적·사회적·정치적 운명에 어떤 의미를 갖는가에 대한 이야기이다.

많은 사람이 자신을 중산층과 동일시하며 부유층이나 빈곤층보다는 중산층의 일원이 되기를 선호한다. 비록 정절과 복종의 서약과 함께 청빈 서약을 하는 소수의 사람이 있기는 하지만 가난하기를 원하는 사람은 거의 없다. 자발적으로 그런 삶을 택하는 사람은 드물다.

맨 위쪽 계층인 부유층에 속하는 것이 꼭 인기 있지는 않다. 누가 보아도 부유한 사람 중 많은 이가 자신을 부자보다는 중산층과 동일시한다. 금수저를 물고 태어난 이에게 흔히 따라붙는 운 좋고 게으르며 제멋대로 구는 사람이라는 이미지보다는 부지런하고 자수성가한 사람으로 여겨지기를 원하기 때문이다. 사회학자들은 "운 좋게" 로또에 당첨되어 뜻밖의 성공을 거뒀지만 결국 비참한 말로를 맞은 수십 명의 사례를 기록해 왔다. 사실 그런 사례가 너무나 많아서 "로또의 저주(curse of the lottery)"라는 특별한 용어까지 만들어 설명해야 할 정도다. 돈은 가진 자를 사회적으로 고립시키고 그들로 하여금 다른 이의 속내를 의심하게 만든다. 가진 자의 자식들은 우울증과 근심으로 고통받을 가능성이 더 높다. 약물 중독에다 심지어 자살할 가능성까지 증가한다. 떠도는 이야기 수준을 벗어나 170만 명을 대상으로 수행한 한 연구는 연 소득이 7만 5000달러 이상인 사람들에게서는 정서적 행복도가 감소하고, 연 소득이 9만 5000달러가 넘는 사람들에게서는 삶의 만족도가 감소한다는 사실을 찾아냈다.[3] 수입이 증가하면서 삶의 안녕이 하락한다는 주장이 믿기지 않을 수도 있겠지만—그리고 사실 학계에서 이 문제에 대한 의견은 분분하다—어느 수준을 넘어서면 돈이 행복을 가져다주지 않는다는 요지에는 아마도 많은 사람이 동의할 것이다.

대다수 사람에게 중간은 속하기에 좋은 곳이다. 성취감을 주는 일자리가 제공하는 그 모든 만족감과 가족, 친구에게 둘러싸인 삶이 함께하기 때문이다. 그래서 서구 민주주의 국가들에서는 중산층을 두텁게 하겠다는 것이 정치인들의 핵심 경제 공약이 되었다. 빌 클린턴 대통령의 정치 전략가였던 제임스 카빌(James Carville)과 스탠 그린버그(Stan Greenberg)는 클린턴의 경제정책을 그들이 낸 베스트셀러 『문제는 중산층이야, 바보야!(It's the Middle Class, Stupid!)』[4]로 간단히 요약했다. 좀 더 전문적으로 설명하면 경제학자들은 중산층과 경제성장 사이에는 상호의존성(interdependency)이 있다고 주장해 왔다. 경제성장은 일자리와 임금을 통해 번창하는 중산층을 지원하고, 굳건하게 버티는 중산층은 혁신가와 기업가를 키워 내면서 경제성장을 주도한다. 토머스 에디슨, 빌 게이츠, 스티브 잡스는 모두 미국 중산층의 자식으로 태어났다. 중산층의 지출은 또한 성장을 견인하는 새로운 제품에 대한 수요를 창출한다. 미국과 유럽에서 전개된 지난 200년의 경제사 전체를 합리적으로 설명해 보자면 모든 해당 국가에서 중산층 중심의 성장이 장기간 번영을 가져왔다고 정리할 수 있다.[5]

중산층의 두터움이 가져오는 사회적 이익은 경제적 측면

을 넘어선다. 유럽과 영어권 선진국들이 속한 서구 세계에서 중산층 구성원들은 권위주의보다는 민주주의를 지향하며 많은 공통의 가치를 함께한다. 정치학자인 로널드 잉글하트(Ronald Inglehart)와 크리스천 웰젤(Christian Welzel)은 서구의 중산층 사회들은 자기표현, 관용, 다양성, 환경보호를 권장하는 민주주의를 선호한다고 말한다. 좀 더 권위적인 사회들은 전통적인 가족적 가치와 권위에 대한 존중과 육체적 안전 보장을 선호한다. 정리하면 서구의 중산층은 부지런함, 정직, 검약, 인내를 통해 얻은 개인의 성취와 자립을 신뢰하고 자신들을 국가에 종속시키려는 시도에 맹렬히 저항하는 반면에 좀 더 전통적인 사회는 국가 자체의 국력 강화를 더 크게 강조한다.[6]

19세기 초 이래로 다른 지역과 대조를 이루며 서구 사회가 거둔 경제적 성공은 "동서양대분기(Great Divergence)"[근대에 들어 동서양 생활수준의 격차가 벌어진 분기점-옮긴이]라고 불린다. 그때부터 전 세계적으로 중산층은 서구 국가들에서 압도적으로 많이 배출되었다. 1980년대 들어 대분기가 대수렴(Great Convergence)으로 대체되었나 이 기간에 특히 아시아의 개발도상국들이 선진국의 생활수준을 따라잡기 시작했다. 사람들은 이런 현상이 세계를 위해 꽤 좋은 일이라고 생각할지도 모른다. 대분기 동안 중산층이 많아진 것이 서구 사회에 이로웠다면 아시아 중산층의 증가가 세계 전체를 위해 좋지 않을 이유가 있을까? 1975년에 이런 취지의 책을 쓴 사람이라면 누구라도, 대부분이 가난하거나 취약한 처지에 놓여 있던 세상과 비교하면 중산층이 50억 명으로 증가한 세상이 더 멋진 세상이라고 확신에 차서 말했을 것이다. 그런데 오늘날은 관점이 달라졌다. 왜 그럴까?

첫째는 규모가 문제가 되기 때문이다. 즉 좋은 것이 많아진다고 무작정 좋은 것은 아니라는 말이다. 글로벌 중산층의 존재는 소비자주의(consumerism)와 연결된다. 그리고 현재와 앞으로 등장할 중산층의 규모를 바탕으로 소비자주의는 과거 어느 때보다 더 많은 상품과 서비스를 최대한 싼 가격으로 생산할 것을 요구한다. 그 결과 막대한 생물다양성의 손실과 종 소멸, 전 세계적인 어업권의 충돌, 유례없는 수준의 탄소 배출, 토양의 영양분 고갈, 열대우림의 파괴를 초래했다. 인간이 동물과 더 밀접한 접촉을 하게 되면서 되풀이하여 발생하는 전 세계적인 유행병의 위협도 있다. 2003년의 사스(SARS, 중증급성호흡기증후군)의 발발, 2012년 메르스(MERS, 중동호흡기증후군), 그리고 2020년 코비드-19 팬데믹과 같은 사건을 통해 코로나바이러스들은 중산층의 욕구를 충족하는 데 내몰린 전 세계 경제 행위의 취약성을 극명하게 드러냈다. 모든 데이터는 몇몇 영역에서 지구가 견딜 수 있는 한계에 도달했다는 사실과 지속 가능한 경제성장을 위한 새로운 모델이 필요하게 되었다는 사실을 보여 주었다. 인간이 지구가 견딜 수 있는 한계를 깨지 않으면서도 전 세계 중산층의 필요를 충족할 수 있는 세계 경제를 창안하고 그 경제로 이행할 수 있을지는 아직 알 수 없다.

두 번째 이유는 중산층이 사는 방식이 모든 사람을 행복하게 만드는지에 대한 확신이 줄어들었다는 것이다. 정치의 목적이 사람들을 행복하게 하는 것이라면 경제에만 집중해서 중산층을 육성해 온 지난 몇십 년 동안의 접근법은 이제는 더 이상 충분하지 않고 심지어 앞으로는 가장 적합한 방법이 아닐 수도 있다. 미국의 종합사회조사기관(General Social Survey)은 1973년 이래로 되풀이해서 다음과 같이 질문했다. "모든 것을 다 고려해 봤을 때 요즘 당신은 어떤가요? 매우 행복하다, 꽤 행복하다, 아니면 그리 행복하지 않다 중에 어느 쪽인가요?" 1980년대 후반부터 미국의 중산층은 전 세계적으로 가장 규모가 크고 부유한 집단에 속했지만, 미국 성인을 대상으로 한 행복도 조사 결과는 가파른 하락세를 보였다.[7] 서구 중산층의 일원이 되면 행복과 안녕을 향한 입장권을 거머쥔 것이라던 전칭명제["모든 중산층은 행복하다"와 같은 명제-옮긴이]는 이제 더는 참으로 여겨지지 않는다. 오히려 일본에서는 남성 노동자들이 과로사하고, 미국에서는 대학 학위가 없는 백인 남성과 여성이 자신과 자녀들이 중산층의 시위에서 탈락할지도 모른다는 두려움 때문에 불안해하며 심지어 절망감으로 자살하거나 마약과 알코올중독에 빠져 죽음으로 내몰린다.[8] 그래서 단순히 중산층의 수가 증가하는 것으로 세상이 나아진다는 등식은 더 이상 성립하지 않는다. 중산층이 되는 데는 정신 건강과 같은 비물질적 요소도 고려해야 하며 그래야 삶에 만족하고 정서적인 안정감도 생긴다. 이를 각국 정부가 너무나 오랫동안 외면해 왔지만 이제 비물질적 요소는 많은 선진국에서 중요한 우선순위를 점하고 있다.

개인에게 닥친 좌절은 전체 사회에도 그대로 전해졌다. 유럽과 일본은 막대한 중산층을 보유하고도 경기 침체에서 수십 년 동안 벗어나지 못하고 있다. 민족주의, 인종주의, 외국인 혐오, 거의 모든 기관에 대한 신뢰의 추락이 중산층 전체로 번지며 되살아나고 있다. 그래서 중산층이 행복한 삶의 핵심 배경이라는 논리가 서구 세계에서 설득력을 잃고 있다.[9] 경제학자 에릭 로너건(Eric Lonergan)과 마크 블라이스(Mark Blyth)가 낸 『앵그리노믹스(Angrynomics)』라는 적절한 제목의 책은 서구 사람들의 삶의 경험과 물질적 번영을 보여 주는 경제지표가 서로 단절되어 버린 현실을 설명한다.[10]

사고의 전환이 필요한 세 번째 이유는 전 세계의 중산층이 더 이상 국경을 초월해 서로의 가치를 공유하지 않는 것으로 보이기 때문이다. 몇몇 서구 국가는 중산층 사회는 평화적이고 민주적이라는 기본 전제를 포기하고 오히려 거기에 우려 섞인 시선을 던진다. 아시아, 동유럽, 라틴아메리카 나라들에서 새로이 중산층 대열로 합류한 사람들이 상호 번영을 촉진하는 원천이 되기보다는 그것을 저해하는 가치를 대변하기 때문이다.

아시아와 다른 개발도상국들에서 빠르게 증가하는 신중산층은 서구의 중산층과는 꽤나 달라 보인다. 1950년대에 미국 사회학자 시모어 마틴 립셋(Seymour Martin Lipset)은 경제성장(중산층을 몰고 오는 산업화, 부, 도시화와 교육)을 이루고 대다수 시민(즉 중산층)이 합당하다고 여기는 제도가 정착된 나라들에서 민주주의가 꽃핀다고 주장했다.[11] 그런 분석은 중산층이 많아지기만 하면 어디든 민주주의가 뿌리를 내릴 것이라는 희망을 부풀렸다. 그렇지만 민주주의와 중산층 사이의 고리는 약해 보이고, 중국, 터키, 이란과 같이 최대 규모의 신중산층을 보유한 몇몇 나라는 더 민주화되고 있다는 징조를 조금도 보이지 않는다. 심지어 헝가리, 폴란드, 브라질, 인도처럼 좀 더 민주화된 나라들에서조차 중산층은 자유민주주의 국가의 징표로 여겨지는 소수자 보호에 반대하는 흐름을 보인다. 프리덤하우스(Freedom House)[전 세계의 민주주의 확산과 인권 신장 및 국제 언론 감시를 위한 비영리단체-옮긴이]는 전 세계적으로 민권과 정치적 권리가 13년 내내 쇠퇴했다고 밝혔다. 프리덤하우스는 동아시아, 동남아시아와 다른 여러 신흥 국가를, 그들 나라의 중산층이 빠르게 증가하고 있음에도 불구하고 "자유롭지 않은" 나라로 분류했다.

이 문제는 중요하다. 서구 신진국의 중산층이 이제 전 세계 중산층에서 다수를 점하지 않기 때문이다. 21세기 들어 서구와 아시아의 중산층 사이에서 나타난 이런 균형추의 변동은 최근 두 차례 위기 동안에 벌어진 급격한 격차 해소로 극적으로 드러났다. 2008년과 2009년의 대침체(Great Recession)와 2020년에 발발한 코비드-19 팬데믹이 그 위기였다. 아시아에서는 대침체를 "북대서양금융위기(North Atlantic Financial Crisis)"라고 일컫는데 이는 아시아의 국가들이 거의 충격을 받지 않았음을 강조하는 효과를 낸다.

대침체 동안에 서구 중산층의 재산은 붕괴했다. 2009년에 미국과 유럽의 실업은 치솟았고 연봉은 경악스러운 수준으로 떨어졌다. 2008년과 2009년 사이에 미국의 개인 연간 소비지출은 1600억 달러나 감소했다.[12] 장기적인 관점으로 보면 2차대전 이래로 미국에서 연간 소비가 하락했던 적은 1974년 석유파동 때 딱 1번 있었는데 그것조차도 다음 해에 재빨리 경기가 반등하면서 끝났다. 유럽의 소비수준은 2009년에 하락세를 시작했고 10년이 지나도 여전히 이전 수준을 회복하지 못했다. 그 위기는 많은 중산층 가구의 금융자산을 쓸어 갔다.[13]

똑같은 상황이 전 세계가 코비드-19에 대응하는 동안에도 반복되었다. 서구 중산층은 2020년과 2021년에 경제성장과 소비가 추락하면서 극심한 타격을 입었다. 심화되는 불평등은 중산층의 고통을 증가시켰다. 2020년에 미국의 실업은 대공황기와 같은 수준에 도달했고 모든 선진국은 정부와 중앙은행이 유례없는 지원 프로그램까지 펼쳤음에도 경기 침체에 빠져들었다.

지구 저편 아시아 정부들은 세계적 위기를 훨씬 더 양호하게 관리해 나갔다. 그 나라들은 세금 감면을 통해 그들 경제에 돈줄을 풀었으며 공공사업을 확충해 국내 수요를 창출하면서 대침체의 충격파를 상쇄했다. 덕분에 일자리는 늘어났고 임금도 상승해 중산층은 힘을 얻었다. 이런 조치들은 아시아 중산층의 증가 추세에 더욱 박차를 가했다. 이미 오랫동안 일본, 대만, 홍콩, 한국, 싱가포르에 존재해 온 아시아의 중산층은 2010년 이후로 삽시간에 늘어나 동아시아와 인도 아대륙에 사는 수십억 명을 더 보탰다.

인도를 비롯한 아시아 나라들에도 코비드-19 팬데믹의 충격은 컸다. 그러나 동아시아는 가장 공격적이고 성공적인 선제 대응을 했다. 아시아의 많은 나라는 2003년에 사스를 겪으면서 예행연습을 마친 상태였다. 그런 경험을 바탕으로 대응 계획을 수립해 놓았고 그것에 따라 감염 진단, 격리, 접촉자 추적을 신속하게 시행하며 코비드-19에 대응했다. 덕분에 질병의 확산을 억눌렀고 다른 나라들보다 더 빨리 경제 발전도 이룰 수 있었다.

앞날을 내다봤고 코비드-19 대응에도 연이어 성공을 거두면서 매년 아시아 시민 1억 명가량이 중산층 대열에 합류하고 있다. 아시아 중산층 가구의 총지출은 현재의 달러 시세로 봤을 때 이미 북아메리카 수준에 도달했고 유럽과 비교하면 50퍼센트나 많으며, 아시아의 물가가 더 낮다는 점을 고려하면 유럽과 북아메리카를 합한 것보다 많다. 게다가 아시아의 중산층은 계속 늘어날 태세를 갖추고 있다.

전 세계에서 새로이 글로벌 중산층으로 편입되는 사람 중 거의 열에 아홉은 아시아인일 것이다. 그래서 50억 명째로 글로벌 중산층에 이름을 올릴 사람은 아시아인이 될 가능성이 매우 높다.[14] 지구적 규모로 중산층이 늘어나면서 그 추세를 아시아가 주도하고 있는 현상은 이 시대의 가장 중요한, 거대한 흐름이라 해도 지나치지 않다. 서구에서 중산층이 모든 삶의 양식에 영향을 미쳤으니 비서구 국가들에서도 그들이 중대한 영향을 끼치리라 생각하는 것은 당연하다.

가장 궁금한 것은 중산층의 정치적·경제적·사회적 특징들이 시간과 공간을 아울러 안정적일까, 아니면 가변적일까 하는 의문이다. 다음과 같은 질문이 필요하다. 중산층의 증가는 개인과 사회와 온 지구를 위해 이로운가 혹은 해로운가? 이것은 모순투성이이며 복잡한 질문이다. 규모가 더욱 커진 중산층은 더 많은 이를 더 행복해지도록 할까, 아니면 다른 나라의 중산층들과 경쟁하는 데에 골몰하며 더 많은 불행을 초래할까? 중산층의 소비자주의는 대기업을 압박해서 그들이 좀 더 책임 있는 환경적·사회적 관행을 채택하게 할까, 아니면 값싼 상품을 내놓게 하는 과열 경쟁으로 몰아가서 탄소 배출·생물다양성·질소 사용에 대한 지구적 안전 기준에는 소홀하게 만들어 예기치 못한 재난을 초래하도록 할까? 중산층은 민주주의를 선택할까, 아니면 안정과 질서를 보장하는 다른 형태의 정부를 선택할까? 다음 세대는 중산층이 되기를 원할까, 아니면 물질주의와 스트레스를 향한 무한 경쟁일 뿐이라며 거부할까?

이런 질문들에 대한 답은 인류에게 무시할 수 없는 중대한 결과를 부른다. 그것은 세계화·기술·정치·경제 정책과 관련해 사람들이 생각하고 행동하는 양식을 주도할 것이다. 모든 도전적인 질문들(big questions)이 그렇듯 어디서부터 진지하게 생각의 타래를 풀어야 할지 감이 잘 오지 않는다. 중산층을 정의하는 데서 출발하는 것이 좋아 보인다. 그래서 이 책의 첫 장에서 그것을 다루고자 한다. 2장은 주로 서구에서 처음으로 중산층이 10억 명을 넘긴 사실에 대해 논의한다. 3장은 그다음 중산층 10억 명이 어디서 왔는지 설명한다. 베를린 장벽이 붕괴된 후 동유럽과 라틴아메리카, 동아시아에서 경제 기적을 이룬 나라들이 그 자리를 차지한다. 4장은 세 번째 10억 명 대부분의 산실인 중국으로 간다. 5장은 네 번째 10억 명을 낳는 데 대단히 큰 기여를 한 인도가 어떤 과정으로 그리되었는지 검토한다. 슬프게도 아프리카는 이 과정에 참여하지 못했다. 10억 명이 넘는 인구를 보유한 대륙임에도 불구하고 세계적인 추세에 비춰 봤을 때 이 대륙의 중산층은 여전히 소수이다. 이집트, 튀니지와 보츠와나를 비롯한 소수의 나라에 중산층이 다수 형성되어 있지만, 나머지 나라 대부분은 중산층이 인구의 10퍼센트를 넘기지 못한다.

비록 이 책에서 많은 부분은 의심할 여지 없이 경제성장이 차지하겠지만, 중산층의 성장을 바라보기 위해서는 성장과 성장의 방식—누가 이득을 취하고 누가 배제되는가, 또는 일자리와 임금이 증가하는가, 아니면 이익만 증가하는가—에 대해 통찰력 있는 시각이 필요하다. 6장은 미래를 바라보며

2030년까지 다섯 번째 중산층 10억 명을 추가하는 길에 장애가 될 만한 요소는 없는지 검토한다. 7장에서는 전 세계에 잠재하며 50억 명이 넘는 강력한 중산층 집단의 안녕을 개선할 수 있는 새로운 정책 의제를 그려 보며 이 책을 마친다.

1장

중간 부류에 속한 사람들

"나는 중간 신분에 속했다. (…)
세상에서 인간의 행복에 가장 적합한 최상의 신분이다.
육체노동의 비참함과 어려움을 겪지도 않고
상층 신분처럼 오만과 사치와 야망과 질투로
곤경에 처할 일도 없다."

— 대니얼 디포(Daniel Defoe), 『로빈슨 크루소(Robinson Crusoe)』, 1719년

1849년 영국의 웨스트런던에서 찰스 헨리 해러드(Charles Henry Harrod)가 가게를 열었을 때, 그는 하이드파크 근처에서 개최될 만국산업생산물대박람회(The Great Exhibition of the Works of Industry of All Nations)의 열기를 이용해 한 몫 잡겠다는 심산이었다. 이 세계 최초의 박람회에서는 새로운 기술과 기계, 온갖 악기와 과학 기구, 예술품과 공예품 들을 모두 휘황찬란한 "수정궁(Crystal Palace)" 안에 진열해 놓고 한껏 과시했다. 그 박람회는 영국이 산업혁명에서 주도적인 위치에 섰음을 분명히 보여 주면서 방문객 600만 명을 불렀다. 방문객 대부분은 제일 싼 1실링(현재 시세로 5파운드)짜리 주중 이용권(weekday pass)[월~금요일 내내 이용 가능한 표-옮긴이]을 끊었다.[1]

1852년 영국해협 맞은편에서 아리스티드 부시코(Aristide Boucicaut)는 자신의 백화점 르봉마르셰(Le Bon Marché)를 혁신적으로 개선해 쇼핑에 대변혁을 불러왔다. 19세기 중반에는 야외 시장에서 상인들과 옥신각신 가격을 흥정하는 것이 일상이었고, 물건의 품질이나 참신함 따위는 운에 맡겨야 했다. 물론 부자들은 그냥 자기네 집으로 상인을 불러들였다. 르봉마르셰가 제공한 것은 새로운 경험이었다. 깨끗하고 편안한 공간에서 엄청나게 다양한 상품을 정가에 살 수 있게 했다. 신상품으로 고객을 끌기 위해 상품광고도 했다.[2]

해러드와 부시코가 눈치챈 것은 19세기 중반에 완전히 새로운 유형의 고객이 출현해 서비스를 고대하고 있다는 현실이었다. 귀족의 일원도 아니고 농부도 아닌 중간 부류에 속한 이들인데 만국박람회 같은 곳을 방문하기 위해 기꺼이 지갑을 열 수 있는 재력을 가졌고, 설득만 해내면 경험하지 못한 물건에 얼마간의 현찰을 지출할 수 있는 사람들이었다. 지나고 보니 그들의 짐작이 옳았음이 드러났다.

중산층의 기원

19세기 중반까지는 사람을 사회계층으로 분류하는 것이 꽤나 간단했다. 소득과 의복과 심지어 말투조차도 계층을 드러냈다. 그런데 사회가 더욱 복잡해지면서 시간의 흐름에 따른 계층의 진화 과정을 이해하기 위해 중산층의 정의를 통일해야 할 필요가 생겼다.

『브리태니커 백과사전(Encyclopedia Britannica)』에 따르면

사회계층은 "동일한 사회경제적 지위를 갖는 집단에 속한 한 무리의 사람들"이다. 하지만 이것이 정확히 무슨 뜻인지에 대한 보편적인 정의는 없다. "사회경제적 지위"는 소득, 부, 소비, 열망, 사회계층에서 차지하는 지위나 기회에 의해 정의될 수 있다. 사회계층은 사람들이 공통으로 소유하는 것으로, 또는 그들을 다른 집단과 구별시키는 것을 기준으로 설정할 수 있다.

사회계층을 구분하려는 생각이 대두된 것은 비교적 현대적인 현상이다. 18세기의 작가들은 자기 시대의 사회를 묘사할 때 계급적으로 지배 집단에 예속된 자들을 분류하기 위해 "백성" 혹은 "노동 빈곤층"과 같은 단어를 썼다. 지배 집단은 그들의 지배적 지위를 신이 안배해 놓은 것이라고 공언했다.[3]

19세기가 시작되었을 때 사람들은 귀족계층과 농부로 나뉘어 있었다. 귀족들은 주로 그나 그의 선조가 무력으로 습득한 거대한 땅을 소유하고 임대를 놓아서 부를 획득했고 농부들은 농사를 지었다. 이들 집단을 구별하는 것은 간단했고 계층 사이의 이동도 거의 없었기 때문에 "계층"으로 분리할 필요도 거의 없었다.

이런 상황이 변하기 시작했다. 프랑스 고어로 "도시 거주자"라는 뜻에서 비롯된 "부르주아(bourgeois)"라 불리기 시작한 새로운 집단이 등장했기 때문이다. 부르주아는 제조업과 제조업을 지원하는 서비스, 즉 장사, 은행업, 회계업 따위로 생계를 꾸리는 도시 거주자들이었다. 처음 부르주아에 합류한 집단은 해외에서 물건을 사서 고국까지 운송해 온 뒤 국내에서 그것을 팔아 치울 수 있는 재력을 가진 상인들이었다. 그들은 무역을 통해서 막대한 재화를 벌어들일 수도, 또는 날려 버릴 수도 있었다.

가장 유명한 사례는 네덜란드 튤립 시장의 흥망이었다. 네덜란드인들은 유럽에서 가장 성공한 상인이었고, 네덜란드에서는 17세기에 벌써 중산층이 태동하기 시작했다. 네덜란드 상인들은 유럽 대륙에서 자라는 것과는 전혀 다른 꽃을 튀르키예에서 발견했다. 튤립은 이국적이고 희귀했고 이웃에게 과시하기에도 좋았다. 튤립은 네덜란드에서 빠르게 지위재(status goods)가 되었다. 나중에 미국의 사회학자 소스타인 베블런(Thorstein Veblen)이 과시적 소비(conspicuous consumption)의 상징으로 분류하게 될 상품의 때 이른 사례라 하겠다.[4] 베블런의 분석에 따르면 지위재는 그것을 소유하거나 소비함으로써 명백하게 부를 과시할 수 있기 때문에 가격이 상승해도 수요가 증가할 수 있고, 이런 행태는 일반적인 경제학의 수요공급 원칙과 배치되므로 시장의 불안을 초래한다. 정확히 바로 이런 일이 1634년과 1637년 사이에 네덜란드의 튤립 시장에서 발생했다. 튤립 가격이 믿을 수 없는 수준으로 치솟아서 구근 한 뿌리의 값이 암스테르담 대운하의 맨션 1채와 맞먹었다. 1637년이 끝날 무렵 가격은 폭락했고 파산이 속출했으며 신용과 사회적 신뢰도 붕괴했다.

19세기 중엽에 스코틀랜드의 기자 찰스 매카이(Charles

Mackay)는 네덜란드 튤립버블은 시장의 불완전성과 "대중의 망상과 군중의 광기"를 경계하라는 이야기라고 했다.[5] 그러나 또한 그것은 중산층이 없었다면 있을 수 없는 이야기였다. 튤립에 대한 끝없는 수요를 창출하고 가격을 천정부지로 끌어올린 것은 네덜란드에서 최초로 모습을 드러낸 중산층이었다. 은행가들은 중산층이 구근을 수입해 판매할 수 있도록 신용 거래를 확대해 줄 준비가 되어 있었다. 중산층은 "시장의 지혜"를 가지거나, 그러지 못하면 군중의 광기로 고통을 겪거나 하는 집단이었다. 중산층은 자신의 권력을 자신이 속한 집단의 머릿수에서 끌어냈다.

사회에 영향을 미치는 집단의 규모와 권력에 대한 인식이 사회경제적 계층을 만들어 냈다. 독일 사회학자 막스 베버(Max Weber)는 개인이 권력을 얻거나 휘두르는 다양한 방식을 설명했다. 권력은 정치적 서열로부터, 귀족으로 태어나면서, 경제적 부를 얻으면서, 또는 사회가 개별적 지위나 명성을 위대한 과학자, 성직자 혹은 예술가에게 부여할 때 획득된다. 이런 권력 획득의 수단들은 서로 겹치기도 하고 경계선이 선명하게 그어지기도 한다. 가령 유럽의 유대인 중에 부자 가문은 많았지만 그들에게 정치적 힘은 거의 없었다. 그들은 결코 상류층으로 여겨지지 않았다. 이와는 대조적으로 시골의 소소한 귀족 중에는 부는 대단치 않지만 궁궐 생활을 누릴 수 있는 이가 많았다. 그들은 부유하지 않은데도 상류층이 될 수 있었다.

그럼에도 불구하고 계층은 대부분 수입의 규모와 출처에 긴밀히 연계되었다. 귀족과 왕족은 자신의 거대한 영지에서 부를 획득했다. 농부와 일꾼의 수입은 주로 육체노동에 의존했다. 중간 계층에는 오늘날 인적 자본과 교육이라 불리는 것을 이용하는 변호사, 의사, 성직자, 교사를 비롯해 자본을 이용해 돈을 버는 상인, 은행가, 제조업자가 있었다.

이들 세 집단은 오늘날 상류층, 노동계급(혹은 하류층), 중산층이라 불리는 세 가지 계층이 되었다. 이런 계층 구분이 너무나 널리 퍼져서 영국 철학자 존 스튜어트 밀은 계층이 신이 아닌 인간의 발명품임을 동료 학자들에게 상기시킬 필요가 있다고 생각해 다음과 같이 말했다. "사회평론가들은 지주, 자본가, 노동자라는 영원한 순환논법을 벗어나지 못하기 때문에 사회를 세 가지 계층으로 구분하는 것은 인간이 만든 것이 아니라 신의 명령에 속하며 낮과 밤의 구분처럼 인간이 개입할 수 있는 게 아무것도 없다고 생각하는 듯하다."[6]

편리하게도 19세기에는 그 분류가 사회적 지위에 근거했든 수익에 근거했든 세 가지 주요 계층의 구성은 동일했다. 때로 이런 구분은 서로 뚜렷한 특징이 있는 중상류 계층과 중하류 계층으로 한층 세분화하기도 했지만 세 가지 계층 분류 방식은 대체로 200년 이상 사용되었다.

세상에는 세 가지 사회집단―귀족, 부르주아, 농민/노동자―과 세 가지 수입원―토지, 자본, 노동―이 존재한다는 우연의 일치는 계층과 수입원이 겹친다는 생각을 지나치게 단순화한 것이었다. 각 집단을 가르는 경계가 늘 정확히 일치하지는 않았다. 상류층은 토지뿐만 아니라 은행업과 자본에서도 상당한 수입을 얻었다. 종종 자신의 정치권력을 이용해 투자의 성공을 보장받기도 했다. 좋은 사례로 영국의 남해회사(South Sea Company)가 있다. 1720년에 세계 최초의 금융위기인 악명 높은 남해회사버블(South Sea Bubble)의 진원지가 된 바로 그 회사다. 18세기에 남해회사는 남미의 무역 독점권을 얻었고 조지 1세를 회사 총재의 자리에 앉혔다. 귀족과 은행가 모두는 손쉽게 노다지를 획득할 기회라고 여겼다.

계층 경계가 유동적이라는 또 다른 예를 들면 몇몇 나라에서는 부유한 상인이 관직이나 작위를 사는 것이 허용되었다. 18세기 프랑스에서는 권력의 중심이 왕실로 집중되면서 지역 영주는 서서히 그들의 사회계층에서 쫓겨나기 시작했다. 이들 대단찮은 귀족은 더 부유한 사람들에게 자신의 지위와 영지를 파는 것이 이익이라 생각했다. 부유한 자들은 원래는 돈만으로 얻을 수 없는, 상류 계층에 속하기 위한 명성을 주로 돈으로 사들였다. 루이 14세의 궁궐에서 실권이 없는 명예직(그러니까 나섰과 연관되는 계층석 서열)은 문자 그대로 금의 무게로 측정되었다. 귀족계급에는 다양한 유형과 등급이 있었고 거기에 따라 정가가 매겨졌다.[7]

또한 하류층과 중간 계층 사이에는 사회경제직 이동이 있었다. 찰스 디킨스(Charles Dickens)의 『데이비드 코퍼필드(David Copperfield)』는 개인적인 경험과 허구를 뒤섞어서 무일푼 거지가 부자가 되는 (혹은 적어도 행복해지는) 이야기이다. 젊은 디킨스는 가난했고 어렸을 때 공장 일을 했다. 그가 겨우 아홉 살이었을 때 아버지가 빚을 갚지 못할 정도로 빈곤해서 감옥신세를 졌기 때문이다. 1870년에 디킨스가 사망했을 때 그는 영국에서 가장 유명한 사람으로 꼽혔다. 디킨스는 웨스트민스터사원의 시인 묘역에 안치되었고 그의 아내는 빅토리아 여왕이 손수 작성한 애도 서신을 받았다. 하류층에서 중산층으로 신분 상승을 이룬 데다 그 모든 명성과 재산을 이뤄 냈음에도 불구하고 영국에서 디킨스는 상류층으로 여겨지지는 않았다. 디킨스 자신도 그렇게 여겨지기를 원하지 않았을 것이다. 그는 당대의 중산층이 전형적으로 원했던 대로 자신의 시골집에서 가까운 작은 교회의 묘지에 묻히고 싶어 했지만 그의 바람대로 되지 않았다.[8]

중산층이란: 행복한 삶을 사는 능력

19세기 유럽 사회의 계층을 정의하려면 계층구조에 대한 완고한 인식과 맞서면서도 개별적으로는 상당한 정도로 사회계층 이동이 있었다는 사실을 감안해야 한다. 사회 변화를 몰고 가는 시대 동향의 변천뿐만 아니라 각 계층 규모의 일반적인 추세를 파악하려면 계층을 고정적으로 정의하는 것이 유용하다. 하지만 가난한 귀족이나 부유한 농부를 어떻게 분류할 것인가처럼 주관적이고 특정한 상황에서 개인의 특별한 경험과 기회를 고려해야 할 때에는 그 유용성이 떨어진다.

중산층의 기원을 조사하다 보면 그것이 처음에는 직업—가령 임금노동자, 성직자, 장교, 은행가, 변호사, 상인, 회계사—을 통해 다른 계층들과 구분되었음을 알 수 있다. 나중에는 교사, 의사, 간호사, 공무원도 중산층에 추가된다.

이런 직업군에서 벌어들이는 수입의 규모 때문에 중산층은 다른 계층과 구별되었다. 상류층의 수입보다는 훨씬 적었고 농부나 일용 노동자보다는 훨씬 많았다. 예컨대 1850년 런던의 하급 은행원은 연봉이 90파운드에서 100파운드[오늘날의 가치로 환산하면 대략 1만 5900파운드, 한화로 약 2700만 원-옮긴이]였다. 이 돈으로 그는 작은 집을 임차하고 거기에 맞춰 가구를 들일 수 있었고 그의 아내는 숙식을 제공하면서 1년에 6파운드를 주고 하녀 1명을 부릴 수 있었다.[9] 연봉이 1000파운드인 은행 이사회의 의장이 되더라도 여전히 그는 중산층이었다. 소작농에게 임대할 농토를 소유한 상류층 지주들은 1년에 적어도 6만에서 10만 파운드를 벌었다. 웨스트민스터 후작 같은 최고 상류층은 1년에 100만 파운드 이상을 벌어들였을 것이나.[10]

그렇지만 단순히 경제적 관점에서만 중산층을 정의 내리는 것은 잘못이다. 중산층의 권력과 명예가 늘 경제적인 능력에서 비롯되기는 했지만, 빅도리아 시대의 소설이라는 새로운 예술 양식에서 볼 수 있듯이, 중산층은 그들만의 뚜렷한 가치 체계와 사회적 행동 양식을 갖고 있었다. 해러드와 부시코가 간파한 것처럼 중산층 구성원들은 다른 계층과는 소비 양식이 달랐다. 튤립버블이 보여 주었듯이 중산층은 자신에게 충분한 돈이 없을 때 신용 거래를 할 수 있었다.

빅토리아 시대 중산층은 아리스토텔레스와 고대 그리스 철학자들의 고유한 사상을 모범으로 삼아 따랐다. 아리스토텔레스는 대략 "행복한 삶"으로 번역되는 '에우다이모니아(eudaemonia)'가 가장 바람직한 상태라고 믿었지만, 그는 이런 삶이 정확히 무엇을 뜻하는지는 이견이 상당하다는 사실을 인정했다. 에우다이모니아는 잘 살고 일 처리도 잘하는 것, 즉 모든 행위에서 최고를 지향하는 것을 말했다.

그리스인에게 에우다이모니아를 얻는 주요한 방법은 그 자체로 궁극의 목적이기도 한 미덕을 갈고닦는 것이었다. 직업과 수입, 지출을 비롯한 다른 모든 일상의 필요조건은 단지 행복을 획득하는 수단에 불과했다. 심지어 쾌락주의, 즉 물질적 기쁨의 추구를 지고의 가치로 내세워 이름을 얻은, 기원전 4세기의 철학자 에피쿠로스(Epicurus)조차도 우정과 공부, 내적 조화의 중요성을 강조했다. 이런 가치 각각은 긍정적이며 주관적인 경험으로 측정될 수 있는 것들이었기에 '행복한 삶'은 가능하면 기분 좋은 경험을 많이 얻는 것으로 해석할 수도 있었다.

그리스인들은 관대함, 정의, 우정, 시민으로서의 자질을 발휘하는 삶을 매우 중요하게 여겼다. 물론 이런 삶을 살기 위해서는 물질적 자원을 충분히 습득해야 한다는 사실도 잊지 않앉다. 그리스인에게 권력을 차지하는 것은 부차적이었다. 오히려 에피쿠로스는 정치는 가능하면 피해야 하는 것이고 정치인들이 행복한 삶을 갈망하는 경우는 매우 드물다고 생각했다.

고대 그리스에서 빅토리아 시대로 재빨리 돌아오자. 물질적인 면과 정서적인 면 모두에서 행복한 삶을 추구하도록 애쓰라는 그리스 철학의 고갱이는 13세기의 성 토머스 아퀴나스(Saint Thomas Aquinas)를 비롯한 한 무리의 철학자들에게 전해졌다. 그러나 빈곤과 정신적 불안에서 벗어나지 못한다면 실질적으로 행복한 삶을 구가하기란 어려웠다. 19세기 초반의 인구 대부분은 비참한 삶을 영위했고 처참한 가난에 시달렸다. 그들에게 행복한 삶은 바라는 것조차도 사치였다.

이들과 사회계층의 정반대 편에 있는 귀족들은 때때로 정략적 근친결혼(inbreeding)과 살인을 비롯한 다소 추잡한 책략이 벌어져 더욱 난장판이 된 궁중 암투와 권력 다툼에 온 신경을 기울여야 했다. 19세기가 시작되면서 프랑스혁명의 여진이 닥쳐오자 유럽의 귀족들은 두려움에 떨었다.

이런 분위기에서 중산층은 상류층과 노동세규에게는 가능하지 않은 방식으로 행복한 삶을 추구할 수 있는 집단으로서 뚜렷이 자리매김했다. 그들은 물질적 안락을 누릴 수 있을 정도로 넉넉했고 얼마간의 한가한 시간과 휴가를 즐길 수도 있었지만 단두대에서 머리가 날아갈지도 모른다는 위험에 처할 만큼 부유하지는 않았다.

중산층 측정법

중산층이 행복한 삶을 향유하기를 갈망하는 가구라는 것은 양적 잣대보다는 개념적 잣대로 내린 정의이다. 중산층을 양적으로 측정하려면 우리는 계층의 개념을 수적인 척도로 변환해야 한다. 계층을 분류하는 것은 주관적이기 때문에 이런 변환은 쉬운 일이 아니다. 중산층은 정의 내리기 어려운 범주에 속하지만, 대개 중산층을 보는 순간 그 사람이 중산층임을 알아차릴 수는 있다. 중산층은 뚜렷이 관찰되는 특징이 있다. 그들은 가난하지 않고 단 한 번의 경제적 위기로, 가령 일정 기간 실업 상태에 처하거나 병에 걸리더라도, 빈곤으로 내팽개쳐지지는 않을 정도의 재력을 갖추고 있다. 동시에 중산층 가구는 경제적 근심에서 완전히 벗어나 있을 정도로 부자는 아니다. 소득이 하류층, 중류층, 상류층 사이의 경계로 쓰일 수 있는 한 가지 속성이기는 하지만, 다른 속성들도 고려할 여지가 있으며, 그 결과 다른 분류 결과가 나올 수도 있다. 바로 이런 이유로 계층의 경계선에는 회색 지대가 생긴다. 하지만 만약 그 계층이 광범위하다면 어느 속성을 잣대로 쓰더라도 구성원 대부분이 회색 지대에 속하지는 않을 것이다. 그래서 적당한 신뢰도를 유지하는 선에서 각 계층의 규모를 측정할 수 있다.

이 책에서 사용한 접근법은 단순하다. 사회의 모든 구성원을 어떤 속성을 기준으로, 혹은 여러 속성을 하나로 묶어 그것을 기준으로 삼아 계층적 지위의 순서대로 길게 줄 세운다고 상상해 보라. 그러고는 아래쪽 경계선을 찾아내 이 경계 아래에 속한 사람들을 "하류층"이라 부르자. 다음 순서로, 위쪽 경계선을 찾아서 그 위의 사람들을 "상류층"이라 부르자. 그러면 중산층은 그사이에 속한 이들로 정의된다. 이런 접근법을 쓰면 관건은 중산층을 직접 정의하는 것이 아니라 하류층과 상류층을 정의하는 것이 되고 그 나머지 전부가 중산층이 된다.

이 과정에는 겉으로 보기보다 간단하지 않은 두 가지 중요한 단계가 있다. 첫 단계는 사회계층을 설명해 주는 일단의 속성 중에서 단 한 가지 속성이나 지표를 고르는 일이다. 집단을 이루어 사는 동물에게는 서열이 존재하고, 이 서열은 자연히 생성되었으며, 이것이 집단 전체를 위해 유용하다는 증거는 상당하다. 인간의 계층은 권력(자원 통제권), 영향력(자원 분배권) 혹은 지배력(자원 습득 능력)이라는 관점에서 다차원적이다. 그래서 한 가지 차원의 계층에서 중간이라는 사실이 다른 차원에서도 반드시 중간 계층이라는 것을 뜻하지는 않는다. 바로 이런 이유 때문에 많은 학자는 한 가지 속성으로 본 중산층보다는 여러 속성을 고려한 중산층에 대해 거론하기를 선호한다. 하지만 각 차원의 중첩률이 상당하므로 한 가지 자원을 사용해 사회계층을 실명하는 것은 집단 내 사회계층에서 개인이 점유하는 지위에 대해 상당히 정확한 근삿값을 제공한다. 한 가지 지표를 정했으면 다음으로 취할 논리적 단계는 이 지표를 따라 경계선을 정의하고 노동계급과 중류층 사이, 중류층과 상류층 사이를 분리하는 작업이다.

오늘날 가장 흔히 쓰이는 계층 분류 지표는 가구의 소득수준이다. 구성원의 숫자와 지역별 생계비 차이를 고려해 조정된 것이면 더욱 좋다. 빅토리아 여왕의 시대에 이 지표는 분명 중요했다. 19세기 사람들을 정말로 갈라놓은 것은 수입이 얼마냐였고 노동계급과 중류층 사이, 중류층과 상류층 사이 각각의 경계에서 소득수준의 차이는 분명했다. 심지어 하류층과 상류층 사람들을 나타내는 "가난한 사람", "부자" 같은 어휘의 사용과 언어도 소득과 계층을 개념적으로 관련지었다. 게다가 수백 년을 추적해 갈 수 있는 공식 조사, 임금 기록, 납세자 기록을 당장이라도 이용할 수 있기 때문에 소득은 지표로서 더욱 매력적이다.

문제는 단지 소득이라는 잣대만으로 판단하면 오늘날 중산층의 모습을 늘 정확히 짚어 내지는 못한다는 사실이다. 소득은 한 사람의 생활수준에 영향을 미치는 여러 변수 중 한 가지일 뿐이기 때문이다. 이제는 정부 보조, 저금, 유산, 신용, 자본소득, 자산 매각 따위를 통해 19세기에 가능했던 것보다 훨씬 큰 규모로 돈을 구할 수 있는 다양한 방법들이 생겼다.

이런 방법이 어떻게 큰 차이를 만들어 낼 수 있는지에 대한 예를 들어 보겠다. 학생 2명을 상상해 보자. 한 학생은 가난한 집안 출신으로 돈을 벌어 가면서 대학을 다녀야 하고 다른 학생은 중산층 출신으로 부모가 학비를 충당해 주어서 일을 할 필요가 없다. 소득수준으로 보면 전자의 학생이 후자보다 높게 분류될 것이고 중산층으로 분류될 가능성도 크다. 그러나 상식적으로 보면 그 반대일 것이다. 게다가 가구의 소득은 특히 자영업자이거나 작은 업체를 운영하는 경우라면 매년 꽤 달라질 수 있다. 반면에 계층은 좀 더 변동성이 없는 개념이다. 그러므로 소득과 같은 지표를 쓰면 빈번하게 중산층을 넘나드는 가구들이 생긴다는 문제점이 발생한다.

이런 이유로 일부 학자들은 부를 잣대로 쓰기를 선호한다. 금융 서비스 기업 크레디트스위스(Credit Suisse)는 주택을 포함해 성인 1명의 순자산[자산 합계액에서 부채 합계액을 공제한 잔액-옮긴이]이 1만 달러에서 10만 달러 사이라면 글로벌 중산층으로 정의한다. 이 범위보다 위에 있으면 크레디트스위스는 높은 순자산을 보유한 가구로 분류한다.[11] 그러나 순자산 잣대도 결점이 있다. 예컨대 부동산 버블이 붕괴하면서 야기된 2008년의 대침체는 많은 선진국에서 부의 폭락을 초래했지만 이후 몇 년 동안은 떨어질 때만큼 빠른 회복세를 보였을 정도로 변덕스러웠다. 그리고 19세기 개별 가구의 부는 즉각 이용할 수 있는 통계가 없어서 부를 역사적 연구의 자료로 삼기는 어렵다.

소득과 부, 둘 다에 대한 대안으로써 사람들이 얼마나 많이 지출하는가를 기준으로 중산층을 생각해 볼 수도 있다. 이것이 이 책에서 사용한 분류 지표이다. 가구 지출은 경제학자들이 말하는, 사람들이 살아생전에 써 버릴 것으로 믿는 소득이자 그들의 생활수준을 가장 잘 반영하는 소득인 "항상소득 (permanent income)"과 긴밀하게 연관된다. 다시 두 학생의 사례로 돌아가 보자. 가난한 집안 출신인 학생은 레스토랑에서 외식을 하거나 여름 동안 해외여행을 하거나 하지는 않을 것이다. 일하고 저축할 것이다. 중산층 출신인 학생은 부모님이 용돈을 준다면 더 많이 지출할 수 있는 선택권을 가질지도 모른다. 둘 다 많이 벌지는 못하겠지만 그들의 지출을 보면 단지 소득만을 기준으로 삼는 것보다는 더 정확하게 각자가 속한 계층으로 분류할 수 있다.

또한 지출 지표는 다양한 나이대와 삶의 단계에 있는 개인이 꾸려 가는 가구들을 비교하는 데 도움을 준다. 대다수 사람은 젊을 때 주택담보대출, 신용카드, 승용차, 다른 개인 대출을 이용하느라 돈을 빌린다. 한창 일할 나이대에는 돈을 벌어 빚을 갚고 저축을 한다. 늙어서 은퇴를 하면 소득은 별로 없지만 저축한 것을 쓰며 살 수 있다. 은퇴자들은 비록 은퇴 후 소득이 낮더라도 여전히 중산층으로 분류될 수 있다. 대체로 가구 지출은 시간이 지나도 소득이나 부보다 훨씬 안정적이다. 그래서 지출은 상류층에서 하류층까지 아우르는 가구를 분류하는 데 편리한 잣대를 제공한다.

계층 경계를 정하기 위한 상대적 정의와 절대적 정의

분류 지표를 선택하고 나면 계층을 가르는 경계선을 정하는 일만 남는다. 지금까지 이들 경계를 정하는 문제를 놓고 두 세기 이상 논쟁을 벌였지만 합의 도출에는 실패했다.

그 선은 꽤 독단적일 수도 있다. 경계선에 바로 인접한 지점에서 한쪽과 다른 쪽에 있는 사람은 사실 별 차이가 없기 때문이다. 그러나 가구를 분류하기 위해 선택을 내려야 할 때는 유용하고도 간단한 도구가 된다. 사회 구성원 모두를 서열화하는 작업은 어쨌든 매우 주관적인 과제이다. 사회에는 사람들이 달리 평가될 수 있는 다양한 차원들이 존재하기 때문이다. 그래서 계층 간의 경계선들을 변경 불가능한 규칙처럼 여기면 왜 안 되는지를 이해하기는 어렵지 않다.

중산층의 경계를 정의하는 데에는 두 가지 기본적 사고 방식이 있으며 각각 장단점이 있다. 한 가지는 개인을 동일한 사회의 타인들과 비교하는 상대적 접근법이고, 다른 하나는 경계를 가르는 데 고정된 가치를 사용하는 절대적 접근법이다. 상대적 접근법은 한 가구가 중산층인지 아닌지를 평가하기 위해 다른 가구와 비교한다. 절대적 접근법은 각각의 가구를 그 자체로 바라본다. 예를 들면 퓨리서치센터(Pew Research Center)는 미국에서 중산층을 정의하는 데 상대적인 방식을 사용한다. 퓨는 가족 수가 동일한 가구 중에서 전체 중위소득의 2/3에서 2배 사이를 벌어들이는 가구 전부를 중산층으로 분류한다. 이렇게 정의하려면 전체 중위소득과 그 분포에 대한 정보뿐만 아니라 분류될 가구에 대한 정보도 필요하다. 이런 방식의 정의는 이웃과 동일한 수준의 경제 집단 구성원이 되려고 하는 심리 상태, 즉 "남부럽지 않게 살기(keeping up with the Joneses)"의 전통과 비슷한 면이 있다. 하지만 기준이 되는 중위소득이 변한다면 동일한 소득수준을 유지하는 가구는 시간이 지남에 따라 더 부유해지거나 가난해질 것이고, 그들의 지출에 아무런 변화가 없는데도 심지어 계층이 바뀌는 경우가 생길지도 모른다. 이와 같은 상대적 접근법으로는 중산층에 속한다는 사실이 곧 고대 그리스인이 이야기했던 행복한 삶을 누리기에 충분한 구매력을 뜻하지는 못할 것이다. 그것은 단지 선택된 기준에 비해 한 가구가 어느 정도 수준인지를 말해 줄 뿐이다.

이 책에서는 절대적 접근법을 사용했다. 이 접근법은 어떤 가구가 중산층으로 분류되어야 할지 혹은 아닌지를 파악하기 위해 고정된 지출 범위를 설정한다. 그 범위는 가구의 규모, 한 나라 안에서 시간의 흐름에 따라 나타나는 돈 가치의 변화, 나라마다의 가격 차이를 감안해 조정한다. 특정한 수준 이하의 지출을 보이는 가구는 하류층으로 정의되고 그 반대쪽에서 특정 수준 이상으로 지출하는 가구는 부유층으로 정의되며 그사이에 있는 모두는 중산층이 된다. 이런 절대적 분류로 판단하면 한 가구는 다른 가구에 대한 정보 없이도 어떤 계층으로 분류될 수 있다.

절대적 분류법에는 얼마간의 이점이 있다. 상대적 비교 대상을 정의할 필요가 없다. 뉴욕에 사는 어떤 이에게 자기보다 가난한 사람이 미시시피에 산다는 사실이 자신이 어느 계층에 속하는지에 영향을 미친다고 하면 그걸 믿을까? 어떤 이탈리아 가구가 이탈리아에서는 중산층인데 유럽 전체에서는 중산층이 아니라고 한다면 그건 일관성이 없는 것 아닐까? 나라마다의 가격 차이를 감안하면 세상에서 가장 가난한 나라인 부룬디의 절대적 소비 능력은 싱가포르의 가난한 가구보다 훨씬 낮은데 부룬디에서 평균 소득을 올리는 가구를 중산층으로 분류해도 될까? 절대적 접근법을 사용하면 이런 모순을 피할 수 있다.

  중산층을 절대적으로 정의할지, 상대적으로 정의할지의 차이는 단지 학문적 공간에서만 존재하지 않는다. 그것은 실제 상황에서도 중대한 결과를 초래할 수 있다. 세계 최대의 식품·음료 회사 네슬레(Nestlé)는 2008년을 기준으로 아프리카에 중산층 3억 3000만 명이 있다고 주장하는 아프리카개발은행(African Development Bank Group)의 분석을 일부 수용해서 그곳 사업을 크게 확장하기로 결정했다. 2015년이 되어 네슬레는 아프리카의 인력을 대폭 축소했다. 그곳 중산층의 소비가 크게 실망스러운 수준이었기 때문이다. 네슬레는 아프리카 중산층을 1억 1000만 명으로 잡은 스탠다드뱅크(Standard Bank)의 다른 추정치를 그 근거로 인용했다.[12] 두 통계의 차이는 무엇인가? 아프리카개발은행은 중산층에 대한 상대적 정의를 기준으로 삼았는데 이렇게 잡힌 중산층은 구매력이 극히 낮아서 네슬레 제품을 구매할 능력이 되지 않았다. 중산층 고객을 판단하는 네슬레의 기준으로는 스탠다

드뱅크의 절대적 접근법이 더 적절했다.

중산층을 정의 내리기 위해 절대적 기준을 사용하기로 결정했으니 이제 하류/중류와 중류/상류의 경계를 구분하는 지점을 알아내기 위해 적절한 가치를 설정하는 것만 남았다. 이것을 알아내는 방법은 다양하지만 다행히도 모두 비슷한 결과를 산출하며 경계에 대한 확고하면서도 합리적인 측정치를 제공한다.

한 가지 방법은 중산층에 합류한 사람 중에 가장 바닥권에 속한 사람의 지출을 파악하는 것이다. 빅토리아 여왕 시대의 영국에서는 하급 사무원이 여기에 해당했다. 우선 중산층의 한계선을 그(당시에는 사무원이 모두 남성이었다)의 지출에 놓는 순간 우리는 하류층과 중산층을 분리하는 한계값을 계산할 수 있게 된다. 기록에 따르면 사무원은 1년에 100파운드, 물가까지 감안해 오늘날의 가치로 환산하면 1만 5910파운드를 지출했다.[13] 그것은 영국과 미국의 생계비 차이를 감안하면 연간 2만 2700달러 혹은 매일 62달러에 해당한다.[14] 이 수치는 또한 가구의 규모를 감안해 다시 조정할 필요가 있다. 19세기 영국의 젊은 가장이 꾸린 가구의 규모는 5명 정도로 보는 것이 합리적인데 국적과 시간에 따른 차이를 아울러 고려해 중산층 저소득 가구의 지출을 계산하면 오늘날 미국 달러로 1인당 대략 12달러라는 결론이 난다. 이상적인 결론을 얻자면 한 나라 안에서도 도시와 지역에 따른 물가 차이를 감안해야 하지만 현재 이용 가능한 데이터의 수준을 생각하면 그건 너무 복잡하다. 그러나 그런 부족함은 사용하고 있는 척도가 비록 어떤 조건에서 완벽하게 정확하지는 않더라도 때와 장소를 초월해 일관성 있게 불완전한 근사치를 제공한다는 것을 상기시킨다.

우연히도 1년에 100파운드는 19세기 중반 영국의 재무 장관이었던 윌리엄 글래드스턴(William Gladstone)이 "공동체에서 지식계층과 노동계급 사이를 (…) 가르는 선"으로 사용하기도 했다. 그는 소득세 부과 대상을 그 선을 기준으로 파악했다.[15] 그래서 이 경계는 당시의 계층 구분을 반영하는 것으로 보인다. 비슷한 취지로 미국 시인 월트 휘트먼(Walt Whitman)은 1858년 사설을 통해 "어느 공동체에서든 가장 중요한 계층은 1년에 1000달러 정도의 적당한 생계비를 벌어들이는 중산층이다"라는 의견을 밝혔다.[16] 당대의 가구 평균이 5.55명임을 감안하고 오늘날의 달러 가치로 환산하면 1000달러는 1인당 하루 11.70달러 정도가 된다.

두 번째 방법은 중산층은 자기 가족을 위해 안식처와 음식을 마련하는 데 필요한 모든 것을 갖추고 있어서 빈곤의 나락으로 떨어질 걱정을 하지 않아야 한다는 생각에 기반한다. 가구 대부분은 앞으로 가족의 생계에 영향을 미칠지도 모를 일을 생각하다 병, 죽음, 실업 혹은 흉작이 닥치면 어쩌나 하고 걱정한다. 칠레, 멕시코, 페루에서 오랫동안 동일한 가구들을 추적한 최근의 연구에 따르면 2017년의 달러 가치로 1인당 하루 12달러 이상을 지출하던 가구 중 겨우 10퍼센트만이 경기 침체를 3년 동안 겪으며 극빈계층으로 전락했다는 결과가 나왔다.[17] 만약 중산층을 빈곤의 나락으로 떨어질 가능성이 좀처럼 없는 가구로 정의하고자 한다면 적어도 1인당 하루 12달러를 하한선으로 잡아야 할 것이다.

세 번째 방법은 가장 엄격하게 빈곤을 정의하는 두 선진국인 포르투갈과 이탈리아에서 빈곤하다고 여겨지지 않을 정도를 중산층의 하한선으로 잡는 것이다. 이런 식으로 계산한 하한선도 오늘날의 화폐가치로 1인당 하루 12달러이다.

여러 척도를 다른 대륙과 다른 세기에 적용했음에도 불구하고 중산층과 하류층을 나누는 경계의 측정치들이 비슷하다는 사실은 그 경계선이 매우 다양한 맥락 속에서도 중산층이 된다는 것이 무엇을 의미하는지 기본적인 개념을 잘 포착한다는 것을 암시한다. 빅토리아 여왕 시대의 사람들에게 중산층이 된다는 것은 가장의 노력과 수고를 통해 한 가구가 더 나은 삶을 살 기회를 갖는다는 사실을 뜻했다. 현대의 경제개발 연구자들에게 중산층은 빈곤의 나락으로 즉각 떨어질 위험이 없는 처지를 말한다. 부유한 나라의 정치인들에게 중산층은 가난하지 않은 것을 의미한다. 당신이 어떤 관점을 취하더라도 하한선은 동일하다. 중산층이 되려면 1인당 하루 12달러를 쓸 수 있는 자원을 가져야 한다.

중산층과 상류층을 가르는 상한선은 주목을 덜 받아 왔다. 부분적으로는 최근까지도 이 선을 넘어서는 사람이 너무 적었기 때문이다. 이 책을 쓰기 위해 수행한 연구에서는 상한선을 하한선 지출 수준의 10배로 잡아서 하루에 1인당 120달러로 설정했다.[18] 이것은 산술적으로 4인 가구가 1년 동안 17만 5200달러를 지출하는 수준에 해당한다. 이 정도의 지출이라면 부유한 나라 룩셈부르크에서도 부자라고 여겨질 정도이므로 현재의 수준에서 인정할 만한 경계선이다.

중산층 생활의 핵심: 잘 살고 일 처리도 잘하는 것

지출 수준으로 중산층을 결정한다고 해서 지출만이 유일한 기준이 된다는 말은 아니다. 1861년 『비튼 부인의 가정 관리법(Mrs. Beeton's Book of Household Management)』이 출판되었다. 빅토리아 여왕 시대의 영국에서 중산층 가정이 사는 법과 처신하는 법을 1000페이지에 달하도록 서술한 권위 있는 책이었다. 여전히 아마존에서 구입 가능한 책이다. 하지만 오늘날의 독자들은 은 찻잔 세트와 도자기에 대한 섬세한 안목이나 약간 부푼 페이스트리에서 느끼는 자부심에 대한 내용이 현재의 삶과 그다지 관련 있다고 생각지는 않을 것이다.

세월이 흘러도 여전히 가치 있는 것은 중산층이라는 환경에서 가능해진 삶의 양식이었다. 비튼 부인의 책은 열심히 일하고 저축하고 자신과 집안을 깨끗하게 유지하는 사람들에게 더 나은 삶을 약속했다.[19] 그로부터 한 세기 만이 지난 뒤 오바마 대통령은 미국 중산층에 대한 특별위원회를 설립했는데 그들도 다음과 같이 동일한 결론을 내렸다. "중산층을 중산층답게 하는 것은 소득이라기보다는 그들의 열망이다."[20] 그 위원회는 중산층 생활의 핵심을 좋은 집과 자동차, 연례 휴가와 자식 교육에 돈을 쓸 경제적 여유가 있는가, 건강과 은퇴를 위한 안전판을 마련했는가, 일과 여가와 자식과 집안일을 고루 누리고 돌볼 수 있는 시간적 여유를 확보했는가로 꼽았다.

비튼 부인과 오바마 특별위원회는 둘 다 중산층을 자신의 노력과 수고를 통해 잘 살아갈 수 있는 가정이라고 설명했다는 점에서 공통점이 있다. 중산층에겐 쓸 만한 돈이 있으니 어떤 식으로 지출하든 그들의 자유지만, 부자는 아니기에 현명하게 지출해야 할 책임과 의무도 있다. 19세기와 21세기의 중산층은 잘 살기 위해 돈을 무엇에 쓰는지 세부 사항은 크게 다르지만 검약과 저축, 결단과 인내의 미덕을 바탕으로 어떻게 살지를 선택하고 거기에 따르는 책임을 진다는 점은 동일하다.

중산층의 이런 이중적 본성은 중요하다. 그들은 정부가 성공으로 가는 길―사회적 관점으로는 이로운 행위―에 적절한 대가를 제공하는 환경을 조성해 주기를 기대한다. 중산층은 공정하며 능력을 존중하는 체제에서 번영한다. 그들은 단지 전체 인구에서 부자와 빈자 사이에 낀 일부분으로만 간주되지 않는다. 중산층은 그들이 사는 방식의 가치를 널리 인정받은 집단이다. 자신이 살고 있는 정치적·사회적·경제적 질서에서 이익을 얻는 만큼 사회에 공헌하기 때문이다. 부자들은 종종 운이 좋은 경우에 해당한다. 그들은 자신의 부를 공공의 이익을 위해 바쳐야 하는가, 혹은 이런 자선 행위가 진보를 위해 필요하다고 여겨지는 "적자생존"의 경쟁 체제를 무너뜨려서 사회에 손실이 되지는 않는가를 놓고 도덕적 딜레마에 사로잡혀 고민해야 할지도 모른다. 가난한 자들은 그들의 노동에 흔히 부당할 정도로 적은 대가를 받는다. 일을 하지 않을 수 없고 생존하려면 필요한 무엇이든 해야 하는 처지여서 달리 선택의 여지가 없기 때문이다. 중산층은 그들의 재능과 근면으로 사회를 위해 공헌하고 사회는 그들에게 그만큼 대가를 지불한다. 그들은 자신이 소비하는 것에서, 생계비를 버는 방법에서, 노동을 통해 자신과 가족을 부양하는 개인적 책임을 완수했다는 자부심에서 이득을 본다.

대다수 사람에게 중산층이 된다는 것은 세상에서 가장 선망하는 집단에 소속하게 되었다는 의미다. 그리고 그런 사실은 적어도 고대 그리스시대 이래로 줄곧 그래 왔다. 하지만 1830년에 와서야 전 세계 인구 11억 명 중에서 아마도 1000만 명에 못 미치는 정도로 중산층으로 분류할 만한 인구가 생겨났다. 이 책은 전 인구의 1퍼센트도 안 되던, 2000년 동안 거의 늘어나지 않았던 중산층이 그다음 두 세기 동안 어떻게 500배나 늘어났으며 전 세계로 퍼져 나갔는지에 대한 이야기가 될 것이다. 이 모든 일이 영국과 아일랜드에서 시작됐으니 이 이야기도 거기서 시작하겠다.

2장

최초의 10억: 빅토리아 시대와 서구의 발흥, 1830~1975년

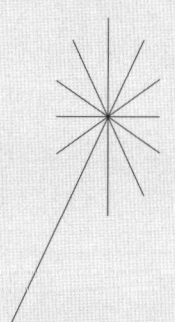

"아메리칸드림은 모든 사람에게
능력과 성과에 따른 기회를 보장해
더 나은 삶과 더 부유하고 충만한 삶을 약속하는
그런 땅에 대한 꿈이다."

— 제임스 트러슬로 애덤스(James Truslow Adams)의
『미국의 서사시(The Epic of America)』, 1931년

1837년 빅토리아 여왕이 왕좌에 올랐을 때 전 세계 인구는 대략 11억 명이었다. 그중 3/4이 아시아에 살았다. 5억 명이 동아시아에, 2억 5000만 명이 남아시아에, 몇백만 명이 중앙아시아에 살았다. 유럽에는 약 2억 8000만 명이 살았다. 나머지 세계는 인구 밀도가 상대적으로 희박했다. 북아메리카에 1800만 명, 사하라사막 이남의 아프리카에 3200만 명, 라틴아메리카에 2700만 명, 중동과 북아프리카에 2900만 명이 살았다고 추정된다. 전 세계 부자의 숫자는 1만 1000명 정도였나. 선 세계 인구에서 대략 1200만 명, 즉 1퍼센트가 오늘날 중산층으로 여겨지는 부류에 해당했을 것이다. 그 나머지는 극히 빈곤하거나 빈곤에 빠지기 쉬운 하류층이었다.

유럽의 중산층이 가장 큰 규모였고 600만 명 이상이었다. 아시아의 중산층은 300만 명 정도였고 북아메리카는 대략 150만 명이었다. 아시아와 유럽의 중산층 숫자는 그 지역들의 상대적으로 큰 인구 규모를 반영했다. 북아메리카는 절대적인 중산층의 숫자는 적었지만 인구 규모를 감안하면 중산층이 가장 많이 사는 지역이었다. "신세계"의 풍부한 광물 자원과 비옥하고 값싼 농토가 무역과 부를 촉진했다. 중동은 유럽과 아시아를 연결하는 세상의 교차로라는 지정학적 이점으로 이익을 얻었다.

빅토리아 여왕의 통치가 시작된 후 거의 한 세기 반이 지난 1975년이 되어서야 전 세계 중산층의 숫자가 10억 명을 넘어섰다. 2/3는 유럽과 북아메리카에 살았다. 최초의 중산층 10억 명에 관한 이야기는 이 두 지역의 경제개발과 성장에 관한 이야기이다. 그것은 과학의 발전, 공학적 창의력, 활발한 기업 혁신을 불러온 경제 제도에 기반해 위대한 발명들이 결실을 거둔 이야기이기도 하다. 또한 그 이야기는 중산층이 때로는 노동자계급과, 때로는 귀족계급과 연합하며 정치권력을 획득한 과정에 관한 이야기이다. 대부분의 연합은 성공적이었으나 20세기에 발발한 두 차례 세계대전에서처럼 재앙을 부르는 결과를 낳기도 했다. 무엇보다도 그것은 중산층 사회를 건설하겠다는 꿈이 산업화 과정에 있던 나라들에서 어떻게 지배적인 경제 목표가 되었는지에 관한 이야기이다.

기술, 산업혁명, 중산층의 초기 성장 과정

산업혁명에 불을 붙인 기술혁신의 역사에 대한 설명 대부분은 제임스 와트(James Watt)의 증기기관으로 시작한다. 와트는 증기기관을 발명하지 않았고 실제로 작동되는 기계를 설계한 사람도 그가 처음이 아니다. 그 기계는 그보다 70년 전 영국의 공학자 토머스 세이버리(Thomas Savery)가 탄광의 물을 뽑아내려고 발명했다. 세이버리의 설계는 곧 토머스 뉴커먼(Thomas Newcomen)에 의해 좀 더 편리한 기계로 탈바꿈했다. 뉴커먼의 증기기관은 1700년대 내내 사용되다가 와트가 1769년 새롭게 개선한 기계를 특허 내고 1776년에 새로운 증기기관을 생산하면서 대체되었다. 이 새로운 증기기관은 뉴커먼의 증기기관보다 훨씬 효율적이었고 더욱 다양한 방식으로 사용할 수 있었다. 와트는 증기실을 더 차갑게 유지할 수 있는 디자인을 고안했다. 그는 증기기관의 속도를 조절할 수 있는 기계와 기어를 이용해 보다 효율적인 회전운동을 하는 기계를 개발했다. 그는 자신의 기계가 대신할 수 있는 말이 몇 마리나 되는지 비교해서 광고에 써먹었다(예전에는 탄광의 물을 빼내기 위해 도르래에 물 양동이를 달아 말의 힘으로 끌어올렸다). 그 과정에서 그는 "마력(horsepower)"이라는 용어를 세상에 소개했다. 마력은 여전히 힘의 단위로 세상에서 가장 널리 쓰이지만 2010년에 유럽연합(EU)은 전형적인 관료주의 방식으로 와트(watt)를 최우선으로 삼고 마력은 오로지 부차적인 단위로 사용해야 한다고 선언했다.

증기기관은 다양한 용도로 이용할 수 있는 다목적 기술로서 세상을 바꾼 발명[1]으로 알려져 왔다. 증기기관 덕분에 물이 넘치는 사고를 당할 염려 없이 더욱 깊이 광산을 파 내려갈 수 있게 되었다. 그것은 새로 설립된 공장에 동력을 제공했다. 또, 한 곳에서 다른 곳으로 훨씬 수월하게 이동할 수 있게 했다. 1787년 미국 발명가 존 피치(John Fitch)는 델라웨어강을 오르내릴 증기선을 건조했다. 이후에 만들어진 선박들은 미국의 서부와 남부를 열어젖혔다. 1804년 리처드 트레비식(Richard Trevithick)은 작동 가능한 증기기관차 시제품을 제작해서 사람과 상품의 이동을 더욱 편리하게 만들었다.

뉴커먼과 와트와 트레비식은 세 가지 경향을 공유했다. 그들은 수송 비용을 급격히 감축하면서 시장과 시장을 연결했고 자신의 발명품을 법적으로 보호하려고 특허를 냈다. 그것은 시제품 제작을 위한 투자금 모금과 상품 생산을 위한 금융 지원을 얻는 데 중요한 조처였다. 그리고 그들은 중산층으로 불릴 만한 집안 출신이었다. 뉴커먼의 아버지는 상인이었고 와트의 아버지는 배를 만드는 목수이자 선주였으며 트레비식의 아버지는 광산 감독자였다.

중산층 집안에서 태어난 것은 결정적 이점을 주었다. 그것은 이 세 사람 모두에게 기술 발전을 이루는 데 필요한 과학 지식을 습득할 기회와 자신의 여가 시간을 새로운 분야를 개척하는 데 쓸 수 있는 기회를 주었다. 또한 자금 조달을 가능하게 했고 자신의 발명품에 기반한 사업체를 설립할 용기를 주었다. 그 이전까지는 생계를 보호하기 위해 새로운 발명을 비밀로 했다. 최초의 특허들은 15세기에 베네치아 총독이 유리 세공사들에게 발급했는데, 일부러 모호하게 작성했고 종종 복제를 막으려고 몇십 년씩 특허를 미루기도 했다. 그러나 18세기 중반이 되면 더 많은 사람이 새 기술을 사용할수록 발명가가 더 많은 돈을 벌게 되었다. 그래서 발명은 빠르게 인기를 얻었고 특허가 출원되었으며 혁신에 박차가 가해졌다. 사실 트레비식의 고압 증기기관은 그가 기계 기술자로 일하던 딩동광산에서 경쟁자인 와트의 기계와 특허를 사용하지 않으려고 결심하면서 제작되었다.

증기기관은 공장을 시장과 더 값싸고 빠르게 연결했다. 또한 손으로 생산하던 것을 기계 생산으로 바꿔 나갔는데 이는 산업혁명의 본질적인 특징이었다. 이 최초의 다목적 기술이 모두 사람과 화물을 운송하는 열차와 증기선처럼 수송과 관련된 것은 우연이 아니었다. 이 기술들은 영국과 미국에서 발명되었지만 주로 미국에서 맨 먼저 이용되었다. 그다음은 전신이었다. 1830년대에 쿡(Cooke)과 휘트스톤(Wheatstone)이라는 두 영국인이 전신을 발명했지만, 화가이자 모스 부호로 유명한 미국인 새뮤얼 모스(Samuel Morse)가 이를 효율화하고 상업화했다.

이후의 발명들도 연결성을 개선하는 쪽으로 이루어졌다. 전화(1876년), 자동차(1885년), 트럭(1885년), 화물 수송기(1910년), 여객기(1914년). 기술과 경제성장 사이의 연관성을 광범위하게 연구해 책으로 낸 경제학자 디에고 코민(Diego Comin)과 마티 메스티에리(Marti Mestieri)에 따르면

19세기에 성장을 촉진한 가장 중요한 혁신 열네 가지 가운데 열 가지가 연결성과 관련되었다.[2]

소통과 연결의 장이 확립되자 시장이 번창할 수 있었다. 애덤 스미스는 노동의 분업과 특화가 시장의 규모를 키우면서 경제 발전을 촉진한다는 사실을 이미 이론화했다. 더 효율적인 공장들이 더욱 커지면서 규모의 경제를 성취할 수 있었다. 실제로 공장과 시장을 연결하기 위해 필요한 것은 상품과 정보를 한 장소에서 다른 장소로 이동시키는 능력이었다. 그것이 갖춰지자마자 생산과 소비를 각기 다른 장소에서 하는 일이 가능해졌다.

2차 산업혁명이 일어날 무렵 철강(1855년), 석유(1859년), 전기(1882년), 트랙터(1892년)를 비롯한 새로운 기술은 공장과 농장에서 소비재를 대량 생산할 수 있게 만들었다. 이런 경향은 전문화된 일자리와 생산 증대의 선순환이 이루어지게 했고 부와 중산층을 창출하고 혁신을 일으켰으며 다시 더욱 효율적이고 거대한 공장을 세우게 했다.

사업을 진흥하기 위한 새로운 제도들도 도움을 주었다. 1856년에 제정된 주식합자회사법(Joint Stock Companies Act)은 자신이 최초로 출자한 투자액 이상의 회사 빚에는 책임을 지지 않는 유한책임회사(Limited Liability Company, LLC)라는 아이디어를 도입했다. 그것이 자본 흐름의 효율성에 미친 영향은 엄청났다. 유한책임이 보장되지 않았을 때 채권자는 회사가 진 모든 부채에 대해서 주주에게 지불 책임을 지울 수 있었다. 그러므로 대출은 최고의 사업 아이디어나 혁신의 가능성을 품은 회사가 아니라 가장 신용 있는 주주들이 지원하는 회사로 몰렸다. 무한책임은 또한 투자자의 자본을 묶어버렸다. 투자자들은 신용도가 동일하거나 더 높은 신규 주주에게만 주식을 팔 수 있었다. 유한책임 주주권의 도입으로 특허권을 비롯한 수입과 부채, 자산 같은, 회사의 재무 상황과 관련된 모든 정보가 회계 장부에 기록되었다. 주주의 재력은 중요하지 않았다. 주식합자회사법은 파산이 선고되어 회사 자산을 청산해야 할 때 누가 먼저 지불받게 되는지 우선순위를 명확하게 정리했다. 주주들의 차례는 은행과 다른 대출 기관이 전액 상환을 받은 후에야 돌아왔다. 유한책임회사 제도의 도입으로 중산층 기업가들은 자신의 개인신용이 아니라 사업의 잠재력을 기반으로 회사를 시작하고 키울 수 있게 되었다.

　기술, 시장과의 연결성, 사업을 권장하는 제도가 밑받침이 되어 1차에 이은 2차 산업혁명이 일어났다. 영국의 국내총생산(Gross Domestic Product, GDP)에서 산업이 차지하는 몫이 19세기 초에는 1801년의 23퍼센트에서 1840년의 34퍼센트로, 19세기 말에는 40퍼센트로 급격히 상승하면서 공장이 숙련공과 장인의 자리를 대체했다. 은행 대출을 이용해 새롭고 생산성 높은 기계장치와 기술에 자금을 투자하면서 기업은 빠르게 확장했다. 사무원, 변호사, 은행원, 상인 들이 이들 부채를 기록하고 계약서와 상품 명세서를 관리하며 특허 청구를 처리하고 공장에서 도시로 상품을 수송했다. 철도와 우체국이 성장하여 산업적 수요에 부응했다. 초등학교 교사들은 장래의 노동 인력에게 기본적인 읽기, 쓰기, 계산 능력을 확실하게 가르쳐야 할 책임이 있었다. 간호사와 의사는 노동자의 건강을 지켰다. 19세기와 20세기 초에 경제체제의 전체 구조는 중산층을 양산해 내는 방향으로 변화했다.

일자리, 기술, 안정적인 수입이 중산층을 만들다

이 모든 변화는 새로운 부류의 일손을 요구했다. 수입이 일정치 않은 농부나 일용 노동자와는 달리 정기적으로 급료를 받는 남성들(그리고 당시에 집이 아닌 곳에서 일했던 극소수의 여성들)이 등장했다. 산업혁명기에 널리 퍼져 새로운 개념이 된, 봉급을 받는 노동자의 숫자가 급등했다. 1851년 영국에는 추정컨대 사무원, 회계원, 은행원 4만 4000명이 있었다. 20년 뒤에는 11만 9000명으로 늘어났다. 1870년에 영국의 중산층 인구가 400만 명 정도로 추정되고 가구 하나의 구성원 수 평균은 5명을 넘었으니 이런 직업에 종사하는 가장이 있는 집안은 1/6 정도를 차지했을 것이다.

민간 부문의 일자리들이 만들어지는 것과 동시에 정부의 일자리도 훨씬 소규모이긴 했으나 확대되었다. 유럽의 나라들은 시장을 넓히고 제조업에 필요한 원료를 구하기 위해 해외 식민지 쟁탈에 나섰다. 유럽인은 식민지를 관리하는 공직자와 식민지를 통제하는 상비군이 필요했다. 1850년 전후로 영국에서만 공직자 집단이 약 1만 6000명 정도 생겼고 시간이 흐름에 따라 그들은 꾸준히 엘리트화, 전문화되었다.[3] (한 역사가의 말에 따르면 1800년대 중반까지만 하더라도 국가의 행정기관은 공익이나 직무에 대한 개념이 없었다. 단지 무능하고 지대추구에 골몰하며 왕의 총애를 받는 자들에게 보상을 주도록 설계된, 관료주의의 가장 나쁜 폐해만 모아 놓은 집단이었다. 그런 곳에서 중산층이 확대될 여지는 없었다.[4])

정기적인 봉급을 받는 계층은 이전에 존재한 것과는 다른 유형의 노동자를 낳았다. 봉급으로 사는 사람들은 전문적인 관점에서 유능했고 일련의 정해진 규칙을 이해하고 적용할 수 있었다. 그들은 대개 이런 규칙들을 회사나 정부의 목적에 맞춰 다른 특정한 일꾼들의 행동과 태도를 바꾸고 관리하는 데 적용해야 했다. 다른 사람들과 적절하게 소통할 줄 아는 기술은 육체노동에 필요한 기술과는 상당히 다른 능력이었다. 그것은 또한 장인이나 자영업자의 능력과도 달랐다. 시간이 흐르면서 봉급생활자는 중산층을 주도하는 세력이 되었고 19세기 중반이 되면 이런 추세가 고착화되기 시작했다.[5]

오늘날 경제학자들이 "인적 자본"이라 일컫는, 봉급을 받는 전문가 집단을 양성하기 위해서 19세기의 정부는 학교와 건강 관리를 개선하는 데 신경을 많이 기울였다. 인적 자본은 중산층 형성을 촉진하는 중요한 계기였지만 한 가지 요소에 불과했다. 기술과 사업 방식에서의 혁신이 동반되지 않았다면 인적 자본이 완전히 상품화되는 일은 없었을 것이다.

1800년대 초 영국에서는 비록 많은 사람이 자신의 이름을 읽고 쓸 정도는 되었지만 공식 교육은 존재하지 않았다. 일부 종교계 학교만이 교육을 제공했다. 이런 곳을 주일학교라 불렀는데 학생들이 나머지 6일은 일해야 했기 때문이다. 성경이 교과과정이었다. 종교계와 무관한 학교는 얼마 되지 않았는데 흔히 왕궁에서 베푸는 자선으로 운영되었다. 종교를 따지지 않고 배움이 허용되었기에 그런 학교들을 공립학교라 불렀다. 이 학교들은 오늘날까지도 여전히 영국의 중상류층을 위한 교육체계의 근간이다. 1876년 샌던법안(Sandon Act)을 도입하고 나서야 부모가 자식을 학교에 보내는 것이 법적으로 의무화되었다. 1891년 초등교육법(Elementary Education Act)이 시행되고 학생 1명당 최고 10실링의 수업료를 국가가 지급하면서 사실상 초등학교 무상교육이 이루어졌다. 1893년 학교 출석에 관한 초등교육법은 의무교육 완료 연령을 11세로 올렸다. 1899년 다른 법안들은 그 연령을 12세로 올렸고 나중에는 13세까지 올렸다.[6]

놀랍게도 영국은 산업혁명과 동반된 교육 혁신의 선봉에 서지 못했다. 미국에서는 독립을 얻은 이래로 토머스 제퍼슨(Thomas Jefferson)을 필두로 해서 세금으로 공교육 체계를 세우자는 논의가 벌어졌다. 공교육을 주 전역으로 확산시키려는 운동이 일어나면서 1830년대에 매사추세츠주 의회 의원인 호러스 맨(Horace Mann)이 제퍼슨의 생각을 다시 논의의 장에 올렸다. 맨은 어려운 환경에서도 브라운대학을 졸업했고 공교육을 비롯한 사회 개혁의 주창자가 된 사람이었다. 1867년 미국 정부는 연방교육부(Federal Department of Education)를 설립했다.[7]

유럽에서도 다른 나라들이 영국보다 훨씬 앞서서 교육을 촉진하는 조처를 취했다. 1850년이 되기도 전에 벨기에, 독일, 그리스, 이탈리아, 스페인, 스웨덴에서 국가가 유치원, 초등, 중등, 일부의 경우 고등교육까지 책임지는, 전국적으로 효력이 미치는 포괄적인 법안을 마련했다. 사실 1837년 세계 최초의 유치원을 개설한 사람은 프리드리히 프뢰벨(Friedrich Fröbel)이라는 독일의 교육가였다. 그는 미취학 어린이를 위한 학교에 오늘날까지도 살아남은 유치원이라는 이름을 지어주었을 뿐만 아니라 현재 아동 학습에서 가장 중요한 부분으로 간주되는 유아교육 운동에서 선구자가 되었다.[8]

유럽과 북아메리카 전역에서 건강 상황도 개선되었다. 1800년 즈음에는 이들 "선진"국에서도 어린이 3명 중 1명이 5세가 못 되어 죽었다. 그 가운데 절반은 1세를 넘기지 못했다.[9] 같은 기간에 인도처럼 가난한 나라는 어린이 2명 중 거의 1명이 5세 생일을 넘기지 못했다. 영국이 앞장섰고 그 뒤를 바싹 따라 벨기에, 프랑스, 미국, 스웨덴, 독일에서 건강 실태가 꾸준히 개선되어 사망률이 10년마다 2퍼센트씩 하락했다. (비교하기 위해 오늘날의 상황을 보면 세계 최고의 사망률을 보이는 나라인 소말리아는 8명 중 1명이 5세 이전에 죽지만 사하라사막 이남의 아프리카에서 5세 이전 사망률은

13명 중 1명이고 전 세계적으로는 33명 중 1명이다.)

    소득 향상, 교육 기회 증대, 건강 증진은 역사상 처음으로 전 세계적인 인구 폭발을 불렀다. 기원전 1만 년 전부터 서기 1700년에 이르기까지 오랜 세월 동안 세계 인구 증가는 연간 0.04퍼센트에 머물렀다. 그러던 것이 가속페달을 밟기 시작했다. 1820년을 전후해서 전 세계의 인구는 10억 명을 넘었다. 그중 2억 5000만 명이 유럽과 북미에 거주했다. 1920년 즈음 세계 인구는 거의 2배로 늘어 19억 1000만 명에 달했고 이전 100년 동안 매년 평균 0.6퍼센트씩의 증가를 보여 주었다. 하지만 이제는 6억 3000만 명이 유럽과 북미에 거주하니까 이 지역의 인구는 지난 100년 동안 매년 약 1퍼센트씩 증가한 셈이다. 이는 1700년 이전의 장기간에 걸친 역사적 평균치보다 대략 25배나 더 빨리 증가한 수치다.[10]

    높은 인구 성장률은 상품을 구매할 수 있는 사람과 지어야 할 집이 더 많아졌음을 의미했다. 사람들은 도시로 이주하기 시작했고 그곳에서 새로운 일자리를 잡을 기회도 생겼다. 사람을 한곳으로 모으는 것은 시장이 잘 작동하도록 만드는 데 유리하다는 사실이 드러났다. 정보는 더 빨리 흘렀고 기술은 기업 사이에서 더 빠르게 퍼져 나갔다. 노동력을 구하려는 경쟁과 기꺼이 일하려고 하는 사람들을 보다 많이 공급하려는 경쟁이 더욱 거세졌다. 도시는 빠르게 개발되었고 전기화와 조명, 수도와 위생, 개인 통신과 전화는 모두 신속하게 도시에 도입되었다. 미국을 보면 1830년에 (2500명 이상이 사는 곳을 도시라고 정의하면) 10퍼센트가 못 되는 인구가 도시에 살았지만 1930년이 되면 거의 6배로 불어나 60퍼센트에 조금 못 미칠 정도로 성장했다.[11] 독일, 영국, 웨일스에서는 19세기 동안 도시 인구가 대략 1000퍼센트나 증가했다. 매년 약 7퍼센트씩이나 늘어난 셈이다. 하지만 프랑스, 스페인, 이탈리아의 인구 성장률은 이에 훨씬 못 미쳤다.[12]

19세기가 끝날 즈음 산업혁명을 동력으로 삼아 런던, 뉴욕, 파리, 베를린은 세계 최대 도시가 되었고 도시는 다시 산업혁명을 부채질했다.[13] 도시는 중산층 생활의 중심이 되었다. 도시화, 인구 증가, 건강과 교육, 임금을 지불하는 일자리가 모두 가구의 지출 수준을 높였고, 동시에 새로운 종류의 상품과 서비스에 대한 지출을 부추겼으며, 이것은 다시 경제성장을 이끌었다.

오늘날에는 상상하기 어렵겠지만 19세기 초에 가구 대부분은 가게와 시장에서 물건을 최소한으로만 구매했다. 대체로 가계소득의 변동이 상당히 심했기 때문이다. 노동자로서 일자리를 구한 경우라면 그날그날 일당을 받았다. 상인은 그들이 사고파는 시장의 물가에 따라 예측하기 힘든 대가를 얻었다. 장인은 물건의 개수에 따라 상류 지주 계층이 주는 대가를 지급받았다. 농부의 고용과 그들이 얻는 대가는 수확과 날씨에 영향을 받았다.

안정적인 소득이 없으니 가구는 주로 음식과 필수품에만 지출했다(중간 정도 수준의 소비를 할 수 있는 영국 성인 남성 1명은 매일 맥주 0.5리터를 구입할 수 있었고, 독일인이라면 몇 배를 더 구입할 수 있었다).[14] 식탁과 요리를 위한 냄비와 백랍 그릇 몇 가지를 소유했고 사치품과 진기한 물품은 아주 조금 갖고 있을 뿐이었다. 차, 설탕, 커피, 초콜릿과 같은 열대지방에서 들어온 식료품이 약간 있었고 아마도 제조업 상품 몇 가지(면직물, 비단, 도자기, 책 몇 권, 가구, 시계, 유리 제품, 그릇, 금속 제품)가 있었을 것이다.[15]

그러나 19세기를 거치면서 영국의 중산층은 자기 나라의 공장과 작업장에서 끝없이 공급되는 신상품을 소비하기 시작했다. 가령 연보라색 같은 최신 색상의 숙녀복, 아이들을 위한 새 장난감, 셰필드산 질 좋은 날붙이, 버밍엄의 J. W. 에번스(J. W. Evans) 같은 공장에서 만든 은 식기류, 스태퍼드셔산 식기류 세트와 티 세트, 리버풀산 판유리와 같은 것들이 있었다. 이 중에는 나중에 해러즈(Harrod's)와 르봉마르셰 백화점에 진열될 신상품들도 있었다.[16]

1900년이 되면 소일거리와 오락거리도 많이 등장한다. 극장, 뮤직홀(music hall)[주로 노래와 춤을 섞은 대중적인 희가극인 보드빌(vaudeville)을 보여 주던 극장-옮긴이], 도서관, 박물관, 미술관이 모든 대도시와 여러 작은 도시에 건설되었다. 자신의 고향 도시를 살기 좋은 곳으로 만들고 싶었던 새로운 유형의 박애주의자이자 성공한 기업인들이 종종 그런 시설을 설립했다. 바닷가 도시들은 더 이상 부자만의 영역이 아니게 되었고 그레이트야머스와 블랙풀 같은 해변 마을들은 중산층과 노동자 계

층을 위한 인기 있는 휴양지로 개발되었다.[17]

　신상품이 새로 생긴 봉급 일자리에서 소득을 올리는 새로운 소비자에게 팔리는 되먹임 현상은 중산층 경제의 중요한 순환이 되었다. 그 순환은 오늘날에도 다양한 방식으로 돌고 있다. 그것은 지금껏 형성된 가장 강력한 경제순환에 속하며 영향은 막대했다. 1820년을 전후해서 유럽과 북미의 중산층은 총인구의 2퍼센트 정도로 대략 470만 명에 달했다. 1차대전이 발발한 1914년에 유럽과 북미의 중산층은 대략 총인구의 16퍼센트에 달하는 1억 명에 근접했다.

중간 부류에서 중산층이 되기까지: 19세기의 정치 역학

　19세기에 중산층 구성원들은 자신의 이익을 증진하기 위해 정치적 힘을 발휘하기 시작했다. 그러나 1차대전이 끝난 후에야 지배적인 정치권력을 가질 수 있었다. 정치적 영향력 없이는 중산층이 그런 식으로 빠르게 늘어날 수 없었을 것이다. 영국에서 시작해 미국과 유럽대륙으로 퍼져 나간 중산층은 그들 나라의 정치를 근본적으로 혁신했다. 그들은 참정권의 확대를 주장하면서 점점 더 많은 사람에게 선거권을 주었고 궁극적으로 변화를 몰고 오는 힘을 가진, 정치적으로 적극적인 중산층 집단을 형성했다. 중산층은 적어도 처음에는 사유재산을 보호해 달라는 경제원칙, 제한된 세금을 요구하는 작은 정부, 자유무역, 최소한의 규제를 위해 싸웠다. 자신들의 취지를 가령 노예제도와 아동노동 반대 같은 도덕적 대의로까지 연계하면서, 다양한 나라의 중산층은 '자기답게 살아갈 자유(liberty)'와 '구속에서 벗어날 자유(freedom)'에 대한 보편적 사랑까지 폭넓게 수용했다[영국의 철학자 아이제이아 벌린(Isaiah Berlin)은 전자를 '적극적 자유', 후자를 '소극적 자유'로 구분했고, 토크빌은 전자를 '자연적 자유(natural liberty)'로, 후자를 '시민적 자유(civil liberty)'로 구분했다. 김기섭, 『'한 사람' 협동조합』 들녘, 2024 참고-옮긴이].

그렇게 중산층은 오늘날 소위 자유민주주의의 주축이 되었다. 오랜 세월이 흐른 뒤, 미국의 정치학자 프랜시스 후쿠야마(Francis Fukuyama)는 "시간이 흐르면서 자유주의적이고 민주적인 의제들이 수렴되기 시작했고 민주주의는 중산층의 목표가 되었다. 결국 법치(rule of law)와 민주적 책임성(democratic accountability)은 권력을 통제하는 각기 다른 수단이며 실제로는 종종 상호 보완적이다"라고 했다. 그는 계속해서 다음과 같이 주장했다.

> 사회에서 특히 한 집단, 바로 중산층이 민주주의를 가장 간절히 염원한다는 사실이 제일 중요하다. 만약 민주주의가 형성될 가능성을 가늠해 보려고 한다면 다른 형태의 정부를 선호하는 사회집단에 비해 중산층의 힘이 얼마나 강력한가를 평가할 필요가 있다. 가령 나이가 지긋하고 토지를 소유한 소수의 실력자는 권위주의 체제를 선호하며 농부나 도시 빈민 같은 급진적인 집단들은 경제적 재분배에 초점을 둔다.[18]

후쿠야마 박사는 "하위 중산층은 고유한 계급 이해가 없다"라고 평가한 마르크스주의적 관점을 비판했다.[19] 마르크스는 강력한 자본가 집단과 무산계급만이 사회를 통치할 수 있다고 보았으며, 중산층은 수적으로는 잠재력이 크지만, 서로 공통점이 없는 상인이나 장인, 다양한 직업군으로 이루어진 이질적 집단이라고 여겼다. 중산층은 이따금 (무산계급이 권력을 장악하고 있지 못할 때에는) 유용한 연합군이 될 수 있지만, 중산층의 이해가 집권 세력과 일치하는 경우에는 경계해야 할 존재였다. 그는 사유재산, 신용, 그 밖의 다른 자유주의 경제의 요소들에 대한 중산층의 지지는 진정한 사회주의로 가는 길에 영원한 장벽이 될 것이라고 믿었다. 이런 점에서 마르크스의 생각은 옳았는지도 모른다. 중산층은 개인의 자유를 위해 싸우고 노동계급 대부분을 그들의 사고방식으로 끌어들이면서 사회주의와 공동소유를 거부했다.

중산층의 정치권력이 커졌다는 것은 그들만의 정당을 결성했다거나 어떤 전통적인 정당에 연줄을 댔다는 말이 아니다. 중산층은 보수주의, 진보주의, 민족주의나 그 외의 어떤 주의·주장에 치우쳐 있다고 규정할 수 없었다. 오히려 중산층의 정치 성향은 시기와 장소에 따라 다양한 정체성을 띠었다. 이런 우여곡절 속에서도 한 가지 공통점이 있었다. 매번 곡절을 겪을 때마다 중산층이 더 강력한 정치 세력으로 부상했다는 점이다.

영국 중산층의 정치권력 성장

영국에서 중산층이 강력한 정치적 집단으로 등장한 시점은 19세기 초반으로 잡을 수 있다. 당시 영국 총리 윌리엄 피트(William Pitt the Younger)는 1799년 프랑스혁명전쟁과 나폴레옹전쟁으로 지출한 군사비를 충당하기 위해 누진소득세를 도입했다. 그 세금은 납세자의 반감을 너무 심하게 사서 심지어 전쟁에서 승리한 것조차도 축하받지 못했다. 1809년 나폴레옹전쟁이 한창일 때 《먼슬리 리포지터리(Monthly Repository)》의 한 시사평론가는 "이 사회의 중간 계층에 대한 세금 부담이 너무 혹독해서 희망은 사라지고 공포만 팽배해 공동체 구성원 대부분이 떠나야 할 판이다. 뭐 축하할 일이 있겠는가?"라고 반문했다.[20] 이것이 정치적 계층으로서 중간 부류를 언급한 첫 기록이다. 그것은 또한 중산층이 최초로 거둔 정치적 성공을 예고했다. 누진소득세는 1815년에 폐기되었다. 중산층이 마찬가지로 소득세 폐기를 밀어붙이던 상류층과 연합해 거둔 성과였다.

적어도 몇몇 역사가는 빅토리아 여왕 시대의 영국이 "중산층의 승리"[21]를 대표적으로 보여 준다고 믿는다. 영국의 역사가이자 정치인이며 작가인 토머스 배빙턴 매콜리(Thomas Babington Macaulay)는 경제성장을 촉진할 정치적 변화가 동반되어야만 산업혁명으로 이루어진 사회경제적 변화가 가능했다는 관점을 가장 설득력 있게 지지한 사람으로 꼽힌다. 매콜리는 자유무역과 사람들의 자유로운 이주, 노예제 폐지, 여성의 재산권 허용, 언론의 자유를 옹호했다. 그에게 역사는 인간이 자유를 찾아 분투하는 과정이었으며 과학과 산업이 주는 번영의 기회를 좇아간 기록이었다. 그의 견해는 큰 인기를 끌었다. 나중에 한 비평가는 문명을 통틀어 필수 도서 3권이 있는데 그건 바로 성경과 셰익스피어와 매콜리라고 주장하기도 했다.[22]

매콜리는 빅토리아 여왕 시대 정치 지형의 전폭적인 변화 몇 가지를 기록하고 그 정당성을 옹호했다. 비록 영국은 1830년대에 의회 제도를 갖췄지만 투표는 전체 인구의 3퍼센트 정도 되는 극소수만이 할 수 있었다. 선거제도는 나라 전체를 자치구(도시)와 자치군과 대학 들로 구성된 선거구로 나누었고 각 선거구는 의회로 대표를 보낼 수 있었다. 1832년 제정된 개혁법(Reform Act)은 이들 선거구의 구획을 쇄신해 급속한 도시화와 인구 증가를 부분적으로나마 반영했다. 그럼에도 투표권은 토지를 소유한 자들에게만 있었기 때문에 인구 대부분은 전적으로 투표권을 박탈당한 상태였다.

사실 1800년대 초반에 영국을 이끄는 집단은 지방의 대토지 소유자들이었다. 대략 1/5 정도의 의석이 유권자가 50명도 안 되는 선거구의 몫으로 돌아갔기 때문에 유력 가문이 독치지하기에 딱 좋았다. 이런 소위 "부패한 자치구들"의 문제점은 너무나 심각해서 1831년에 이르면 그 제도에 항의하는 폭동이 전국적으로 일어났다.

개혁법은 바로 이런 평민들의 소요에 대한 최초의 화답이었다. 이 법안은 더 많은 사람에게 투표권을 주었으며, 시골 지역보다는 산업화된 북부 잉글랜드 지역과 도시 지역에 더 많은 의석을 할당했다. 당시 보수파였던 토리당은 개혁법에 절대적으로 반대했다. 토리당은 상원을 지배하는 의석을 무기로 개혁법의 통과를 2번이나 저지했지만, 대중이 압도적으로 요구하면서 진보적인 휘그당에 힘이 실렸고 마침내 법안이 통과되었다.

개혁법은 중산층 구성원들이 거둔 거대한 승리였다. 그런데 그 승리는 앞서 소득세를 폐지할 때 중산층과 협력했던 지주들이 아니라 노동자, 노동조합과 힘을 합해 거둔 성공이었다. 개혁법이 제정된 후 중산층 유권자는 주로 휘그당에 표를 주었고 나중에는 자유당을 지지하는 투표를 했다. 이들 정당을 여전히 노회한 귀족들이 지배하고 있었는데도 말이다. 중산층이 선출한 총리들의 이름만 보더라도, 그런 정치적 현실은 분명하게 드러난다. 제2대 그레이 백작(Earl Grey), 제2대 멜버른 자작(Viscount Melbourne), 제3대 파머스턴 자작(Viscount Palmerston)이 그들이다. 심지어 자유당을 대표해 3번이나 총리를 지낸 윌리엄 글래드스턴은 대영제국 시절 가장 많은 노예를 소유했던 인물의 아들이었고 처음에는 보수당원이었으며 전통적인 중산층의 대변자라고 하기는 매우 어려운 인물이었다.

애덤 스미스의 저작에 영향을 받아 휘그당은 자유무역을

옹호하게 되었다. 당의 이런 기조가 중산층의 지지를 끌어냈다. 중산층은 특히 영국 당국이 대륙에서 수입되는 밀에 부과하던 관세에 반대했다. 그들은 밀 관세를 폐기해 음식 가격을 하락시키면 제조업자가 지급하는 임금을 낮출 수 있으리라 생각했고, 그리하여 제조업의 가격 경쟁력을 높이고 싶어 했다. 하지만 이런 시도는 당시에 정치적 영향력이 컸던 지방 지주들의 저항을 받았다. 그들이 현지에서 생산하는 곡물은 관세 덕분에 상당한 이윤을 거두었기 때문이다.

그래서 반곡물법동맹(Anti-Corn Law League)이 결성되었다. 최초의 공개적인 중산층 압력단체였다. (당시 영국에서 'corn'은 혼란스럽게도 밀, 귀리, 보리를 비롯한 모든 곡물을 뜻했다.) 북부 잉글랜드 출신의 자수성가한 사업가 리처드 코브던(Richard Cobden)이 이끌던 반곡물법동맹은 쟁점 하나에 대한 지지를 최대한으로 이끌어 내기 위해 의도적으로 조직된 단체였다. 그것은 단 하나의 명백한 메시지, 즉 "곡물(corn)"에 대한 관세 폐지였다. 반곡물법동맹은 의회에서 그 법안을 지지하는 대표자를 늘리기 위해 선거를 통해 투쟁했고 개혁법 덕분에 얼마간 소기의 성공을 거뒀다. 그렇지만 그 동맹의 진짜 힘은 대중 집회와 저항을 조직하는 능력에 있었다. 그들은 합당하고 실질적인 주장을 기초로 삼았다. 그것은 이해하기 쉬웠고 값싼 음식을 원하던 대중에게서 대단히 열렬한 지지를 끌어냈다.

1846년 토리당 소속 현직 총리 로버트 필(Robert Peel)과

야당인 휘그당 사이의 연합을 통해 곡물법이 폐지되었다. 필은 실용적인 판단에 근거해 법안 폐기를 지지했다. 그와 토리당은 얼마간의 변화를 수용하지 않으면 훨씬 더 급진적인 격변이 일어날까 봐 염려했다. 휘그당의 지지는 이념적 판단을 기반으로 했다. 그들은 정부의 간섭에서 자유로운 시장을 원했다.

이런 성공을 바탕으로 코브던은 공공연하게 그리고 더욱 노골적으로 필 총리에게 토리당의 전통을 포기하고 중산층을 대변하는 역할을 떠맡으라고 요구했다. 코브던은 총리에게 보낸 유명한 편지에 다음과 같이 썼다. "총리께서는 중산층의 진실한 대변자들을 통해 통치하는 역할을 기피하실 작정인가요? 현실을 직시하십시오. 그것 말고 달리 이 나라를 통치할 방법이 있다고 생각하십니까? (…) 누군가는 반드시 그 나라의 지배적인 계층을 통해 나라를 운영해야 합니다. 개혁법이 그런 당위성을 선포했고 곡물법 통과가 그것을 여실하게 보여 주었습니다."[23] 필 총리는 답장에서 중산층에 대해 언급하기를 애써 기피했다. 결국 그는 준남작(baronet) 작위를 가진 상류층이었고 군주제하에서 법치를 굳게 신봉하는 자에 불과했다. 오늘날에도 영국의 경찰을 일컫는 보비스(Bobbies)라는 별칭은 런던경찰청을 창립한 로버트 필 총리의 이름 로버트(Robert)에서 비롯했다[로버트의 약칭 롭(Rob)은 종종 라임을 이루는 밥(Bob)으로 불린다. 또 로버트는 로비(Robby) 또는 보비(Bobby)라는 별칭으로도 불린다. 보비스(Bobbies)는 그 복수형-옮긴이]. 필 총리는 기존 질서에 도전하는 새로운 계층의 적법성을 인정하고 싶지 않았을 것이다.

중산층이 지지하는 쟁점들을 해결하기 위해 이해관계에 따라 뭉치기도 하고 결별하기도 하는 합종연횡이 이런 식으로 19세기 내내 벌어졌다. 중산층은 그들의 정치적 위력으로 당대의 다양한 정권을 압박하며 특정한 쟁점에 대해 자신들의 이익을 증진하는 방향으로 개혁을 이끌어 냈다. 1832년의 대개혁법 제정과 1846년의 곡물법 폐기뿐만 아니라 앞에서 살펴본 대로 중산층 성장의 촉매 역할을 한 도시화, 연결을 위한 기반 시설의 확충, 교육에 대한 다른 법안들도 중산층의 지원 덕분에 성사되었고 중산층이 성장하고 번영하도록 도왔다. 때로는 노동자와, 때로는 상류층과 연합하면서 이룬 일련의 개혁을 통해 중산층은 자신들의 정치적 힘을 입증했다.

1835년의 도시법인법(Municipal Corporations Act)은 선출직으로 구성된 타운의회(Town council) 체계를 확립해서 지역의 관심사를 처리하게 했다. 기존의 도시자치운영위원단이 "여왕의 백성에게 신뢰나 존중을 받지도 못하고 받을 자격도 없다"라는 사실을 파악한 뒤에 왕립위원회가 취한 조치였다.[24] 새로운 자치구들은 의무적으로 경찰대를 설립해야 했고 매년 회계감사를 거친 결산보고서를 내야 했다. 이 법안은 토지 구매와 지자체 건물의 건설을 통해 도시 개발을 더욱 직접적으로 통제할 수 있도록 하기 위해 1882년에 확대되었다.

1844년과 1846년의 철도법은 값싼 열차 여행을 가능하게 하려는 규정을 내놓았다. 철도는 처음부터 1, 2, 3등 객차를 갖추어 등급을 구분했다. 그러나 1844년의 법안은 모든 열차의 3등 객차에 마일당 부과할 수 있는 요금의 상한을 정하도록 요구했다. 또한 3등석 좌석에 커버를 씌우는 것도 의무화되었다. 1846년 법안을 두고는 광궤를 사용하는 회사와 협궤를 사용하는 회사가 표준 궤간 설정을 놓고 맹렬한 궤간전쟁(Gauge Wars)을 벌였는데, 시간이 흐르면서 협궤 쪽으로 표준화 문제가 정리되었다. 당시 "4대" 민간 철도 업자 사이에서 벌어진 열띤 경쟁으로 여객 수송은 신속하게 성장했다. 1840년에는 무시할 만한 수준에 불과했는데 대략 1900년이 되면 한 해 10억 명이 철도를 이용하게 됐다.

  1870년 초등교육법이 제정되면서 지역 자치구들은 그들 지역 내 학교에 더 큰 영향력을 발휘하게 되었다. 노동력의 생산성과 교육을 증진한다는 구실을 명목적으로 내세웠지만, 특히 1867년의 대개혁법이 (여전히 남성뿐인) 유권자를 100만에서 200만으로 배가한 뒤에야 영국의 초등교육법은 보수주의자들의 지지도 획득하게 되었다. 1866년 프로이센-오스트리아전쟁에서 교육을 받은 프로이센 군대가 보인 전술적 우위를 목격했기 때문이다. 이 교육법에 뒤이어 1876년에 최소 교육 수준을 이수하지 못한 11세 이하 어린이의 농장 노동을 금지하는 법과 1880년의 취학의무법, 1891년의 무상의무교육법이 빠르게 제정되었다. 이후 새로 결성된 노동당이 노동조합 동원과 선거권을 무기로 위협하자 영국의 집권 자유당은 중산층에게 매우 가치 있는 권리로 입증될 노동자 연금, 실업보험, 의료보험을 1906년과 1911년 사이에 도입했다.

미국 중산층의 정치적 역량 증대

중산층이 강력한 정치 세력으로 성장한 것은 영국만이 아니었다. 미국에서도 똑같은 현상이 벌어졌다. 미국은 기존의 귀족 세력이 존재하지 않는다는 두드러진 이점을 갖고 19세기를 시작했다. 매우 부유한 상류층이 있었지만 그들은 천부적인 권리로서가 아니라 사업을 통해 그런 지위를 획득했다. 19세기 중반까지 미국에는 소수의 장인을 제외하면 부유한 도시 엘리트와 육체노동자라는 두 계층만이 있었다. 그러나 경제성장이 자리를 잡으면서 육체노동을 요구하지 않는 업무에서도 일자리가 생기기 시작했다. 처음에는 소매업자, 소규모 업체 운영자, 숙련된 장인이 중심이 되어 중산층을 형성했지만 이들이 큰 기업과 제조업체에 밀려나면서 사무원과 화이트칼라 봉급생활자가 대신 그 자리를 채워 중산층의 주죽이 되었다.

유럽의 양상과는 달리 19세기에 미국 사회가 체계를 잡아가던 방식이나 미국이 직면한 투쟁들의 결정적인 특징은 계층 문제가 아니었다. 사회를 갈라놓은 더 심각한 쟁점은 인종 문제와 노예제라는 유산, 해외에서 이주민이 계속 유입되면서 생긴 민족적 차별들, 특히 가톨릭과 프로테스탄트 사이의 종교적 분열이었다. 이것들과 또 다른 쟁점들의 심각성은 남부와 북부의 가치관 차이에서 가장 명백하게 드러났다.

그럼에도 불구하고 미국의 정치에서 계층은 중요한 역할을 했다. 무엇보다도 미국의 중산층은 성실, 자유, 자제, 중용, 독립심이라는 미덕을 존중하는 고유한 문화를 키워 냈다. 그런 문화는 개인의 발전만을 위한 것이 아니라 사회가 체계화되는 방식에도 영향을 미쳤다. 특히 중년 여성 사이에서 금주운동과 자원봉사의 기풍을 조성했고 그것이 그들의 정치적 견해를 형성시켰다. 무엇보다 중요한 것은 소비 패턴에 따라 행동과 삶의 양식이 영향을 받았다는 사실이다. 미국 중산층은 직업이 아니라 소비자주의의 관점으로 스스로를 규정짓기 시작했다.

1870년대가 되면 슈퍼마켓 A&P와 울워스(Woolworth's) 같은 연쇄점이 들어섰다. 부유층의 기호에 부응한 메이시스(Macy's)나 김벨스(Gimbels)처럼 호화로운 백화점과는 대조적으로 연쇄점은 특히 교외의 중산층을 표적으로 삼았다. 새로운 건설 기법 덕분에 상품들이 한눈에 들어오는 거대한 유리창, 넓고 평평한 진열대와 진열 상자 설치가 가능해졌다. 19세기가 마감될 때쯤 『오즈의 마법사(Wizard of Oz)』로 유명세를 탔던 프랭크 바움(Frank Baum)은 쇼윈도장식가협회를 설립한 뒤 《스토어 윈도(Store Window)》라는 잡지를 발행해 사업체에 공간 활용과 홍보에 관한 조언을 제공했다.[25]

시어스로벅앤드컴퍼니(Sears, Roebuck and Company)와 몽

고메리워드(Montgomery Ward)처럼 다른 기념비적인 회사들은 정직하고 저렴한 가격에 우편 주문 판매를 제공하는 차별화된 전략을 구사했다. 소매업체들이 경쟁적으로 상품을 팔고 은행이 신용을 제공하면서 다루는 상품의 범위가 늘어났다. 1895년에 시어스의 카탈로그는 500쪽이 넘었고 재봉틀, 자전거, 운동기구, 인형, 난로, 심지어 식료품과 자동차까지 포함하면서 "소비자의 성경"이라는 별명을 얻었다. 모든 직물 제품, 내구 소모품, 철물, 가구를 카탈로그로 주문하고 신용으로 구입할 수 있었다. 그리고 구매자가 속한 계층은 구매하는 상품으로 정해졌다. 생산수단에 대한 접근보다 상품에 대한 접근이 더 중요해진 시대를 맞아 롤랑 마르샹(Roland Marchand)이 「상품민주주의라는 우화(Parable of the Democracy of Goods)」[26]에서 설명했듯이, 미국인들은 제대로 된 옷과 최고의 헤어크림과 가장 반짝이는 신발을 구입하는 것이 더 나은 삶의 양식을 뜻한다는 생각을 재빨리 수용했다.

정치는 이런 삶의 양식에 큰 위협이 되었다. 19세기 말 도금시대(Gilded Age)[남북전쟁이 끝난 1865년부터 1900년대까지 급속한 산업화로 미국 경제가 역사적인 호황을 기록한 황금시대-옮긴이] 동안에 특히 도시의 정부 조직 내부에서 부패와 낭비가 만연했다. 멋대로 두다가는 지방정부의 잘못을 중산층 과세로 떠넘겨 도시와 교외 지역에서의 삶을 견딜 수 없게 만들 수도 있었다. 그래서 중산층은 더 많은 통제권을 시민이 장악하도록, 지역 정치가 좀 더 책임 있게 이루어지도록 압력을 행사했다. 중산층은 법률직접발의권(direct initiative), 국민투표, 공무원 해임권을 위해 싸웠고 20세기 초 오리건주에서 그런 권리가 처음 주 헌법에 명문화되었으며 뒤이어 몇몇 서쪽 주도 그 선례를 따랐다. 중산층은 매표 행위 대부분이 벌어지는 술집을 금하기 위해 금주법을 강력하게 밀어붙였다. 그들은 선거인명부(voter registration list)를 법제화해서 중복 투표를 막았고 여성참정권을 적극 지지했다.

그렇건만 오늘날 민주주의의 관점으로 보면 이때의 중산층은 전적으로 민주적이지는 않았다. 그들은 자신과 같은 부류(White Anglo-Saxon Protestant, WASP, 앵글로색슨계 백인 프로테스탄트)가 투표하기를 원했지 다른 부류가 그러기를 원하지는 않았고 문해력 테스트를 넣어 육체노동자를 배제했다. 남부의 주들은 남북전쟁 후 일련의 절차를 마련해 흑인 유권자의 선거권을 빼앗으며 흑인 시민의 선거권을 인정한 수정헌법 제15조를 무력화했다. 20세기로 접어들 무렵 남부가 아닌 주들도 매년 수백만 명씩 들어오는 이민자의 영향력을 제한하려고 그와 동일한 전략을 구사했다.

비록 빠르게 늘어나기는 했지만 정치에서 제 목소리를 내기에는 미국 중산층의 규모가 너무 작았다. 그들은 유권자를 살 수 있을 정도로 넉넉한 돈과 영향력을 가진 상류층과 어마어마한 수적 우세를 쥔 노동계급 유권자 사이에 끼어 있었다. 노동자들은 1901년에 설립된 미국사회당(Socialist Party of America, SPA)과 1905년에 창립된 세계산업노동자연맹

(Industrial Workers of the World, IWW)을 중심으로 자신을 조직화했다. 노동자의 지지를 얻기 위해서 중산층은 교육, 아동노동법, 독점기업 해체(trust-busting), 기업 규제처럼 친노동적인 주장을 많이 수용했다.

교육개혁은 중산층의 문화와 삶의 양식에 자연스럽게 부합하는 주제였다. 그것은 중산층의 상황을 개선하기 위한 각 가정의 자유와 개인주의에 기반을 제공했다. 교육개혁은 현대화와 전문화에도 적합했다. 19세기 내내 꾸준히 구술시험을 대체한 표준화된 필기시험은 학교와 교과과정이 미친 영향을 측정할 수 있었다. 미국의 교육개혁은 사회변혁의 원동력으로서 독자적이라기보다는 단체 중심이었고 지역 발전의 중점을 중산층의 관점과 긴밀히 연계했으며 각각의 공동체가 주도한 풀뿌리 운동이었다. 1900년에는 대학입학시험위원회(College Entrance Examination Board)가 설립되어 주요 인사의 추천에 의존하던 기존 방식 대신 학생의 능력을 중시하는 대학 입학 제도를 도입했다. 대학은 일찍이 미국 중산층을 위한 사다리가 되었다.

정부의 부패를 뿌리 뽑고 교육을 통해 모두를 위한 기회를 촉진하겠다는 두 가지 취지를 결합하면서 진보적 정치 운동의 핵심이 도출되었다. 진보주의자들은 수정헌법 제17조를 통해 상원의원을 직접 선출할 권리를, 수정헌법 제18조를 통해 금주법을, 그리고 수정헌법 제19조로 여성의 참정권을 획득했다. 진보 정치의 힘이 최고조에 달한 시기는 20세기가 갓 시작된 1901년부터 1909년에 걸친 시어도어 루스벨트(Theodore Roosevelt) 대통령의 집권기였다. 트러스트 파괴와 환경주의로 인기를 얻은 루스벨트 대통령은 유권자의 뜻을 받드는 것이 정부의 임무라는 신념을 갖고 있었다[그는 '트러스트 파괴자'라는 별명을 얻었음-옮긴이]. 강력하고 효율적이며 영향력 있는 정책 집행 주체로서 대통령직을 확립한 것을 비롯해 그가 이룬 개혁 과제 중 많은 것이 미국 정치체제의 중심으로 남아 있다.

유럽 중산층의 정치적 성장

유럽대륙에서도 정치는 시류에 따라 중산층과 노동자 혹은 중산층과 엘리트 사이의 연합으로 굴러갔다. 북유럽의 나라들에서는 "적록연정(red-green alliance)", 즉 도시 노동자(붉은색)와 부유한 시골 농부(녹색)가 연합해 연금법안을 밀어붙여서 모든 시민에게 혜택이 돌아가도록 했다. 산업화와 도시화가 진행되면서 화이트칼라 사무직 전문가들은 "적백연정(red-white alliance)"을 맺었고 서서히 연정 내에서 농부들의 정치적 힘을 대체해 나갔다. 중산층은 안정을 선호하기 때문에 이 연정을 통해 사회적 보호망을 확충하는 쪽으로 힘을 기울였다. 그런 노력으로 사람들이 사회적 위험에 노출될 가능성을 줄여서 빈곤층과 취약 계층을 감소시켰을 뿐만 아니라, 산업노동자들이 사회당과 혁명적 코뮌주의 운동으로 이루고자 했던 사회변혁과 급진화도 틀어막았다. 사회주의의 위협을 막아 내는 것이 초미의 관심사였던 독일의 오토 폰 비스마르크(Otto von Bismarck) 정부는 중산층과 협력해 1883년과 1889년 사이에 사회보장제도의 세 가지 기본 요소를 법제화했다. 의료보험, 상해보험, 실업 급여와 노령연금이 바로 그것이었다. 마찬가지로 프랑스도 1890년대에 노인을 위한 의료 지원과 다른 지원 프로그램들을 도입했다.

연이은 선거권의 확장을 통해 증대시킨 정치적 힘이 없었더라면 산업화를 진행하던 나라들에서 중산층이 그런 식으로 빨리 늘어나지는 않았을 것이다. 하지만 19세기에 중산층이 힘을 발휘한 방식 중에서 겉보기에는 작은 차이로 보인 것이 오늘날까지도 중산층의 본질에 중대한 차이를 초래했다. 영어권 나라들은 다수대표제(majoritarian voting)를 채택해 각자의 지역구에서 과반 득표(또는 최다 득표)를 한 사람을 의회나 그에 준하는 기구의 대표자로 뽑았다. 이는 결국 양당의 경쟁 체제로 귀결되었는데 이런 선거제도하에서 중산층은 세금을 낮추기 위해 보수적인 상류층과 동맹을 맺게 된다. 반면에 북유럽 국가 대부분은 정당 외석을 다소 복잡한 공식을 써서 득표율에 연동해 결정하는 비례대표제(proportional representation) 선출 방식을 도입했다. 이는 다당제 연합을 지시하는 경향을 낳았고 이런 선거제도하에서 중산층은 중도좌파 세력과 연합해 그 체제에서 가능하면 많은 사회보장을 획득했다.

두 방식 모두에서 중산층은 민주주의가 실행되는 규칙인 선출 방식과 무관하게 이익을 얻는 방안을 찾아냈다. 이것은 상류층과 노동계급은 어느 쪽이든 해낼 수 없는 성과였다. 그들은 서로 다른 민주적 체제에서 끊임없이 중산층과 연맹을 맺기 위해 경쟁하면서 승자가 되거나 패자가 될 뿐이었다.

반자유주의적으로 태세 전환한 중산층

대체로 중산층은 광범위한 번영을 선도했다. 그러나 중산층은 민족주의 세력에게 속아 넘어가서 전폭적인 지지를 보냈다가 두 차례 세계대전과 역사상 가장 큰 불황을 초래하기도 했다.

미국의 진보주의자들은 스스로는 과학과 효율성, 현대성을 좇으려 애썼지만 이따금 비뚤어진 사상과 잘못된 증거에 홀려 넘어가기도 했다. 진보주의자들이 남긴 일부 유산에는 우생학을 받아들인 흑역사가 있다. 그것은 선택적 생식으로 인간 사회가 개선될 수 있다는 주장이었다. 우생학은 그것의 창시자인 영국의 통계학자 프랜시스 골턴(Francis Galton) 경이 제안했으며 집단의 유전적 혈통을 개선하기 위한 두 가지 방안을 제시했다. 우생학은 무가치한 자질을 보여 주는 사람(즉 정치적 유력자들이 보기에는 유전적으로 열등하다고 간주되는 자들)의 출산을 막기 위해 가령 강제 불임 시술과 같은 정책을 조장했고, 그와 동시에 월등한 자질을 보이는 자녀를 가진 가정에는 보조금을 지급하는 정책을 부추겼다. 명백한 인권침해라는 사실뿐만 아니라 우생학은 유전자가 사회적 행동을 결정한다는 오류에 기반하고 있었다. 특이하게도 20세기로 접어드는 시점에 가장 영향력 있는 미국의 진보적 사회학자로 꼽혔던 에드워드 로스(Edward Ross)는 앵글로색슨인이 시골 생활에 더 적합하다고 여겼다. 반면 당시에 대규모로 미국으로 이민하던 "라틴인, 슬라브인, 아시아인, 헤브라이인"은 산업자본주의에 더 잘 적응할 것이기 때문에 강력한 정책으로 개입하지 않으면 그들이 백인을 대체하리라고 믿었다.[27] 루스벨트 대통령은 이런 관점에 동의하며 문명의 가장 큰 문제점은 "인종 자살(race suicide)"—"탁월한" 인종이 좀 "모자란"데도 더 많이 출산하는 인종에 압도당하는 현상—이라고 주장했다. 유전학에 대한 이런 관점은 그 후 수십 년 동안 이민정책에 영향을 미쳤고 오늘날까지도 여전히 위력을 떨치고 있다.

진보주의자들이 저지른 어리석은 실수는 우생학만이 아니었다. 그들은 자유무역에 진심이었기에 교역 가능한 물품의 다양성을 늘리는 데 힘썼을 뿐만 아니라 자유무역이 창출해 낸 전문화의 이점과 거대한 시장을 획득하는 데도 전력을 다했다. 대서양 전역에서 유럽의 모든 주요 국가는 자신에게 무역 기지를 제공할 식민지 건설에 열을 올렸다. 아프리카 식민지는 원료를 제공했고 아시아 식민지는 거대한 시장과 함께 군대가 언제든 출정할 수 있는 전초기지를 제공했다. 영국은 1843년 제1차 아편전쟁 후에 벵골에서 재배한 아편의 수입과 판매를 중국에 강요하면서 상하이에 진출했다. 그때 영국은 자유무역의 원칙이 아편중독이 위협할 공공의 건강보다 더 중요하다는 명분을 내걸었다. 제2차 아편전쟁 후에는 미국, 프랑스, 러시아를 비롯한 여러 나라가 무력을 동원해 중국으로부터 무역을 위한 특권들을 약탈하다시피 얻어 냈다.

루스벨트 대통령은 강력한 해외 정책이 미국의 국익과 맞아떨어진다는 생각을 고수했다. 그는 이전 정부들이 고수한 상대적 고립주의를 버리고 1898년 미국-스페인전쟁으로 얻어 낸 이익을 더욱 공고히 하고 확장했다. 그의 좌우명인 "부드럽게 말하되 큰 몽둥이는 들고 다녀라(Speak softly and carry a big stick)"를 절묘하게 휘두르며 파나마가 운하 건설에 찬성하게 만들었고 1914년 운하를 완공해 샌프란시스코에서 뉴욕까지 이르는 바닷길을 약 1만 3000킬로미터나 단축시켰다. 더 많이 거래하면서도 거래 비용은 줄이겠다는 욕구가 해외 정책과 군사적 모험주의를 발동하는 데 결정적인 계기를 제공했다. 역사학자 대니얼 T. 로저스(Daniel T. Rodgers)에 따르면 20세기 초 미국 행정부는 다양한 사건을 핑계로 12번이나 멕시코와 카리브해 지역에 군대를 급파해 "세관을 접수하거나 재정을 개편하거나 내부 혁명의 성과를 통제하려고 시도했다."[28]

국가가 무력을 써서 무역과 경제에서 이익을 취해도 된다는 논리를 적극적으로 수용한 결과 민족주의, 제국주의, 군국

주의가 득세하게 되었다. 나라의 이익을 우선시하고 신이 점지하는 군주보다는 나라에 충성하겠다는 사고방식을 사수하는 민족주의는 특히 중산층 지식인과 전문가 사이에서 인기를 얻었다. 물론 민족주의는 순전히 중산층에만 전파된 현상은 아니었다. 모든 계층이 어느 정도 그런 생각을 보여 주었다. 그렇지만 중산층은 민족주의 운동의 지적 기반을 제공했다.

프란츠 페르디난트 대공(Archduke Franz Ferdinand)의 암살은 유럽에서 민족주의적 감정을 폭발시켰다. 농부 집안 출신으로 테러 집단인 흑수단(The Black Hand Society)에 소속된 보스니아계 세르비아인 가브릴로 프린치프(Gavrilo Princip)의 소행이었다. 발칸반도의 슬라브 민족은 대공 암살 몇 년 전에 오스만제국의 통치를 떨쳐 버렸으나 오스트리아가 보스니아 지역에 통치권을 주장하는 것을 지켜보는 형편이 되었다. 민족주의자들은 보복을 결의했다. 폭탄 암살 계획이 3번이나 실패한 후, 암살자들은 대공과 그의 아내가 자동차를 몰고 합병된 보스니아헤르체고비나의 수도인 사라예보를 누비고 다닐 때 그 기회를 놓치지 않았다. 처음에는 암살이 오스트리아-헝가리제국 내부에서 해소될 국내 문제로 취급되었다. 그러나 오스트리아 당국이 이웃한 세르비아에 흑수난의 뒷배를 봐준 일에 책임을 묻겠다면서 요구 조건을 담은 최후통첩을 보냈고 세르비아는 이를 수용하지 않았다. 오스트리아는 그 허약한 나라에 선전포고를 했다. 세르비아는 러시아와 동맹 관계였고, 러시아는 영국, 프랑스와 함께 삼국협상(Triple Entente)을 맺은 상태였다. 그래서 이 열강들은 전쟁에 말려들었다. 삼국동맹(Triple Alliance)으로 이탈리아와 함께 오스트리아와 관계를 맺었던 독일도 싸움에 끼어들면서 유럽의 모든 강대국이 전쟁과 혼돈이라는 최악의 나락으로 떨어졌다(개전 초기에 중립을 선언한 이탈리아만 예외였다). 일련의 실수와 오판으로 상상과 예측이 불가능한 사태가 벌어지고 있었다.

중산층의 증가와 그 내부에서 고조된 경쟁 때문에 1차대전이 발발했다고 하면 지나친 해석일 것이다. 그런데 중산층 성장의 기반이 된 산업화, 현대화, 과학기술 지식, 무역, 해외를 향한 모험주의가 몰고 온 거대한 힘은 전쟁을 초래한 힘과 근본적으로 동일했다. 오스트리아-헝가리를 제외한 모든 주요 경제 대국은 전쟁 전 10년 동안 군자금 용도의 금을 비축해왔다. 부분적으로는 막대한 군비 지출 덕분에 그들 나라는 급속한 경제성장을 누렸다. 독일과 영국은 특히 해군에 집중했다. 독일의 국내총생산은 영국을 앞질렀고, 1913년 선철 생산고는 영국의 거의 2배였다. 전쟁은 6개월 정도로 금방 끝나리라는 생각이 팽배했다. 카이저 빌헬름 2세(빅토리아 여왕의 손주)는 가을 낙엽이 지기 전에 병사들이 돌아오게 하겠노라고 약속했다. 전쟁이 경제 전쟁이나 봉쇄로 이어지지 말아야 한다는 공감대는 있었다. 그래서 중산층에게 그리 값비싼 전쟁이 되지는 않을 것으로 보였다.

1차대전에 관한 많은 가정이 그랬듯이, 전쟁이 곧 끝날 것이고 돈도 비교적 적게 들 것이라는 추측도 크게 틀려 버렸다. 전쟁은 처참한 결과를 낳았다. 군인과 민간인을 합해서 사상자가 약 400만 명 나왔는데 죽은 자와 부상자가 대략 반반이었다. 당시 유럽의 총인구가 겨우 5억 명을 조금 넘겼을 뿐이니 전쟁과 그로 인한 희생자가 얼마나 처참한 수준이었는지를 숫자가 보여 주었다. 군인 희생자 수만으로도 프랑스와 독일 인구의 10퍼센트를 초과했고 영국 인구의 5퍼센트를 넘었다.

삼국협상과 삼국동맹의 국가 양쪽 모두 장교들이 큰 희생을 치렀다. 당시 장교는 주로 상류층 귀족이 맡았는데, 이는 제도화된 관행 때문이었다. 영국군에서는 19세기부터 장교직을 돈으로 사는 일이 흔했으며, 그 관행은 오랫동안 이어져 내려왔다. 고위직일수록 더 많은 돈을 치러야 했다. 악명 높은 카디건 경 제임스 토머스 브루더넬(James Thomas Brudenell)은 1854년 러시아 대포가 불을 뿜는데도 자신의 경기병대에 돌격 명령을 내려 재앙적인 패배를 초래했다. 그도 능력이 아니라 돈으로 장군지에 임명된 경우였다. 그래서 장교는 부자여야 했고 부자와 중상류층에서 나오게 되어 있었다. 돈으로 얻은 대가는 사회적 지위였고 덤으로 화려한 제복과 돋보이는 금술로 타인의 눈길을 사로잡았다. 장교는 상류층이어야 했고 상류층 대부분은 장교가 되기를 갈망했다.

영국에서 장교 지위를 사는 관행은 1870년에 폐지되었고 샌드허스트 왕립육군사관학교(Royal Military Academy at Sandhurst)의 졸업자 중에서 장교를 선발하는 방식으로 대체되었다. 급진적인 개혁이었지만 장교들의 출신 성분에 미친 영향은 미미했다. 부자만이 사관학교 등록금과 샌드허스트 교육을 받는 데 필요한 제복과 비품 구입 비용을 낼 수 있었기 때문이다.

부자가 장교가 되는 전통은 1차대전 동안 깨졌다. 장교 중에 사상자가 너무 많이 나왔고 군대의 규모도 방대해져서 귀족만으로는 자리를 모두 채울 수가 없었다. 일반 사병 중에서 장교를 선발해야 했다. 그러나 그렇다고 그들의 출신이 변한 건 아니라는 사실을 못 박기 위해 이들 장교에게는 "임시 젠틀맨(temporary gentlemen)"이라는 존칭을 부여했다.[29] 그런 식으로 호칭을 차별화해서 전쟁이 끝나기만 하면 임시로 부여한 고위 장교 지위를 박탈하고 사병으로 되돌리겠다고 생각한 것이다. 당연히 이런 편법은 반발을 샀고 1차대전이 끝나자 중산층은 상류층에 맞서 노동계급과 긴밀하게 협력하며 더욱 강력한 싸움을 벌였다.

대서양 건너 미국에서는 전직 대통령이 된 루스벨트가 여전히 이끌던 중산층 진보주의자들이 전쟁에 참여하고 싶어 안달이 났다. 영국, 프랑스와 역사적으로 맺어 온 유대 관계도 고려했지만 전쟁이 무역에 미칠 영향이 걱정되었기 때문이다. 영국과 프랑스는 해군을 동원해 독일과 오스트리아로 향하는 물자를 차단했다. 그래서 미국이 무역을 계속하려면 스웨덴과 북유럽 나라들의 중개를 거쳐야 했다. 진보주의자들은 삼국협상 연합국에 힘을 보태 전쟁을 신속하게 끝내고 싶었다. 루스벨트는 미국-스페인전쟁 시기에 자신이 공동 창설해서 큰 성과를 거둔 의용 기병대인 러프라이더스(Rough Riders) 사단을 파병하라고 우드로 윌슨(Woodrow Wilson) 대통령에게 요청했다. 대통령은 처음에는 회의적인 기색을 보이며 루스벨트의 요구를 일축했다. 1차대전은 다른 전쟁이었다. 야만적인 탱크, 기관총, 독가스가 동원되고 있었다. 루스벨트가 제안했듯이 영웅적인 기병대가 돌격한다고 이길 수 있는 전쟁이 아니었다.

미국은 참전했지만 신중하면서도 자기 주도적으로 접근했다. 1915년에 독일이 영국 여객선 루시타니아(Lusitania)호를 격침해 미국인 100여 명을 비롯한 1000명 이상의 목숨을 앗아갔다. 미국에서 호전적인 여론이 들끓었다. 1917년 독일은 잠수함을 동원해 삼국협상 가맹국을 전면적으로 봉쇄하는 작전에 돌입했고 미국과 같은 중립국의 배를 포함해 모든 배를 표적으로 삼았다. 그런 과격한 조치는 미국에 남은 마지막 인내심까지 고갈시켰다. 미국이 삼국협상 쪽에 힘을 보댄 뒤 1년을 넘기지 않고 전쟁은 끝났다.

1차대전이 처참한 방식으로 유럽에 힘의 공백을 만들고 계급 동맹을 뒤흔드는 결과를 낳았다는 점은 의심할 여지가 없다. 전쟁은 유럽 전역의 상류층을 대량으로 희생시켰다. 또한 전쟁에 개입한 모든 나라를 빚더미에 올렸고 힘의 추를 주로 미국에 있던 채권자들에게로 옮겼다. 미국 북서부가 개척되면서 19세기 말과 20세기 초 유럽의 곡물 가격이 폭락했고 여전히 시골 땅의 주인으로 방대한 토지에서 거두는 소작료로 상당한 벌이를 하던 유럽 귀족의 재정 상태를 악화시켰다. 그래도 많은 귀족이 산업이나 금융으로 사업의 다각화를 꾀하기는 했다.

"거대한 전쟁(Great War)"이라고도 불린 전쟁에서 거둔 군사적 승리는 삼국협상 연합국에 속한 구귀족 세력의 힘을 일시적으로 증대했다. 그럼에도 불구하고 귀족들은 이미 심각한 수준으로 힘을 잃은 상태였고 그들의 나라는 극심한 부채를 졌다. 그러나 가장 큰 영향은 물리적 혹은 경제적 재앙이 아니라, 정부가 자신이 선택한 부문을 통제, 관리, 확장해 나라와 시민의 운명을 좌우할 수 있다는 발상이 자리를 잡은 것이었다. 일찍이 작은 정부를 추구하던 자유주의적 원리는 1차대전의 참호 속으로 처박혀 버렸다.

중산층도 고통을 겪었다. 전쟁 전에 중산층을 구체적으로 조직화하려는 국제 운동이 태동하고 있었다. 중산층의 이해(주로 세금 낮추기)에 세상의 관심을 끌고 능력주의적 가치가 존중되는 공정한 중산층 사회에 대한 희망을 분명히 선언하려는 목적이었다. 1908년 파리에서 중산층옹호협회(L'association de défense des classes moyennes)가 설립되었고 다양한 유럽의 도시에서 매년 국제회의를 열었다.[30] 그러나 1차대전과 볼셰비키혁명 후에 중산층은 자본주의자와 공산주의자 사이에 끼어 두려움에 떨었고 산산조각이 났다. 장인, 소규모 업체 사장, 임금노동자, 공무원, 전문가 등 중산층을 구성하던 존재들은 하나로 뭉칠 수 없었다. 자본가와 노동자를 중재하면서 사회에 안전판을 제공하는 집단이었던 중산층의 기반은 위기 상황을 만나자 다시 검토되어야 했다.[31]

1차대전 직후의 기간은 프랑스의 중산층에게 경제적으로 특히 어려운 시기였다. 얼마 안 되지만 가족이 저축해 놓았던 돈의 가치가 물가 인상으로 폭락했다. 정부는 기껏해야 파괴된 기반 시설 재건에 돈을 투자할 수 있을 뿐이었다. 누구도 새로운 생산적인 투자나 새 일자리 창출을 위해 쓸 돈이 없었다. 프랑스의 정치학자인 J. 아르튀르(J. Artur)는 이렇게 말했다. "오늘날 중산층의 모토는 '나는 고통을 겪는다, 그러므로 나는 존재한다'가 되었다. 전후의 사회 격동은 독일의 침공에 못지않게 전통적인 프랑스 사회를 뒤바꿔 놓았고 중산층의 자존감과 저축에 대한 믿음과 흔들리지 않던 낙관주의는 송두리째 짓밟혔다."[32]

삼국동맹 중에서 특히 독일은 힘의 진공상태에 빠졌다. 옛 귀족 세력은 전쟁에서 패배했고 노동계급은 1917년 니콜라이 2세를 강제로 퇴위시키는 데 성공해 한껏 들뜬 사회주의 혁명가들에게 열렬하게 지지를 요청받고 있었다. 중산층은 누구와 협력할 것인가? 맨 처음에는 바이마르공화국이라는 현대적 자유민주주의 체제를 구축하려 시도했으나, 이 실험이 실패로 끝나자 중산층은 민족주의와 파시즘으로 갈아탔다.

독일은 1922년과 1923년, 두 해 동안 하이퍼인플레이션(Hyperinflation)[극심한 물가 상승 현상-옮긴이]에 시달렸다가 안정화 국면을 맞았고 1924년부터 1928년까지 소위 "바이마르공화국의 황금기"로 불린 빠른 경제 회복과 안정기를 맛봤다. 그러나 1929년에서 1933년까지 대공황을 맞으며 붕괴했다. 전후 사정이야 복잡했지만 간략히 정리하면 막대한 전쟁배상금이 독일의 외환 보유고를 고갈시키면서 불가피하게 어떤 보증 수단도 없이 국내 화폐를 찍어 댔고 결국 중산층에게 끔찍한 재앙인 하이퍼인플레이션이 일어났다. 이후 위기는 극복했지만 어마어마한 외부 차입이라는 대가를 치러야 했고 채권자 대부분은 미국 은행이었다. 1929년 10월 미국 주식시장의 붕괴로 대공황이 시작되었을 때 미국 은행들은 채권을 회수했고 독일도 불황의 늪으로 빠져들었다.

세월이 지나 미국의 사회학자이자 정치학자인 시모어 마틴 립셋은 이제 고전이 된 『정치적 인간(Political Man)』[33]이라는 책을 통해 파시즘은 중산층 중에서도 특히 젊은 나이에 농촌이나 작은 도시에 살며 자영업에 종사하던 중산층, 즉 "프티부르주아(petit bourgeois)"에서 비롯했다고 분석했다. 거기다 경제가 회복하고 안정화된 시기에 독일 정부가 재정 적자를 줄이려고 해고한 대략 70만 명에 달하는 공무원들이 대규모로 민심 이반 대열에 합세했다. 이 두 집단이 합세해서 무시무시한 유권자 집단(voting bloc)을 형성했다. 아돌프 히틀러의 국가사회주의독일노동당(Nationalsozialistische Deutsche

Arbeiterpartei, NSDAP, 나치)의 득표율은 1928년의 3퍼센트에서 1933년의 43퍼센트로 가파르게 상승했다.[34]

독일의 중산층은 그 자체로는 나치당의 득표율 대부분을 차지할 정도로 많지는 않았다. 나치당은 노동계급에서도 표를 획득했다. 그렇지만 파시즘이 중산층에게 인기를 끈 이유는 분명히 있었다. 나치당의 25개 강령에는 아동노동 금지, 토지개혁, 공공 정책을 위한 토지의 공공 수용, 낮은 세율, 노령연금이 포함되었다. 물론 우생학적 전통을 고수하면서 단일 집단의 인종적 우수성을 선동하는 구절도 있었다.

전통적인 중산층의 관심사를 지지하는 이런 정강 정책들에서 중산층은 진보를 위한 새로운 길을 보았다. 젊은이들은 이 길에 곱절로 홀렸는데 일찍이 전쟁에서 패했다는 굴욕감을 상쇄하기 위해 힘과 복수를 갈구하다가 나치즘에서 그들의 마음을 풀어 줄 실천적 프로그램을 발견했기 때문이다. 독일의 사회심리학자 에리히 프롬(Erich Fromm)은 그런 심리 상태를 이렇게 설명했다. "자유는 비록 [현대인에게] 독립과 합리성을 찾아 주었지만 동시에 그들을 소외시켰고 그리하여 근신가 무기력에 빠지게 했다. 소외기 참을 수 없을 지경이이시 현대인은 어떤 양자택일의 기로에 맞닥뜨리게 된다. 이런 자유의 부담에서 벗어나려고 또다시 의존하고 굴복하는 길을 택하거나, 오히려 그 부담을 넘어 인간의 고유함과 개별성을 기반으로 낙관적 자유를 완전히 실현하는 쪽을 택하거나 한다."[35] 나치를 지지하면서 젊은이들은 굴복하는 길로 갔다.

파시즘(이 단어는 "집단", 즉 투쟁 집단의 연맹을 뜻하는 이탈리아어 파시(fasci)에서 비롯했다)의 원조인 이탈리아에서 베니토 무솔리니(Benito Mussolini)가 내건 강령은 여성의 참정권, 최저임금, 철도·수송 부문의 재편과 현대화를 비롯해 중산층의 유서 깊은 관심사들을 담고 있었다.

간단히 말해서 파시스트들은 중산층이 19세기 내내 요구해 왔던 바로 그런 사회정책을 제시했다. 세금을 낮추는 것뿐만 아니라 참정권의 확대, 교육과 교통·통신 수단의 확충을 공약했다. 하지만 그것은 악마와의 거래였다. 파시스트들은 온갖 폭력 행위를 동원해 투표 진행 과정을 왜곡하고 통제했고 한번 권력을 잡고 나서는 국가가 쓸 수 있는 갖은 수단을 써서 요지부동의 권력을 구축했다.

어떤 역사가들은 2차대전과 그것에 선행한 여러 소규모 전쟁은 지도자들이 자국의 생활수준이 떨어지는 것을 몹시 두려워해서 어쩔 도리 없이 군사적 팽창주의로 나간 결과였다고 주장했다.[36] 일본의 1931년 만주 지배와 1937년 중국 일부 지배, 무솔리니의 1935년 에티오피아 침략, 독일의 1938년 당시 체코슬로바키아 땅이었던 수데테란트(Sudetenland)와 오스트리아 합병은 국내의 민족주의 열기에 기름을 부었을 뿐만 아니라 불황이 야기한 경제적 고통을 완화하는 데 필요했던 천연자원 독점으로 이어졌다.

전 세계의 중산층에게 2차대전은 인구통계학상의 재앙을 불렀다. 전쟁은 중산층의 성장을 중단시켰을 뿐 아니라 그 구성도 바꿔 버렸다. 유럽의 중산층은 1/3로 쪼그라들었다. 동아시아에서는 당시 일본인이 대부분을 차지하고 있었던 중산층이 반토막 났다. 오직 북미에서만 중산층이 번창하고 수적 증가를 기록했다. 그 결과 전쟁이 끝날 무렵 전 세계 중산층의 거의 절반이 북미에 집중되었다. 1946년에 미국에서만 중산층 가구에 속한 이가 대략 1억 800만 명이었다. 영국이 그다음으로 중산층 집중도가 높은 나라로 약 2900만 명, 즉 미국의 1/4 정도에 달했다. 전쟁이 끝난 뒤 구소련의 중산층은 아마도 300만 명에는 못 미친 것으로 보인다.

아메리칸드림, 중산층과의 사회계약

2차대전 직후에 정부와 시민이 새로운 사회계약을 맺을 기회의 장이 마련되었다. 대공황의 경험은 작은 정부하에서 규제가 없는 자본주의가 위험하다는 사실을 보여 주었다. 소련에서의 사회주의 실험은 서구 중산층이 애지중지하던 기본 요소들, 즉 재산권, 개인적 자유와 책임을 부정했다. 2차대전이 끝나고 유럽의 중산층은 1차대전 이후 그들이 했던 것과 매우 비슷한 방식으로 자신들의 기반을 마련하기 위해 분투했다. 하지만 이번에는 달랐다. 19세기에 유럽에서 미국으로 전파된 중산층 개념은 중산층이 건재하던 미국에서 유럽으로 이제 막 역수출될 참이었다.

중산층의 아메리칸드림 만들기

중산층의 "아메리칸드림"은 1931년에 출간된 『미국의 서사시』라는 책에서 제임스 트러슬로 애덤스가 명쾌하게 설명했다. 애덤스는 자신이 단지 차와 집과 두둑한 임금을 주는 일자리만을 이야기하는 것이 아니라 그보다 훨씬 심오한 개념을 말하고 있다는 사실을 공들여 설명했다. 그는 "출신과 신분이라는 우연한 환경과는 무관하게 남녀 모두가 각자의 타고난 재능을 최대한 발휘할 수 있고 그리하여 자신이 이룬 것으로 인정받는"[37] 사회구조를 꿈꿨다.

미국은 이 아메리칸드림으로 유럽에 새 기운을 불어넣었다. 마셜플랜(Marshall Plan)을 통해 자금을 지원한 것도 바로 이런 발상의 일환이었다. 그것은 타고난 소질과 능력을 발휘해 꿈을 이루게 하고 광범위한 번영을 성취하기를 지향했다. 아메리칸드림은 기업의 세계에 성공을 위한 사다리를 놓았고 비록 제한적이지만 정부가 강력한 역할을 하도록 도와 대공황이 시장경제에 미치는 최악의 충격을 막도록 방어망을 구축하게 했다.

본질적으로 아메리칸드림은 정부가 힘을 써서 모두를 위해 안정과 능력주의와 기회를 촉진시키도록 정부와 시민이 맺은 사회계약이다. 그것은 성공이나 실패는 개인의 책임이라는 가치와 미래를 위한 저축과 노력에 대한 믿음을 기초로 한다. 아메리칸드림은 풍요로운 중산층 사회를 이루기 위한 구상이었다.

아메리칸드림의 기초는 두말할 필요 없이 좋은 일자리를 제공하는 것이다. 1944년 미국이 전쟁을 치르기 위해 탱크, 선박, 비행기, 탄약을 생산할 공장을 가동했을 때 실업률은 1.2퍼센트로 하락했다. 역사상 전무후무한 최저치였다. 평화시의 경제는 남녀를 위해 그렇게 많은 일자리를 만든 적이 없었다. 전쟁이 끝나 병사들이 돌아오고 정책 입안자들이 군수품 생산에서 민수품 생산으로 전환하는 문제에 골몰하게 되었을 때 남성들을 위해 적절한 고용을 확보하는 일이 가장 큰 관심사가 되었다. 여성들은 상황이 좀 달랐다. 전쟁 전에 비농업 부문에서 일하던 여성은 대략 1000만 명이었고 전체 여성 노동력의 20퍼센트를 차지했다(기혼 여성은 겨우 15퍼센트만이 가정을 떠나 일했다). 전쟁 동안에 여성 600만 명 이상이 전시경제에 편입되었고 그중 많은 이가 제조업에 종사하면서 전체 노동력의 1/3을 차지했다. 그러나 전쟁 직후에 400만 명이 노동 현장을 떠났는데 대다수는 제조업 부문 종사자였다. 그들은 실업자가 된 것이 아니라 가정주부로 복귀했다.

1946년에 헤리 트루먼(Harry Truman) 대통령이 고용법 (Employment Act)에 서명했다. 그 법은 법조문에 들어간 내용 때문에도 유명했고 제외된 내용 때문에도 유명했다. 고용법은 "일할 능력과 의지를 갖고 일자리를 찾는 사람들을 위해 유용한 일자리를 제공할 환경을 조성하고 완전고용·생산·구매력을 촉진"[38]할 책임을 연방 정부에 부여했다. 이 법안의 규정은 세심한 타협을 통해 작성되었다. 완전고용법이라는 이름으로 처음 제출된 원안의 초고는 "노동할 능력과 의지가 있는 모든 미국인은 쓸모 있고 보수가 넉넉하며 정규적인 상근직에서 일할 권리가 있다. 그리고 미국 정부는 정책을 통해 늘 충분한 고용 기회를 보장하여 정규교육 과정을 이수한 사람 중에 전업 가사 노동자가 아닌 모든 미국인이 이런 권리를 자유로이 행사하도록 도와야 한다"[39]라고 되어 있었다.

1946년에 제정된 고용법은 미국에서 넉넉한 일자리, 경제 성장, 저인플레이션, 소비자주의, 구매력을 기초로 한 미국 중산층 경제의 기반을 확립했다. 이 법은 연방 정부가 완전고용에 매진하라고 강박하는 대신 경제와 일자리 상황에 대한 보고서를 내도록 요구했다. 덕분에 정부가 정책 실천을 위해 구체적인 처방을 내놓아야 한다는 부담은 피할 수 있었다. 신설된 경제자문위원회(Council of Economic Advisers)가 이 보고서를 작성했고, 상하원합동경제위원회(Joint Economic Committee of the House and Senate)는 그것을 받아 본 뒤 필요한 경제정책 개혁안을 내도록 의회에 권고했다.

일자리, 성장, 물가 안정이라는 세 가지 목표에 초점을 둔 경제 전략은 철저히 중산층에 맞춰진 것이었다. 좋은 일자리와 소득 증가는 중산층의 생활양식을 뒷받침했다. 경제성장은 사람들에게 중산층의 전통적 아성인 중소기업에 새로이 도전할 동기를 부여했다. 낮은 인플레이션과 이자율은 중산층이 노년을 위해, 내구소비재—집, 차, TV, 진공청소기, 식기세척기, 그 외 중산층의 생활양식을 대표하는 가정용 기기들—를 구입하기 위해 저축해 둔 금융자산을 지켜 주었다.

비록 정부 정책의 기본으로 완전히 명문화되지는 않았지만 이런 경제 전략은 심지어 전쟁이 끝나기도 전에 실행되고 있었다. 1944년에 제정된 제대군인원호법(GI Bill of Rights)은 값싼 담보대출, 저이율 중소기업 대출, 실업수당을 제공했고 복무를 마치고 귀향하는 참전 용사들에게 다양한 방식으로 학비를 지원했다. 1956년 그 법의 시효가 만료되었을 때 귀향 참전 용사 1600만 명 중 780만 명, 즉 전후 전체 비농업 고용의 1/5 정도가 제대군인원호법이 제공한 교육 혜택의 수혜자가 되어 노동력의 교육 수준과 생산성이 크게 향상되었다.

중산층이 대규모로 소비하고 그것이 생산성의 증가를 촉진하면서 전후부터 1973년까지 대략 25년 동안 소위 "미국 소비자주의의 황금시대(golden age of American consumerism)"가 펼쳐졌다. 19세기 마지막 25년 동안의 대호황 시대를 "도금시대"[40]라고 부른 마크 트웨인의 선견지명을 참고해 명명된 이 황금시대 동안에 생산성과 시간당 소비는 거의 2배나 증가했다. 황금시대가 끝날 무렵에는 미국인 10명 중 9명이 중산층 대열에 합류했다.

정확히 어떤 이유로 이런 성장이 가능했는가에 대해서는 여전히 논란이 분분하다. 일부 역사가는 전쟁을 위해 개발된 기술들을 민간 소비용으로 용도 변경하는 데 성공했기 때문이라고 주장한다. 틀림없이 자동화가 확산했고, 보다 효율적인 에너지원을 사용했으며(가령 동력의 원천을 석탄에서 석유로 대체), 과학은 더욱 발전했다. 비료, 살충제, 트랙터, 다양한 현대적 종자는 농작물 수확량을 끌어올렸다. 완전히 새로운 제조업이 대거 등장해 TV, 비행기, 컴퓨터를 대량으로 쏟아 냈다. 물론 영화 〈졸업(The Graduate)〉의 명대사에 나오는 플라스틱도 있었다. "자네에게 단 한 단어만 말해 주고 싶네. (…) 플라스틱일세[명문대 졸업생인 주인공 벤에게 잘 아는 어른이 미래의 유망 업종은 플라스틱이라고 조언하는 장면-옮긴이]."[41] 제조업은 탁월한 역할을 해냈다. 1969년 무렵이면 전체 고용 인구 9100만 명 중에서 거의 1900만 명에 달하는 미국 노동자가 제조업에서 일했다.

경제의 수요 측면을 더욱 강조하는 관점에서 보면 다른 설명도 가능하다. 그 당시 전미자동차노조(United Auto Workers, UAW)의 위원장 월터 루서(Walter Reuther)는 전쟁 때문에 주요 경제 문제가 터지는 것은 제품을 더 많이 생산하지 못해서가 아니라 제품에 대한 구매력을 지속시키지 못해서 그렇다는 사실을 알게 되었다고 주장했다. 사실 전쟁 수행을 위한 무기와 탄약 수요 덕분에 1940년과 1945년 사이 5년 동안에 미국의 국민총생산(Gross National Product, GNP)은 1941년에만 19퍼센트 증가한 것을 포함해 모두 75퍼센트나 증가했다.[42]

그러면서 루서 노조 위원장은 증가하는 생산성만큼 수요가 따라가도록 만들기 위해서는 노조가 더 많아지고 강력해져야 한다고 주장했다. 1954년에 미국 노동자의 1/3 정도가 노조원이었다. 1948년 UAW와 제너럴모터스의 협약을 시작으로 노동조합들은 생산성과 생계비의 증가를 고려해 임금 협상에 임했다. 기업 경영진과 노동단체의 협상은 미국에서 생긴 새로운 사회계약이었다. 그것은 공급을 중시하는 측과 수요관리를 강화하자고 주장하는 측 사이에서 합의점을 찾으려는 시도를 반영했다. 그런 시도는 루서 위원장과 포드사의 고위 경영진이 주고받은 다음의 대화에서도 엿볼 수 있다.

> 포드사 경영진: 위원장님, 저기 자동으로 돌아가는 기계들을 보십시오. 저 기계에 노조 회비를 받아 낼 수 있겠소?
> 루서: 그럼 사장님은 저놈들이 포드 자동차를 구매하게 만들 방도가 있나요?[43]

황금시대 동안은 광범위한 노동조합 결성 없이도 소비가 폭등했다. 미국인들은 전쟁 기간에는 소비를 자제했다. 전쟁을 지원하기 위해 국채를 사도록 독려받았기 때문이기도 하고 물품이 배급제로 분배되어서 사람들이 돈을 다 쓸 도리가 없었기 때문이기도 했다. 1945년 당시 미국인 개개인은 가처분소득의 21퍼센트를 저축했다. 그래서 전쟁이 끝나자 노동 소득으로, 만기가 된 국채로 사람들에게 많은 돈이 굴러들어 왔다. 그들은 흥청망청 돈을 마음껏 썼다. 집부터 집에 채워 넣을 가전제품, 가구, 승용차까지 모든 것을 구입했다.[44] 1950년대 말이 되자 미국인 가구 3/4이 차를 적어도 1대는 소유했다. 황금시대를 맞아 수백만 가구는 수세식 변기, TV, 에어컨을 집에 들여놓았고 가족 동반으로 디즈니랜드를 방문했으며 휴가차 해외여행을 떠났다. 다양한 심리 기법을 이용하는 광고업자의 꾐에 넘어간 미국인들은 상품과 서비스를 소비하는 물질적 삶을 행복한 삶으로 가는 입장권이라고 여기게 되었다.

한편 정부도 수요를 주도하고 나섰다. 1956년 연방지원고속도로법안(Federal Aid Highway Act)을 제정해 대규모 공공 토목공사를 시작했다. 휘발유세를 갤런당 2센트에서 3센트로 올려 260억 달러[그때 가치로 약 3조 5000억 원-옮긴이]를 거두었고, 이 법안에 따라 동서로 남북으로 미국 전역을 가로지르는, 6만 6000킬로미터에 달하는 4차선 도로를 놓았다. 그 공사는 일자리를 주었을 뿐 아니라 나라 전체로 물품을 운송하는 비용도 떨어뜨렸다. 결국 고속도로를 놓은 덕분에 미국의 생산성은 25퍼센트나 상승한 것으로 추정된다.[45]

황금시대 경제의 또 다른 특징은 언급해 둘 가치가 있다. 케인스 경제학 이론을 기반으로 확대된 재정을 펼치는 큰 정부는 전쟁 이전 시대에 파괴적 충격을 가했던 자본주의 경기순환을 최소화할 수 있다고 여겼다. 경기순환은 계속되었지만―미국 경기순환을 공식적으로 판별하는 전미경제연구소(National Bureau of Economic Research, NBER)에 따르면

1945년과 1975년 사이에 순환을 적어도 6번 겪었다—횟수는 줄어들고 폭은 작아졌기에 중산층에게는 덜 파괴적이었다. 사실 경기순환은 가구보다는 대개 기업의 투자 수준과 재고 누적에 영향을 미치는 편이었다. 황금시대 중에 미국에서 전체 중산층의 소비가 하락한 적은 1958년 딱 1번 있었다.

새 기술을 적용하고 교육투자에 거액을 쏟아부으며 정부가 기반 시설에 투자하고 경제정책을 섬세하게 조율하면서 경기순환이 미치는 충격을 조절하게 되자 소비자를 중시하는 미국식 자유시장 자본주의는 중산층이 어마어마하게 증식하도록 만들었다. 그 풍요로움이 너무나 막대해서 중산층은 국가에 강력한 복지 정책을 촉구할 필요도 느끼지 못했고 노동자 대부분을 노동조합에 가입시켜 집단적 조직으로 세력화할 필요도 느끼지 못했다. 조직화에 성공한 일부 노조들이 노조원을 위해 상당한 생활수준을 보장하게 만들 수는 있었지만 노조원이 전체 노동인구의 1/3을 크게 넘긴 적은 한 번도 없었다. 미국의 노조들은 또한 격렬한 내분에 골몰했다. 당시 가장 중요한 노동조합으로 꼽힌 미국 트럭 운전자 노조인 국제트럭운전자연대(International Brotherhood of Teamsters)[일명 팀스터즈-옮긴이], 미국노동총동맹(American Federation of Labor, AFL), 산업별조직회의(Congress of Industrial Organizations, CIO)는 영향력을 두고 경쟁을 벌였으며, 팀스터즈는 지도자들이 조직범죄에 연루되기도 했다.

유럽의 노동조합들과는 달리 미국 노동조합 대부분은 작고 극히 부문화되어 있었다. 가령 뉴욕의 제과점 노동자들이 만든 로컬338(Local 338) 노조는 베이글 공장에서 일할 수 있는 사람을 결정하고 통제하는 역할을 했다. 뉴욕의 롱아일랜드에 있는 뜨겁고 비참하고 더러운 현장에서 베이글을 굽는 고역을 치르던 유대인 노동자 약 300여 명은 노조의 힘으로 열악한 일자리를 사람들이 고용되고 싶어 하는 일자리로 만들었으며, 집과 새 차를 사고 자식에게 대학 교육비를 댈 수 있을 정도의 소득을 올렸다. 그 일자리는 심지어 아버지에게서 아들에게로 고용 세습이 이루어지기도 했다. 노조의 힘을 보여 주는 전형적인 사례였지만 또한 그 힘을 옹색하게 쓴 경우이기도 했다. 심지어 미국의 거대 노동단체들도 전국적으로 발휘할 수 있는 힘을 로컬338 노조처럼 자신들의 산업 내에서만 제한적으로 휘둘렀다.

개인의 책임을 강조하는 경향 속에서 정부의 역할도 제한적이었다. 일부 전문가는 미국 정부가 그 업무에 소극적이라고 염려했다. 1958년에 하버드대의 경제학자 존 케네스 갤브레이스(John Kenneth Galbraith)는 자신의 저서인 『풍요로운 사회(The Affluent Society)』에서 새로운 수요는 "광고주 (…) 그리고 소비자의 요구로 탄생한 기계"가 만들어 내는 것이므로 과도한 소비자주의는 위험하다고 주장했다.[46] 갤브레이스는 기업체 중간 관리직으로 일하면서 최신 유행 소비재 구매에 열중하는 인위적인 중산층이 아니라 교사, 교수, 외과 의사, 기술자와 같은 새로운 중산층을 육성하는 데 국가가 더 큰 역할을 해야 한다고 역설했다.

모순되게도 미국은 국내에서는 더 큰 정부의 역할을 거부했지만, 동시에 유럽에서는 마셜플랜을 통해 자금을 지원하며 유럽 정부들이 더 큰 역할을 하도록 적극적으로 부추겼다. 전쟁으로 황폐해진 유럽의 기반 시설을 재건하고 무역을 장려하며 공산주의와 싸우는 데 쓰라고 3년 반 이상에 걸쳐 미국에서 유럽으로 133억 달러라는 어마어마한 자금을 전했다. 이 액수는 당시 미국 국민총소득(Gross National Income, GNI)의 2퍼센트에 해당하는 거금(현재 미국의 연간 국민소득 대비 대외 원조액의 거의 7배가 넘는 액수)이었다. 그 계획은 미국 중산층이 만든 아메리칸드림을 유럽으로 수출하자는 의도로 이루어졌지만 유럽만의 독특한 방식으로 집행되었다.

유럽의 중산층 재건 작업

영국은 마셜플랜으로 지급된 자금의 1/4을 수혈받았고, 정부의 역할을 상당히 확대하기로 약속한 새로운 사회계약 프로그램을 이행하는 데 그 돈을 풀었다. 일찍이 1942년에 전쟁 수행에 힘을 합쳤던 보수당과 노동당의 전시 연립내각은 영국의 사회적 비전을 마련하기 위한 프로그램의 연구를 의뢰했다. 자유주의 경제학자인 윌리엄 베버리지(William Beveridge)가 이끈 그 위원회는 결핍·질병·무지·불결·나태라는 5대 악 척결을 목표로 제출한 보고서에 "사회 진보를 선도할 포괄적인 정책" 건의안들을 담았다. 그 가운데 많은 안건이 훗날 전후 노동당 정부에서 법률로 제정되었다.[47] 가족수당법, 국민보험법, 국민보건서비스법(National Health Service, NHS), 임대료규제법, 공공주택법이 도입되었다. 영국은 정부의 책임하에 민주주의와 자본주의를 수용하고 최저 생활수준과 편익을 누릴 권리를 보장하는 복지국가를 이룩하고자 애썼다.

전쟁이 끝난 후에 영국이 경제적 성공을 거두리라고는 누구도 장담하지 못했다. 영국은 전쟁으로 GDP의 230퍼센트에 달하는 막대한 공공 부채를 떠안고 있었고 복지국가라는 새로운 사회계약을 위해 전후 25년 대부분에 걸쳐 총지출의 4/10를 국고로 충당하게 될 터였기 때문이다. 그럼에도 무역과 신기술의 도입과 꾸준한 고용 증가에 힘입어 연평균 2.5퍼센트 이상이라는 상당히 높은 수준의 성장을 유지했다. 1950년대와 1960년대에 실업률이 대체로 2퍼센트 이하를 유지할 정도로 노동 수요가 매우 높았기에 영국 정부는 과거 식민지였던 나라들을 중심으로 이민을 권장할 정도였다. 미국과 마찬가지로 영국의 교육 부문 투자는 생산성 향상과 높은 임금으로 돌아왔고 역시 미국에서 그랬던 것처럼 전후의 불황도 상대적으로 얕은 수준에서 유지되었다.

그러나 모든 것이 잘 돌아가지는 않았다. 높은 세율과 악화 일로로 치닫는 산업 전체의 노사 관계는 개인의 노력을 저해하는 것으로 보였다. 1950년대와 1960년대 동안 최고 소득세율은 90퍼센트에 달했다. 1969년 전국광산노동조합(National Union of Mineworkers, NUM)은 파업을 통해 상대적 저임금에 시달리던, 갱 바깥에서 일하는 인부에게 임금은 더 주고 노동시간은 줄여 달라고 요구했다. 뒤이은 1972년의 대규모 파업은 "솔틀리게이트전투(Battle of Saltley Gate)"에서 과격한 싸움으로 변했다. 시위대에 있던 광부 한 사람이 화물차에 치여 사망했고 여러 명이 중상을 입었다. 석탄이 떨어지자 전력 공급은 할당제로 바뀌었고 고위험지역은 몇 시간씩 점등 제한에 들어갔다. 산업 노동자 수백만 명이 해고되었다. 파업이 끝난 후 독립적인 재판관 윌버포스 경이 이끄는 정부 조사위원회는 광부들을 위해 급료를 27퍼센트 인상할 것을 권고했고 그 인상안은 최종 승인되었다.

1970년대에 영국이 보여 준 이 사례는 심지어 중산층 내부에서도 정치적 분열이 일어날 수 있다는 점을 냉정하게 상기시켰다. 비록 그들의 노동이 위험하기는 했으나 광부들의 임금은 다른 산업의 노동자보다 많은 편이었다. 그러나 전문직종과 서비스업종이 기회를 더 많이 얻게 되었을 뿐만 아니라, 시장의 힘이 소득을 끌어올리는 지역인 런던과 남부로 경제의 활력이 옮아가면서 비교 우위에 있었던 광부들의 상대적 임금은 꾸준히 하락했다. 영국의 이런 지리적 분열은—전쟁에서 패했지만 평화가 주는 경제적 혜택은 챙긴 것으로 보이는 독일과 이탈리아를 비롯한—다른 유럽 국가 사이에서 영국의 지위가 상대적으로 하락하면서 더욱 두드러졌다. 상당한 성장을 이뤄 냈지만 전후 영국의 성장은 대륙의 다른 이웃들에 뒤처졌다. 1973년 석유파동으로 유가가 급등했을 때 영국의 경기는 2년간 곤두박질쳤다. 1975년 무렵 영국에서 10가구 가운데 9가구가 중산층이었다는 사실은 별 위로가 되지 못했다. 상대적 관점에서 영국의 가구는 뒤처지고 있거나 그들의 경제적 우위가 사라지는 것을 지켜보고 있었다. 영국의 사회계약은 다시 논의될 필요가 있어 보였다.

유럽대륙에서 맺어진 새로운 사회계약은 국가에 훨씬 더 강력한 역할을 부여했다. 전쟁 전에 유럽의 중산층은 시골과 소도시에 소재한 중소기업에 굳게 뿌리를 두고 있었다. 이런 기반들이 전쟁으로 초토화되었다. 가족들이 모아 둔 저축은 인플레이션으로 날아갔다. 도로와 다리가 파괴되어 심지어 국내 무역조차도 어려운 일이 되었다.

그러나 파괴 속에 기회가 있었다. 평등주의 원칙에 따라 새 사회를 건설할 기회를 얻었다. 전쟁 전에는 부라는 이점이 없으면 사회계층 이동이 힘들었던 사회가 노력과 개인 성취를 기반으로 자신의 발전을 도모할 기회를 주는 사회로 변모했다. 정확한 방식은 나라마다 달랐지만 공통점은 있었다. 그 시기에 유럽 전체적으로 노동인구가 특히 전문 서비스 부문과 중간 관리자 계층과 공무원 조직의 임금노동자로 신속하게 변환해 갔다. 노동력에서 자영업자가 차지하는 몫은 빠르게 감소했다. 상품과 서비스에 대한 수요는 기반 시설 건설을 비롯한 정부 지출과 임금 상승, 고용 증가에 의해 유지되었다. 게다가 전후 출생률의 급격한 상승이 추가적으로 수요를 촉진했다.

전쟁 직후에 유럽의 생활 조건이 어땠는가는 기억해 둘 만하다. 가령 1950년대 중반 프랑스에서는 1/3이 넘는 가구에 수돗물이 공급되지 않았고 목욕실이나 샤워실이 있는 가구가 1/5이 못 되었다. 냉장고와 세탁기 같은 가정용품들은 훨씬 더 부족해서 겨우 10퍼센트에서 20퍼센트의 가구만이 갖출 수 있는 귀중품이었다. 차가 있는 집은 거의 없었다. 그래서 소비자들이 무엇을 원하는지를 짐작하기란 비교적 간단했다. 어려운 점은 좋은 상품을 합리적인 가격에 공급하고 충분히 많은 가구가 그 상품을 구매할 정도의 소득을 벌도록 만드는 일이었다.

소비에 맞추어 생산하도록 독려하고 "따라잡기" 성장의 과정을 조직한 것은 정부였다. 성장 앞에 그런 수식어를 붙인 이유는 유럽이 미국에서 사용되던 기술과 사업 유형을 모방해서 미국 수준의 생산성을 성취하려고 발버둥 쳤기 때문이다. 상대적으로 농촌 인구가 많았던 프랑스에서는 경제계획청(Commissariat général du Plan) 위원장 장 모네(Jean Monnet)의 머리에서 나온 계획하에 트랙터와 농업 기계류 생산에 엄청난 투자를 쏟아부어서 노동생산성을 증가시켰다. 프랑스 농업에서 20년 동안 트랙터와 콤바인 수확기 대수가 20배나 늘어나면서 1인당 산출량은 매년 7퍼센트나 증가했다.

프랑스는 전쟁 후에 맞이한 이 "영광의 30년(Les Trente Glorieuses)" 동안 연간 5퍼센트의 성장, 즉 한 세대 동안 평균 4배의 소득을 창출하면서 전 세계에서 가장 정부의 입김이 센 자본주의 국가가 되었다. 석탄, 전기, 가스, 항공, 은행, 심지어 자동차 회사인 르노(Renault)까지 정부가 소유했다. 국가는 농촌인구의 대규모 도시 이동을 통제하고자, 베이비붐 세대가 가정을 꾸리는 것을 돕고자 도시를 개발했다. 낡고 황폐화되었으며 전쟁으로 손상된 집을 현대화하기 위해 건축도 활발하게 이뤄졌다.

프랑스 재건에는 나치 점령 시절에 레지스탕스로 활약했던 노동조합이 중요한 역할을 했다. 사장이 나치에 협력한 것으로 드러난 일부 회사는 노동자들이 회사의 경영을 떠맡았다. 소유권이 있든 없든 모든 대형 기업체에는 노동위원회가 설립되었다. 이들 위원회는 기업의 이윤과 생산성을 검토하고 노동자의 이해가 적절하게 다루어지고 있는지를 감독했을 뿐만 아니라 안전 문제와 노동시간 같은 노동 쟁점을 처리하는 권한을 행사했다.

노동자들은 그물망 구조로 스스로를 조직화했다. 전국적으로는 산별노조를, 지역적으로는 지역별 노조를 구축했다. 그래서 프랑스에는 지역마다 여러 노조가 있었다. 각 산업을 위한 노조가 지역마다 하나씩 있었는데 같은 지역의 다른 산업에 속한 노조원들과 힘을 합치면서 전국적으로는 동일 산업에 속한 다른 지역의 노조원들과도 협력했다. 이런 조직 구조는 전국적으로 체계적인 임금 결정이 가능하게 했다. 전국 임금 위원회에서 기본급을 정한 뒤 숙련도와 위험도, 지역별 생계비 차이 같은 다양한 사항을 고려해 조정이 이루어졌다.

독일이 경험한 재건 과정은 조금 달랐다. 독일은 패전국이었고 사실상 나라가 동과 서로 쪼개졌으며 자본주의 국가와 공산주의 국가 사이에 벌어진 냉전의 최전선에 있었다. 전쟁이 끝났을 때 서독의 기계 장비들과 산업자본의 기반은 상당히 온전하게 보존된 편이었다. 하지만 연합국들은 포츠담회담에서 새로운 독일 경제는 농업과 경공업을 기반으로 삼아야 한다고 결정했다. 따라서 서독의 많은 중공업 공장은 영국군과 미군에 의해 물리적 해체를 당한 뒤 전쟁 비용에 대한 배상으로 그들 나라로 이전되었다.

1950년 무렵에 전략이 바뀌었다. 독일은 서구의 전략적 동맹으로 간주됐고 독일의 산업화는 유럽 경제를 재건하는 데 핵심 요소로 판단되었다. 프랑스의 외무부 장관 로베르 쉬망(Robert Schuman)은 프랑스와 독일을 비롯한 6개 회원국이 산업 생산물을 조절할 수 있도록 유럽석탄철강공동체(European Coal and Steel Community, ECSC)를 만들자는 새로운 계획을 제안했다. 경제적으로 통합된 나라들은 자기들끼리 다툼을 벌일 요인이 크게 줄어들 것이라는 생각이 이 계획의 바탕에 깔려 있었다. 오늘날 유럽연합의 핵심이 된 프랑스–독일연합(Franco-German axis)이 탄생했고 그와 함께 평화가 중산층의 이익에 필수 요건이라는 생각도 확립되었다.

겉으로는 너무 뻔해 보이는 이 생각이 실은 매우 참신한 발상이었기 때문에 노벨상 위원회는 2012년 노벨 평화상을 유럽연합에 수여했다. 유럽을 갈등의 대륙에서 평화의 대륙으로 변모시키고 동시에 전 세계의 평화를 진전시킨 공로를 높이 산 것이다.

독일의 재건은 다양한 측면에서 다른 유럽 나라들의 전철을 따랐지만 산업 생산, 특히 차에서 큰 강점을 드러내는 예상 밖의 반전을 보였다. 히틀러 시절에 독일은 특별히 중산층을 염두에 두고 만든, '인민의 차'라는 뜻의 폭스바겐 비틀(VW Beetle)을 선보였다. 비틀은 값도 싸고 실용적이며 믿음이 가는 차였다. 전후에 꼭 필요한 차가 그것이었다. 많은 비틀이 다른 나라들로 수출되면서 규모의 경제를 통해 더욱 가격을 떨어뜨릴 수 있었으며 이런 식으로 절감된 비용은 다시 고객에게 혜택으로 돌아갔다. 1972년이 되자 폭스바겐 비틀은 총 판매고 1500만 대를 기록하면서 포드 모델 T가 40년간 보유하고 있었던 역사상 가장 많이 팔린 차 타이틀을 차지했다.[48]

독일의 경제 기적은 평등과 고통 분담의 정신을 고양하는 것에 목표를 둔 조금 특별한 구상을 바탕으로 삼았다. 독일의 사회적 시장경제는 자유시장을 추구하면서도 의도적으로 노동계급에 강력한 발언권을 주었고 복지국가의 기틀도 확고하게 다지는 혼합 경제체제였다. 노동운동과 좌파 정당들이 옹호했던 영국식 복지국가 모델과는 달리 독일식 모델은 1949년부터 1969년까지 집권한 보수 정당인 독일기독교민주동맹(Christlich Demokratische Union Deutschlands, CDU)에 뿌리를 두고 있었다. 사회적 시장경제는 너무나 인기가 있어서 1959년이면 진보적인 사회민주당(Sozialdemokratische Partei Deutschlands, SPD)도 환영했을 정도였다. 두 주요 정당 모두가 사회적 시장경제의 근본적인 취지를 인정했기 때문에 정치적 논쟁은 정책의 방향이 아니라 효율적인 실행을 놓고 벌어졌다.

독일식 사회적 시장경제의 세 기둥은 미국식 자유시장, 영국에서 새로이 형성된 복지국가, 프랑스와 독일에서 나란히 발전시킨 기업 내 노사협의회와 노동이사제였다. 이 마지막 기둥은 기업 이윤을 노동자들과 나누도록 했다는 점에서 중요했다. 노사협의회는 대기업의 이사회에서 노동자를 대표했고 회사의 재무 정보에 접근할 수 있었으며 자신들이 임금을 협상할 수 있는 분야를 기반으로 전국적인 차원에서 협력했다. 주도적인 금속노조가 먼저 협상을 끝내면 다른 주요 산업 부문들은 그 선례를 따르면 되었기에 전국적인 단체교섭이나 국가최저임금(National Minimum Wage)을 위해 실랑이를 벌일 필요가 없어졌다. 1960년이면 단체교섭 협상으로 독일 노동자 85퍼센트의 처우가 결정되었다. 협상에서는 전국적인 생산성 증가를 주요 고려 대상으로 삼았다.[49]

독일이 평등 원칙에 전념했다는 사실은 누진세를 기반으로 강력한 복지국가를 구축한 점에서도 살펴볼 수 있다. 1952년에 독일 정부는 부유세를 도입했다. 사실상 1949년에 국민이 소유한 모든 것의 절반을 압류하는 조치였지만 융통성을 발휘했다. 세금을 30년 동안 매 분기마다 0.4166퍼센트 정도로 120번에 걸쳐 나눠 내도록 해서 세금 대부분을 새로 얻은 소득으로 지불할 수 있도록 했다. 이런 식으로 부담을 나누는 묘수를 써서 가구 대부분의 안녕이 오로지 각 가구가 노력을 기울인 결과물이 되도록 했고 물려받은 유산의 영향력은 최소화했다. 부유세는 위대한 균형자 노릇을 해서 의무와 책임을 다하며 사회적 평등을 믿고 체제에 순응하면서 절제심을 발휘하는, 굳건한 문화적 소양을 갖춘 새 중산층이 형성되는 데 기여했다. 삶의 양식에서 교육에 이르기까지 모든 방면에서 가능하면 많은 사람이 경제성장이 주는 혜택을 공유하고, 개인 소비는 절제하되 집단 차원에서는 대규모로 소비하게 하는 것이 부유세의 목적이었다. 사치스러운 소비에는 모두 눈살을 찌푸렸다. 전후의 독일인들은 매년 휴가철 몇 주 동안 차를 몰고 햇볕을 실컷 쬐며 이탈리아를 여행할 수 있다면 행복한 삶이라고 여겼다.

   유럽 각국은 자기들만의 새로운 사회계약을 써 나갔다. 그중 많이 언급된 사례는 스칸디나비아였다. 좀 더 정확히는 덴마크, 노르웨이, 스웨덴을 비롯해 핀란드, 아이슬란드, 그린란드를 포함하는 북유럽 모델이었다. 그 모델은 2차대전이 시작되기도 전에, 대공황으로 초래된 경제 위기에 대응하느라고 시행했던 개혁 작업으로 생겨났다. 북유럽 나라들이 정당들끼리는 연합하고 노동과 자본이 협력하도록 북돋우는 비례대표 방식의 민주주의 체제를 운용하고 있었기 때문에 그 나라들은 이미 조화로운 방식으로 무상교육, 무상의료, 다른 무상 공공서비스들, 주요 기업의 국유화, 일원화된 임금 협상을 이뤄 냈다. 예컨대 노르웨이는 시장경제를 채택했지만 정부가 여전히 석유, 가스, 목재, 물, 수산자원, 광물자원을 공급하는 많은 천연자원 기업을 소유하면서 국내 총매출의 1/4을 담당했다. 이런 체제는 전쟁 후에 안정과 사회 화합을 바라는 국민의 여망에 부응했고 중산층 유권자의 신뢰를 받았다. 전후에 스웨덴 총리가 된 타게 엘란데르(Tage Erlander)는 1946년부터 1969년까지 23년 동안 계속 총리직을 지키다 그의 후계자인 올로프 팔메(Olof Palme)에게 자리를 넘겼고 팔메는 7년을 집권했다. 이런 안정적인 장기 집권은 민주주의 국가에서는 다소 이례적인 일이었고 전 세계에서 시민이 가장 행복한 나라로 으레 손꼽히는 북유럽의 국가들을 위해서는 잘된 일이었다. 그러나 이런 성공을 다른 나라들이 모방하는 것은 쉽지 않았는데 이는 나라마다 중산층의 정치적 역학 관계가 서로 다른 양상으로 전개되었기 때문이다.

서구의 중산층 모델에 생긴 균열

대략 1975년에 이르러 전 세계적으로 중산층의 규모가 처음으로 10억 명을 넘어섰다. 산업혁명이 시작된 이래로 150년이 걸렸다. 많은 우여곡절이 있었지만 1970년대 중반이 되자 미국, 캐나다, 호주, 유럽 국가 대부분과 일본에서 전 가구의 85~95퍼센트에 달하는 거의 모든 이가 중산층에 속하는 경제체제가 이뤄졌다. 중대하고 심각한 불평등이 없어졌다는 말은 아니다. 중산층은 매우 광범위했고 최상층과 최하층의 격차는 컸다. 그러나 시민 대부분은 건강하고 안락한 삶을 살기 위한 요소들을 누리며 남부럽잖은 삶을 살 기회를 잡았고 이들 선진국에서 중산층은 자국 내 정치 역학을 주도하는 세력으로서 존재감을 확립했다.

그렇지만 이런 사회들에서도 모든 일이 뜻대로 되지는 않았고 경제적 압력을 마주하면서 사회계약이 요동치기 시작했다. 몇몇 나라에서 정부 규제가 경제의 흐름을 억누르면서 불만이 누적되기 시작했다. 북유럽 나라들과 영국에서는 고세율과 공공부문의 거대한 누적 적자와 무역 불균형으로 인해 복지국가를 유지하는 데 드는 비용이 점점 힘겨운 부담이 되고 있었다. 미국에서는 베트남전을 치르느라 물가가 상승하기 시작하면서 국제금융과 무역에서 대들보 역할을 했던 미국 달러가 압박을 받게 되었다. 미국과의 무역에서 계속 흑자를 보던 유럽의 나라들은 달러보다는 금으로 비용을 지불하라고 미국에 요구했다. 1971년에 리처드 닉슨(Richard Nixon) 미국 대통령은 당시 달러 가치를 금 1온스당 35달러에 묶어 두었던 달러-금 태환제를 일방적으로 파기했다. 산업화를 이룬 모든 나라는 1973년 산유국들이 가격을 올리기로 결정하면서 큰 타격을 받았다. 이어서 경제는 불황인데도 물가가 상승하는 스태그플레이션이 발생했다. 그것은 고물가를 잡겠다고 돈줄을 죈 중앙은행 총재들의 정책적 실책으로 더욱 악화일로에 들어섰다. 수요 증가로 물가가 올랐다면 과거에 그랬던 것처럼 통화 공급을 줄이면 되겠지만 공급 충격(Supply Shock)으로 인한 인플레이션에 그런 식으로 접근하면 안 된다는 점을 몰랐기 때문이다.

정리하자면 중산층이 진정 전 세계적인 규모로 확산했을 뿐만 아니라 산업화된 나라들의 중산층 가구가 그 이전에는 꿈도 꿀 수 없었던 풍요로운 삶을 막 맛보고 있었을 때 서구의 사회계약은 와해되기 시작했다. 무역, 해외투자, 국제적인 자본의 흐름, 이민 문제에서 더 많은 나라를 단일한 지구적 연결망 안으로 통합하려는 새로운 세계화의 시대가 막 출발선을 떠나려 하고 있었다. 서구의 중산층은 크게 달라진 경제 환경에서도 계속 번영할 방법을 찾아 나서야 했다.

3장

두 번째 10억: 제3세계의 경제성장과 세계화, 1975~2006년

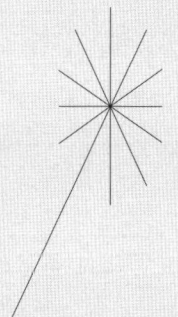

"이런 것[경제성장을 위한 정책적 실천]과 관련된 문제가
인간 복지에 미치는 결과는 상상을 초월할 정도다.
한번 이런 결과에 대해서 생각하기 시작하면
다른 문제는 거의 눈에 들어오지 않는다."

―1988년 노벨 경제학상 수상자 로버트 루카스 주니어(Robert Lucas Jr.)[1]

1970년대 중반에 세계는 세 가지 부류로 나뉘었다. 제1세계는 서방의 선진화된 산업국가로 구성되어 있었고 각각 1949년과 1961년에 창설된 북대서양조약기구(North Atlantic Treaty Organization, NATO)와 경제협력개발기구(Organization for Economic Cooperation and Development, OECD)를 통해 서로 긴밀한 군사·경제 동맹관계에 있었다. 제2세계는 대체로 자기들끼리 무역을 하는 공산주의 국가로 구성되어 있었고 유럽의 사회주의 공화국은 바르샤바조약으로 맺은 군사동맹과 경제상호원조회의(Council for Mutual Economic Assistance, Comecon)의 일원이 되었다. 제3세계는 이들 두 그룹과 제휴 관계에 있지 않은 나라와 대체로 가난한 나라로 구성되었다. 1975년을 기준으로 전 세계 인구의 3/4, 즉 30억 명이 넘는 인구가 제3세계에 살고 있었고 이들 중에 글로벌 중산층에 속한 이는 매우 적었다.

1975년 무렵 제3세계와 비교해 봤을 때 제1세계와 제2세계에서 사는 사람 사이의 생활수준 격차는 역사상 최대였다. 제1세계의 사람들은 거의 보편적으로 중산층의 생활양식을 유지할 수 있었다. 이 책에서 사용한 정의에 따르면 전체 중산층에서 최상과 최하의 격차는 10배에 달하며 이들 나라에서도 여전히 상당한 불평등이 존재했다. 그러나 극한의 빈곤은 대체로 제거되었다. 제2세계 대부분도 마찬가지였다. 그러나 제1세계에 비해서는 상당히 못사는 편이었고 중산층 개념에서 핵심에 해당하는 선택의 자유를 갖지 못했다. 하지만 제3세계에서 대다수 사람은 여전히 비참할 정도로 가난했다. 그들 사회에서는 서구 중산층의 토대가 된 특징 중에 어느 것도 보이지 않았다. 10명 중 7명이 농촌에 살았고 대부분은 문맹이었다. 얼마 안 되는 경제적 이득조차도 빠른 인구 증가로 사라졌다. 그래서 개인 가구의 1인당 소득은 여전히 낮았다. 게다가 서방의 주요 시장으로 물품을 운송하려면 큰 비용이 들었고 현대식 기계 설비를 갖춘 공장도 별로 없었다. 그래서 산업화의 시동을 거는 데 오랜 시간이 걸렸다.

중산층이 대규모로 번창하는 현상이 1975년까지 오로지 유럽과 유럽인이 이주한 나라들에서만 일어난 이유는 무엇일까? 단지 개발도상국들이 따라잡도록 기다리기만 하면 저절로 해결되는 시간문제였을까? 아니면 문화, 사회, 정치 역학에 숨어 있는 좀 더 본질적인 것이 작용하는 문제였을까? 중산층이 서구에서만 대거 생겨난 것은 해외 식민지를 수탈한 덕분이었을까? 개발도상국들은 선진국의 발전 경로를 모방할까, 아니면 다른 길을 밟아서 또 다른 유형의 중산층을 낳을까? 노벨상 수상자 로버트 루카스는 이런 질문들을 던지면서 이 세상의 경제성장 동력을 이해하기 위한 탐색에 나섰다.

1975년 무렵에 시작해 대략 30년 동안 국가들 사이에서 생활수준의 '대수렴'이 일어났다. 이 기간은 세계화의 시기였고 국제무역이 빠르게 증가하며 국가 간 자본 흐름이 자유로워진 시기였다. 또한 국가 대부분이 대중 영합주의적이고 민족주의적인 프로그램들을 폐기하고 좀 더 전통적인 경제 운용 전략을 선택한 시기였다. 미국 경제학자 존 윌리엄슨(John Williamson)은 그 전략을 일련의 원칙으로 요약하면서 "워싱턴컨센서스(Washington Consensus)"라 이름했다. 그리고 베를린장벽이 허물어지면서 제1세계와 제2세계 사이의 장벽도 완전히 사라진 시기였다. 대수렴 시기 동안 아시아, 라틴아메리카, 동유럽에서도 중산층이 생겨났다. 그러면서 그 증가 속도가 가속화되었다. 선진국에서 중산층이 10억 명에 도달하는 데 150년이 걸렸는데 다시 10억 명을 추가하는 데는 1975년에서 2006년까지 단 31년이 걸렸다.

세계화와 동아시아의 경제 기적과 아시아 중산층의 증가

2차대전 후에 일본의 경제는 산산조각이 났다. 산업 생산력은 전쟁 이전 수준의 1/4로 떨어졌고 평균 소득은 미국의

1/10 수준이었다. 일본에서 중산층으로 분류될 만한 가구는 거의 없었다. 그 후 30년 동안의 빠른 경제성장으로 일본은 변모했다. 1975년에 이르자 일본은 비서구권에서 시민 대다수가 중산층이 된 유일한 나라가 되었다. 일본은 유럽과 매우 비슷한 방식으로 산업화에 매진하면서 이런 성과를 이룩했다.

이웃 아시아 나라들에 일본은 본받고 싶은 사례가 되었다. 일본은 현대화가 어떤 과정으로 경제성장을 촉진하며 곧장 발전으로 이끄는지를 모범적으로 보여 줬다. 경제성장은 중산층을 창출할 것이고 다시 중산층은 현대화와 경제성장에 온 힘을 쏟는 정부에 표를 줄 것이며 이런 닫힌 순환 과정은 번영하는 사회를 위한 청사진을 제공할 터였다.

일본식 모델에서 "샐러리맨"은 새로운 중산층을 가리키는 상징적인 언어가 되었다. 샐러리맨은 대기업에 평생 고용되어 일하면서 회사의 경제적 성공에 헌신한 사무직 노동자를 말했다. 수준 높은 교육을 받았고 장시간 일할 뿐만 아니라 연대 의식을 함양하기 위해 동료들과 어울리는 데 많은 시간을 썼다. 서구 중산층의 대다수 가장과는 달리 일본 중산층 가정의 가장은 식구들과 시간을 보내고 개인의 여가를 누리는 것보다 회사 업무를 더 중요시했다.

다른 아시아 국가의 엘리트들은 일본식 모델에 관심을 쏟았다. 정치 엘리트에게 일본은 민주주의와 일당 통치를 결합한 사례를 보여 주었다. 일본의 자민당은 1955년부터 1993년까지 계속 총리직을 차지했다. 기업 엘리트에게 일본의 사례는 정부의 지원을 받는 대기업과 산업 지상주의자들의 합작으로 성공한 경우였다. 물론 일본에서 어떤 교훈을 이끌어 낼 것인지는 의견이 갈렸다. 중요한 것은 정부의 개입이었는가, 아니면 사기업의 능력이었는가? 값싸고 넉넉한 금융 지원을 받는 것은 얼마나 중요한 역할을 했는가? 일본에서는 힘 있는 정부 부처였던 통상산업성이 자신들이 세운 계획에 따라 기업의 성장을 조정했는데 과연 다른 나라들에서도 그런 방식을 모방할 수 있을까? 세부 사항으로 들어가면 경제사가 사이에서도 의견이 갈렸지만 현대화, 경제성장, 중산층 육성, 국가적 정치 역학을 연계해 하나의 프로그램으로 융합하는 것이 가장 중요하다는 사실에 대해서는 다른 아시아 국가들이 교훈을 얻었다. 한국과 대만, 도시국가인 홍콩과 싱가포르가 먼저 시작했고 인도네시아, 말레이시아, 태국이 그 뒤를 이었다. 이들 나라는 아시아에서 적어도 한 세대 이상을, 심지어 선진국의 성장률을 초과하는 속도로 고도성장을 이룬 나라로 이름이 났다.

아시아 국가들은 일본과 극히 비슷한 방식으로 고도성장을 이루었는데 일본 경제학자 아카마쓰 가나메(赤松要)는 이런 방식을 "플라잉기스모델(Flying Geese Model, 기러기 편대 모델)"이라 이름했다. 일본이 선두에 나선 길잡이 기러기가 되어 다른 나라들을 이끌었다는 뜻이다. 일본의 산업이 복잡하고 고도화된 단계로 올라서면서 단순 조립 가공 산업에 빈자리를 내주었고 다른 나라들이 그 자리로 진입했다. 1960년대에 일본은 의류, 섬유, 인형, 신발 따위의 경공업을 벗어나 자동차, 철강, 화학, 전동 공구 같은 중공업에 힘을 모았다. 한국과 대만은 경공업 제품 수출에 뛰어들었고 1980년대에 이르러 그들 나름으로 중공업을 시작했다. 그 틈을 타서 말레이시아, 인도네시아, 태국이 의류, 반도체와 다른 경공업을 넘겨받았다.

이런 산업화 모델을 따라 아시아의 몇몇 나라가 각각 특정한 산업에 강점을 발휘하면서 동시에 고속 성장을 이루었다. 기술을 선진화하고 구조를 개혁하려면 공장을 짓고 기계 설비를 갖추는 데에 막대한 투자가 필요했다. 서구와 북아시아[중국, 한국, 대만-옮긴이]의 기업들은 기꺼이 지갑을 열었다.

플라잉기스모델은 어떤 나라가 순차적으로 기술적인 능력을 개발해서 저부가가치 산업에서 고부가가치 산업으로 넘어가는 과정을 이해하는 틀을 제공했다. 하버드대학의 경제학자 리카도 하우스먼(Ricardo Hausman)은 이런 발전 과정을 공식화해서 소위 '경제적 복잡성(Economic Complexity)'에 관한 도표를 만들었다. 기술 고도화의 관점에서 가장 숙달하기 어려운 산업 생산물을 목록화한 것이었다. 그 도표는 여러 나라가 기술적 복잡도의 사다리를 하나씩 올라가 최고의 임금을 지불할 수 있는 고도화된 기술 산업에 이른 과정을 보여 준다.[2] 그러나 이 도표에 따르면 어떤 나라가 다른 나라를 뛰어넘기는 어렵다. 다음 단계로 넘어가기 위해서는 기존의 기술을 습득하는 과정을 거쳐야 하기 때문이다. 아시아에서 모든 일이 계획대로 진행되지는 않았다. 길잡이 기러기였던 일본은 생산성 수준을 계속해서 고도화할 수는 없었다. 그 결과 일본의 생활수준은 홍콩, 한국, 싱가포르에 따라잡혔다.

일본을 비롯한 여러 나라의 아시아식 성장 모델은 선진국 수준보다 훨씬 낮은 임금을 유지하면서 큰 득을 보았다. 하지만 이런 구조로 계속 갈 수는 없는 일이었다. 게다가 미국에서는 제조업 일자리가 1979년에 1940만 개로 최고점을 기록한 다음 1983년에는 1680만 개로 크게 감소하면서 피해가 발생했다.[3] 이에 대한 대응으로 미국 정부가 회의를 요청해 상황을 논의했다. 1985년 9월 당시 5대 경제 대국으로 꼽혔던 미국, 일본, 프랑스, 영국, 서독의 관리들이 뉴욕의 플라자호텔에서 만났고 해당국의 중앙은행들이 미국 달러의 가치를 대폭 하락시키기로 합의하면서 달러화를 기준으로 삼으면 해당국 노동자의 임금이 상승하는 결과를 초래했다.

"플라자합의(Plaza Accord)"의 충격은 즉각적이고 압도적이었다. 1985년에 달러당 대략 240엔으로 거래되었던 일본 엔화의 가치는 달러당 150엔으로 급등했고 1988년에는 120엔으로 합의 이전의 가치에 비해 정확히 2배가 되었다.

펜으로 단 한 줄을 휘갈겨서 달러로 환산한 일본의 임금이 곱절이 되도록 만든 플라자합의는 일본에 필요한 산업 구조 조정에 극약처방을 내린 꼴이었다. 더 약소한 아시아의 나라들은 달러에 대해 자국 화폐의 가치를 고정함으로써 엄청난 가격 경쟁력을 갖게 되었고 그 이점을 십분 이용하게 되었다. 공장 전체를 사실상 어느 곳에서든 재현할 수 있다는 점도 도움이 되었다. 어디서든 똑같은 건물을 동일한 배치로 건설할 수 있었고 그렇게 세운 공장으로 기계 설비를 옮길 수 있었으며 심지어 본사의 감독자와 관리자까지 보낼 수 있었다. 성공을 위해 꼭 필요한 것은 공장에 필요한 투입물을 빠르고 효율적으로 제공하고, 말 잘 듣는 노동자를 구하며, 생산된 제품을 적정한 가격으로 해외시장에 내놓는 능력이었다. 이런 목표를 이루기 위해서는 특히 세관, 영업허가, 취업 비자를 능숙하게 처리해 주는 정부 기관과 잘 갖춰진 기반 시설이 필요했다. 고도성장을 이룬 아시아 나라들은 이런 서비스를 제공했다.

이 시기에 아시아의 많은 수출품은 서구 중산층의 요구를 충족해 주었다. 스웨덴의 가구 브랜드 이케아(IKEA)는 세계화의 이점을 살려 회사를 키운 모범 사례다. 이케아의 비전은 "많은 사람—고객뿐만 아니라 일터의 동료와 공장에서 물건을 만드는 사람—이 더 나은 일상생활을 향유하도록 하는" 것이었다.[4] 두 가지 특징이 이케아를 철저히 중산층을 위한 회사가 되도록 만들었다. 이케아의 제품은 값비싸지 않아서 많은 이가 구매할 수 있었고 멋진 디자인에 기능성까지 갖추었다. 그래서 중산층 가정의 기호에 꼭 들어맞았다. 그 유명한 플랫팩(flat pack)—모든 부품을 납작한 상자에 넣어 보내면 구매자가 직접 조립해서 제품을 완성하도록 만들어 보관과 운송에 드는 비용을 대폭 절감한 이케아의 기발한 발상—은 이케아가 지구상 어디서든 공급자를 찾을 수 있게 했고 규모의 경제로 비용을 아낄 수 있게 했다. 지구상에는 모든 소비재마다 이케아 같은 회사가 수없이 있다. 이런 회사들은 다른 기업체들보다는 개인이나 가족을 핵심 고객으로 여기고 잘 보이려 한다. 이들은 마케팅과 광고와 자사 브랜드를 각인시키는 데 힘을 기울인다는 점에서 여느 기업체와는 차별화되며, 비용을 절감하고 새로운 소비자 기호를 개발하고자 기술을 동원한다. 가령 일본 의류 회사인 유니클로(Uniqlo)는 스스로를 패션 회사가 아니라 기술 회사로 여긴다. 유니클로의 히트텍(Heattech) 섬유는 몸이 발산하는 습기를 열로 바꾸고 그 열을 섬유 속 작은 공기주머니에 담는다. 이런 기술 덕분에 회사는 부피가 크지 않으면서 얇고 우아한데도 따뜻한 옷을 만들 수 있었다.

이케아와 유니클로의 사례는 선진국 중산층과 동아시아 개도국의 중산층이 본질적으로는 매우 다른데도 어떻게 해서 밀접하게 연관되었는지 설명해 준다. 이런 회사들이 보여 준 새로운 가치 사슬(value chain)[기업 활동에서 부가가치가 생성되는 과정-옮긴이]을 통해 서구에서는 혁신, 디자인, 브랜딩, 마케팅, 금융 부문에서 고임금 일자리가 만들어졌고 동방에서는 제조업 부문에서의 저임금 노동이 일자리와 소득을 제공했다.

이는 양쪽 모두를 위해 놀라울 정도로 유익했다. 아시아에서 생산되는 소비재는 생산국이 자국의 작은 시장에서 소비할 수 있는 것보다 훨씬 더 큰 규모로 생산되었다. 경제성장은 지구상에서 평화 시 어디에서도 볼 수 없었던 속도로 가속화되었다. 동아시아에서 1960년대와 2000년대 사이에 전체 GDP에서 수출이 차지하는 비중은 20퍼센트에서 60퍼센트로 치솟았다. 비교해 보면 같은 기간 미국의 수출 비중은 대략 10퍼센트에 머물러 있었고 전 세계에서 주요 수출국으로 꼽히는 독일은 2000년에 경제에서 수출이 차지하는 비중이 30퍼센트였다.

빠른 경제성장과 꾸준한 기술 발전에 힘입어 아시아의 나라들은 수십 년 동안 꾸준히 임금을 올려 줄 수 있었다. 이런 임금 상승은 조직화된 노동운동이 아니라 정치와 사회의 안정이 기업 친화적인 환경을 조성하기 위한 필수 요소라고 판단한 정치 엘리트들이 주도했다. 실제로 고도성장을 이룬 아시아의 모든 나라는 상당한 수준의 정치적 안정을 누렸다. 인도네시아(1967~1998년), 대만(1948~2000년), 말레이시아(1957~2018년), 싱가포르(1959년~현재)는 당연히 민주적인 선거를 치렀지만 고속 성장을 하는 동안 하나의 동일한 정당이 오랜 기간 통치했다.

이들 정당이 오랫동안 권력을 유지할 수 있었던 것은 가난한 사회를 중산층이 번성하는 곳으로 변화시키겠다는 약속을 지켰기 때문이다. 성장 가도를 달린 동아시아 나라들만의 고유한 특징은 부가 증대하는 동안 소득이 더 공평하게 분배되었다는 점이다. 이런 특징은 가령 1920년대 미국에서 아무런 통제도 없이 자본가들이 성장을 구가하던 시절의 경험과는 사뭇 달랐다. 당시의 소득 불평등은 불을 보듯 명백했고 결국 대공황을 야기했다. 동아시아에서 이뤄진 평등 속의 성장은 우연히 그려진 것도 아니고 자본주의의 작동 방식에 변화를 주었기 때문도 아니었다. 정부가 뜻을 세우고 정책을 써서 이룬 것이었다.

동아시아 전체적으로 각국의 정부는 자청해서 시민교육에 나섰다. 이 지역은 예로부터 교육을 존중했다. 일부 학자들은 이런 전통의 기원을 2500년 전에 비롯된 유교에서 찾는다. 공자는 교육을 개인의 성공뿐만 아니라 가족과 사회, 심지어 세상의 기초로 보았다. 그는 모든 이는 평등하게 태어났으며 한 사람도 빠짐없이 배울 수 있고 배워야 하며 평생 쉬지 않고 배우는 방법을 익혀야 한다고 믿었다.

고도성장을 이룬 모든 아시아의 나라는 주요 정부 정책의 일환으로 처음에는 초중등 교육에서 시작해 고등교육에 이르기까지 무상교육을 점점 확대해 제공했다. 교육 수준을 빠르게 향상한 것이 아시아 국가의 경제성장에 핵심 요소였다는 사실은 세상에 덜 알려져 있다. 실제로 많은 아시아 국가는 자국 노동자의 평균 교육 수준과 노동자의 생산성을 높이기 위한 최소 학습 기준(minimum proficiency benchmarks)을 충족한 노동자 비율에서 미국을 능가했다.[5]

간단한 읽고 쓰기만 가르쳐도 시골의 자영농을 산업체 임금노동자로 변신시킬 수 있었다. 사실 농촌에서 그냥 붙박이 농부로 머물더라도 빠르게 수익이 증가했다. 이 기간에 동아시아가 제조업 수출로 크게 유명해지는 바람에 교육받은 농부들이 현대화의 바람을 타고 비료와 종자, 기계화를 도입해 농업의 생산성과 성장을 유례없는 수준으로 끌어올리면서 경제성장의 지대한 공로자가 되었다는 사실은 덜 주목받았다.

동아시아에서 교육을 받는 것은 일종의 신분 상징(status symbol)이 되었다. 몇몇 나라는 고등학교 교육을 마치는 시점에 전국적으로 시험을 치른다. 그리고 그 결과가 명문 대학 입학 여부를 결정한다. 가령 한국 같은 나라에서는 잘해야 한다는 압박이 과중해서 학생이 시험을 잘 치르도록 따로 과외 교사를 고용해 정기적으로 학생을 가르치게 하기도 한다. 유명 강사들은 전국적인 인사가 되어 공연장을 방불케 하는 곳에서 강의하고 매년 막대한 수입을 올릴 뿐만 아니라 학생 사이에서 팬덤을 형성하기도 한다.[6]

아시아식 교육체계는 사회적 위계를 세우는 기준을 제공하며 이는 서구의 방식과는 매우 다르다. 전국 규모의 시험은 단일 잣대로 측정할 수 있는 기준을 제공한다. 이 시험에서 최우수 학생은 최고 대학에 입학하기 때문에 고임금 일자리를 구할 가능성도 가장 높다. 그래서 시험의 결과는 소득과 소비의 수준으로 연결되고 학생이 미래에 어떤 경제적 지위에 속할 것인지를 파악하는 설득력 있는 지표가 된다.

농촌에서 도시로, 농업 노동에서 산업 노동으로, 자영업에서 임금노동으로 치달린, 동아시아에서 벌어진 거대한 사회

전환은 남성뿐만 아니라 여성에게도 기회를 주었다. 누구든 1980년대 아시아의 의류 공장에 들어서면 젊은 여성들이 재봉틀 앞에 줄줄이 앉은 모습을 보고 놀랄 것이다. 남성은 현장감독으로 딱 1명이 있었는데 대개 거대한 격납고처럼 툭 트인 작업 공간의 한쪽 벽에 등을 대고 서 있었다.

 남성과 여성 모두가 공장에서 일하면서 가구 하나에 봉급생활자가 2명인 새로운 사회구조가 단숨에 생겨났다. 그런 변화가 미친 충격은 엄청났다. 이들 가구는 더 많은 소득을 올렸고 집과 차(아니면 적어도 오토바이)와 서구의 중산층 소비자들이 일상적으로 구매했던 가전제품과 가정용품을 살 수 있게 되었다. 그러나 부차적인 효과가 훨씬 중대했다. 의류 회사 노동자 대부분은 대략 17세에 노동을 시작했다. 이 젊은 여성들은 일을 계속해서 경제적 독립을 이루려고 결혼을 늦추기로 했다. 결혼한 여성들은 저축을 더 많이 하려고 첫 아이를 늦게 낳았다. 자식들을 더 적게 낳았고 낳더라도 아이들끼리 나이 차이를 더 벌렸다. 소득은 높아졌는데 아이는 적게 낳으니 이들 여성은 자식들 각각의 교육과 건강에 더 많은 비용을 지출할 수 있었다.

 동아시아의 맞벌이 부부 가정은 중산층 삶의 모든 전통적 특징을 보여 주었다. 열심히 일하고 책임감 있게 살면서 가족들의 삶을 향상하려 하고, 절약하고 저축해서 집과 승용차 같은 내구소비재를 구입하며, 능력이 닿는 한 욕심껏 자식들을 가르쳐 신분이 상승하는 사회를 만들고자 했다.

동아시아 전체적으로 17세 이상인 여성 절반이 일하기 시작했다. 심지어 이슬람교 국가인 말레이시아와 인도네시아도 예외가 아니었다. 1930년대에 이미 완전한 중산층 사회로 진입한 미국에서조차 겨우 성인 여성의 22퍼센트만이 가정을 벗어나 일했다는 사실과 크게 대비된다. 미국과 유럽의 중산층은 가장 한 사람에게 고임금이 돌아갔기 때문에 외벌이로도 중산층 생활이 가능했다. 그에 비해 동아시아의 중산층은 한 사람의 벌이가 비교적 낮은 수준이어서 맞벌이 가정이 대세가 되면서야 비로소 중산층 생활이 가능해졌다는 특징을 가진다.

정부는 여성을 공공서비스에 활발하게 고용하면서 이들을 봉급 노동으로 끌어들이고자 적극적으로 애썼다. 교육과 건강을 향상하기 위해 거대한 프로그램을 운용하면서 많은 여성을 교사와 간호사로 고용했다. 실패할 리 없는 중산층 육성 비결이 완성되었다. 낮은 세금, 남녀 모두를 위한 넉넉한 일자리 제공, 기술 혁신에 따른 봉급 인상, 공공 차원에서의 건강·교육·주택 공급, 기반 시설의 체계적 개선을 통해 싼값에 믿을 만한 수준으로 세계 시장과 확실하게 연결되도록 한 것이 그 비결이었다.

동아시아의 사례가 완벽하지는 않았다. 빚이라는 치명적인 약점이 있었다. 인도네시아, 한국, 말레이시아, 대만, 태국, 싱가포르의 경제성장률은 높은 한 자릿수를 기록했고 각국은 적어도 1년씩은 두 자릿수 성장을 기록했다. 이런 성장률이라면 매 9~10년마다 경제 규모가 2배씩 띈다. 그러나 채무가 증가하는 정도가 훨씬 더 빨랐다. 해외 차입으로 발생한 채무였는데 일본 은행에서 빌린 것이 대부분이었으며 대개 미국 달러로 지불하기를 요구받았기에 환리스크(exchange rate risk)에 취약했다.

1990년대 중반 미국의 경제가 불경기를 벗어나 과열되기 시작했다. 인플레이션의 재발을 걱정한 미국 연방준비제도이사회(Federal Reserve Board, FRB)는 금리를 인상했고 미국 달러의 가치는 오르기 시작했다. 그 조치는 일본 은행의 대차대조표에 영향을 미쳤다. 달러를 엔화로 환전하면 일본 은행들이 아시아 여러 나라에 제공한 미결제 대출의 규모가 그들의 미약한 자기자본으로 지탱하기에는 지나치게 커져 버렸다. 일본 은행들은 긴축에 들어갔고 너무 짧은 기간을 두고 대출을 회수하기 시작했다. 아시아의 채무국들은 심각한 달러 부족에 직면했다.

금융시장에 위기가 오면 투기꾼들이 재빨리 개입해 이득을 취한다. 억만장자 투자자인 조지 소로스(George Soros)는 이런 상황을 정확하게 알아차렸고 아시아 국가들이 자국 화폐 가치를 떨어뜨려야 하리라고 예측했다. 많은 다른 펀드와 함께 그의 펀드도 아시아 통화들에 대한 공매도에 나섰다. 그래서 어떤 일이 벌어졌는지는 이미 다 알려진 대로다. 1997년 7월 태국 바트화의 폭락을 시작으로 말레이시아, 인도네시아, 한국으로 통화위기가 번지면서 이들 나라의 구조적 취약성을 드러냈다. 가령 부동산 개발업자들은 지나칠 정도로 차입에 크게 의존해 경영을 하고 있었다. 자산 시장은 붕괴했고 기업과 금융기관으로 파산의 쓰나미가 덮쳤다. 경기 하락이 대공황 동안 선진국들이 기록한 수준을 넘어섰다. 예를 들어 미국 달러로 환산했을 때 인도네시아의 경제는 1998년 한 해 동안에만 40퍼센트나 하락했다.

놀랍게도 아시아의 정책 입안자들은 자유로운 무역과 자본 시장을 바탕으로 민간 부문이 수출을 주도하는 경제모델을 포기하지 않았다. (말레이시아는 예외적으로 자본 통제 정책으로 대응했지만 "국제투기자본(hot money)" 대부분은 이미 떠난 뒤였다.) 포기를 모르는 그들은 은행을 통폐합하고 기업을 구조조정하고 훨씬 더 강력한 시장경제를 도입했다. 중산층은 봉급 하락과 실업의 위험에 무방비로 노출되면서 큰 타격을 입었다. 하지만 세계화의 힘이 강력한 복원력을 발휘해 10년을 넘기지 않고도 아시아의 나라들은 외환 위기가 미친 충격을 극복하고 빠른 성장의 길로 돌아왔고 고른 분배를 실현하며 중산층도 꾸준히 육성하고 있다.

외환 위기를 가장 성공적으로 이겨 낸 나라인 한국에서는 경제를 살리기 위해 중산층이 자발적으로 나섰다. 전체 가구의 1/4이 국가의 빚을 갚고자 중산층 가구에 흔히 있던 보석, 동전, 시계, 메달을 비롯한 여러 종류의 금붙이를 기부했다. 기업과 유명 인사들이 이 운동에 앞장섰다. 이런 식으로 총 22억 달러가 모금되었는데 1997년 한국 정부가 진 장기부채가 110억 달러였던 점을 감안하면 상당한 모금액이었다.

위기를 맞아 침체를 겪었지만 한국 중산층의 규모는 1975년 전체 인구의 12퍼센트에서 2000년의 90퍼센트로 증가했다. 달리 말해 중산층의 규모로 봤을 때 미국이 100년 걸린 과업을 이 나라는 대략 25년, 즉 단 한 세대 동안에 이뤄냈다. 한국의 사례만큼 극적이지는 않았지만 아시아의 다른 국가들도 세계화에 힘입어 선진국보다는 훨씬 더 빨리 발전했다.

그 결과 2006년에 이르자 전 세계 중산층 가운데 4억 2000만 명이 동아시아인이었고 그중 3억 명이 일본을 제외한 지역에서 나왔다. 동아시아 중산층의 1/5에 채 못 미치는 정도가 중국 본토의 몫이었는데 중국은 오랫동안 경제개혁에 노력을 기울인 뒤 이제 막 국내 시장을 키우려 하고 있었다. 나머지 대부분은 한국, 대만, 홍콩과 세계화의 흐름에 부응한 다른 동남아시아의 나라들이 차지했다.

하지만 이들 아시아의 중산층은 서구와는 아주 딴판이었다. 서구의 중산층은 중소기업체와 자영업을 기반으로 성장했고, 특히 유럽의 경우 튼튼한 노조와 강력한 임금 협상에 크게 힘입었다. 동아시아의 중산층은 교육 수준은 높으나 상대적으로 저임금을 받고 대기업에서 일하며 맞벌이 가정을 이루고 있는 샐러리맨과 여성들로 이루어졌다. 서구에서 중산층은 세금을 낮추기 위해 종종 정부의 역할을 축소하려 애썼다. 동아시아에서 중산층은 정부가 무엇보다도 경제성장을 우선시하면서 적극적인 역할을 해 줄 것을 전적으로 기대했다. 서구의 중산층은 다른 계층과는 구별되었고 중간 계층임에도 부유층보다 아랫길로 여겨지지 않았다. 동아시아의 중산층은 전국적인 평가 시험에서 볼 수 있듯이 엄격한 위계에서 말 그대로 중간을 의미했고 이런 관점에서 상류층보다 열등한 등급이 매겨졌다. 비록 서구와 동방의 중산층은 소비 성향에서 동일한 궤적―집, 차, 가구, 휴가, 건강, 여가―을 밟았지만 그 본질적 의미는 크게 달랐다.

워싱턴컨센서스와 라틴아메리카 중산층의 성장

동아시아의 수출이 도약하고 있던 바로 그 시기에 세상은 경제개발에서 정부가 수행하는 역할을 놓고 토론을 벌였다. 산업 정책에서 정부의 역할이 정확히 어느 정도나 발전에 기여했는가를 두고 의견이 분분했다. 그러나 낮은 세율, 인플레이션 방어, 교육·건강·기반 시설에 대한 성장 지향적 공공 지출, 이자율과 환율을 시장에 맡기기, 무역과 해외투자에 대한 문호 개방, 합리적인 규제·금융기관에 대한 신중한 관리 감독·재산권 보장을 바탕으로 사기업을 최고로 대우하기와 같은 기초적인 원칙들의 중요성에는 대체로 동의했다.

이런 목록을 작성한 사람은 오랫동안 라틴아메리카 나라들의 경제개발 과정을 연구한 미국 경제학자 존 윌리엄슨이었다.[7] 그의 목록은 이런 원칙들을 하나 혹은 그 이상을 지키지 못해서 빠른 성장을 이루지 못한 남미 나라들의 실패를 교훈 삼아 작성되었다. 윌리엄슨은 모든 나라가 반드시 따라야 할 일련의 기초 원리들이 있다는 생각과, 그렇게 많은 남미 국가가 자신들의 발전 잠재력에 걸맞은 성장에 실패한 것은 소위 "어머니와 사과 파이(motherhood and apple pie)"[이론의 여지 없이 중요한 것-옮긴이] 정책들을 실행하지 못했기 때문이라는 생각을 전하고자 했다.[8] 그는 자신의 목록을 "워싱턴컨센서스"[9]라 명명했다. 주요 개발 지원 기관인 국제통화기금(IMF)과 세계은행이 워싱턴 DC에 있었고 두 기관이 개발도상국 정부에 늘 그런 정책들을 조언한 데서 착안했다. 윌리엄슨은 죽는 날까지 그런 명칭을 단 것을 후회했다. 그것이 식민주의적인 인상을 주었고 남미 경제학자들에게 배운 교훈을 전하기보다는 남미의 정부들에게 부과된 조건만 부각해서였다. 그는 워싱턴컨센서스를 경제성장을 지속하기 위해 정책적으로 뒷받침해야 할 필요조건을 모아 놓은 보따리라고 생각했다. 남미의 정부 관료들이 1980년대 중반 대규모 부채 위기로 고통을 겪은 자신의 경험을 회고하면서 내린 결론들을 기반으로 작성했기 때문이다. 그들은 이렇게 지원이 풍부한 지역이 왜 빠른 성장을 이루는 데 실패했는지를 스스로에게 되물었다.

경제학자들이 제시한 첫 번째 이유는 남미 정부 대부분이 공공 재정을 부실하게 운영했다는 점이다. 관리들의 급여로 나가는 지출이 지나쳤고 건강과 교육같이 필요한 서비스를 제공하거나 기반 시설을 건설하기 위한 지출은 부족했다. 그 결과 남미의 나라들은 소득분배에서 지구상 어디와 비교하더라도 가장 불평등한 곳으로 꼽혔다. 몇몇 운 좋은 사람들만 정부나 다국적기업, 국내 대기업에서 일자리를 구했을 뿐이고 나머지는 각자 알아서 자구책을 마련해 살도록 내버려졌다. 주기적으로 몰아친 극심한 인플레이션은 중산층이 모은 저축을 갉아먹었고 이 나라들이 더 발전하는 것을 막아 버렸다.

두 번째 이유는 국가 경제에서 큰 부분을 차지하던 국영기업들을 남미의 정부들이 소유했지만 대부분 극히 비효율적으로 운영되었다는 사실이다. 이런 비효율성은 남미 경제 전체로 파문처럼 번졌다. 만약 전기와 수도 공급이 값비싼데 언제든 중단될 수도 있다면 그런 곳의 기업이 경쟁력을 갖기는 어려울 것이다. 대기업은 가령 자체적으로 발전기를 가동하거나 하는 방식으로 대안을 마련할 수 있지만 중소기업들은 그럴 수 없었다.

세 번째 이유는 경제 제도에 충분한 관심을 기울이지 않았다는 점이다. 가장 문제가 있었다고 꼽힌 것은 노동시장이었다. 남미의 노조는 무시무시한 힘을 발휘해서 노조원의 고임금과 종신 고용을 보장하려고 애썼다. 그런 식으로 지불되는 비용은 충분한 일자리를 만들지 못하게 했고, 역설적이게도 많은 노동자가 비정규직 노동시장으로 내몰렸으며 그곳에서 권리는 없다시피 하고 노동조건은 열악하며 임금 협상은 꿈도 꿀 수 없는 처지가 되었다.

맥킨지글로벌연구소(McKinsey Global Institute, MGI)는

최근에 낸 연구 결과에서 남미가 상대적으로 빈약한 경제 성과를 거둔 구조적 이유를 돌이켜 보고는 두 가지 "실종된 중간"—중소기업과 중산층 가구—을 남미가 오랫동안 육성하지 못했기 때문이라는 결론에 도달했다.[10] 남미의 산업과 큰 성과를 거둔 나라들의 산업을 비교한 뒤 MGI는 남미에는 작으면서도 비효율적인 회사가 너무 많고 대기업은 적다는 결론을 내렸다. 좋은 일자리와 국내 기업가들에게 생산적인 기회를 제공할 수 있는 중간 정도 규모의 활기찬 회사들이 충분하지 않다는 것이다. 그런 중간 규모의 회사가 부족하면 혁신을 위한 분위기가 일어날 수 없고 새 기술을 채택할 능력도 배양할 수 없게 된다.

MGI가 주목했던, 남미와 고속 성장을 이룬 나라들의 또 다른 큰 차이는 대규모 중산층 소비자의 부재였다. 그들이 있어야 새 상품을 팔고 수요를 촉진하며 기업의 투자 의욕을 부채질할 수 있다. 반면 남미에서 고소득자들이 차지하는 국내 소비의 비중은 세계 최고 수준이었다.

두 가지 실종된 중간은 서로 긴밀한 관계에 있다. 중소기업이 없으면 충분한 임금을 제공하는 일자리가 생길 수 없고 비정규직 일자리가 늘어나며 중산층 소비자의 실종을 초래한다. 반대로 중산층 소비자가 없으면 새 상품과 혁신에 대한 요구가 사라지고 국내 수요에 부응할 수 있는, 중간 정도 규모의 활기찬 기업의 실종을 부른다.

이 지점이 남미 국가들이 빠진 함정이었다. 대체로 이곳 사람들은 아프리카나 남아시아 일부 나라들이 겪는 빈곤처럼 절망적인 수준으로 가난하지는 않았다. 그러나 그들도 빈곤하기는 마찬가지였고 가장 심각한 것은 그 가난에서 옴짝달싹 못 하고 있다는 현실이었다. 남미의 많은 나라는 이른바 "중진국의 함정(middle-income trap)"에 갇혀 있었다. 이런 상황에 빠진 나라는 노동자의 생산성에 비해 상대적 임금이 너무 높기 때문에 그 나라의 산업 생산물들은 세계 수출 시장에서 경쟁력이 없다. 동시에 자국 내 기업들은 해외로부터 최고 선진 기술을 흡수할 정도로 충분한 활력을 보이지도 못한다.

이런 함정에 빠지면 그 나라들은 생존하기 위해 천연자원에 의존하게 되는데 천연자원이야말로 남미에 풍족한 것이었다. 브라질, 아르헨티나, 칠레의 농부들은 세계 최대의 콩과 감귤류 과일과 와인 생산자였다. 콜롬비아는 세계적인 커피의 주산지이고 페루는 자국의 바다에서 잡는 어류로 이름났다. 남미에는 석유와 귀금속 광물도 풍부하다. 이 모든 자원 덕분에 중산층을 어느 정도 규모로 낳을 수 있는 생활수준은 가능했지만 아직 한국처럼 중산층이 전인구의 90퍼센트에 달하는 수준에는 턱없이 못 미쳤다. (우루과이는 이제 중산층 규모가 80~85퍼센트 근처에 이르렀다.)

직접적으로는 사람들이 자원 개발과 관련된 곳에서 일하기 때문에, 간접적으로는 남미 정부들의 일자리와 임금이 천연자원 부문에 매기는 과세로 창출되기 때문에 중산층의 풍족

함도 천연자원에 달려 있었다. 그래서 남미 중산층은 전 세계적인 원자재 시장의 변덕에 휘둘릴 수밖에 없었다. 1970년대 말 원자재 시장이 상승세를 탔고 석유와 식품 가격이 급등했다. 하지만 1980년을 전후해 정점을 찍은 뒤 원자재 가격은 거의 20년 동안 꾸준히 하락했다.

식품 가격과 유가가 연동해 오르내리는 것은 우연이 아니다. 원유에서 추출한 석유화학제품은 비료를 생산하는 주요 원료다. 원유는 식품을 농장에서 시장으로 처리·운송하는 데에서 요소비용이기도 하다. 게다가 둘 다 비슷한 거시경제적 조건에 반응한다. 수요가 늘면 모든 원자재의 가격은 대개 함께 오른다. 그리고 돈이 남아돌고 금리가 낮으면 보관 비용이 떨어져 재고 축적을 부추기고 가격은 더욱 오른다.

이런 식으로 세계적인 경기순환에 휘둘리면서 남미의 중산층은 1980년까지는 늘어났다가 1990년대 초반까지 잃어버린 10년 내내 애를 먹었고 2000년대 초반까지 계속 조금씩 회복세를 보이기 시작했다. 잃어버린 10년은 원자재 가격의 하락기와 일치했다. 하지만 훨씬 더 직접적으로 극심한 타격을 입힌 것은 모든 선진국을 비롯해 남미의 많은 나라를 집어삼킨 지독한 부채 위기의 충격이었다.

1970년대의 원자재 가격 급등기에 남미 국가들은 대중에 영합하는 정책으로, 주로 미국에 본사를 둔 외국계 은행에 빚을 내서 중산층을 육성하려고 시도했다. 은행들은 기꺼이 빌려주었다. 당시 시티뱅크 회장이었던 월터 리스턴(Walter

Wriston)이 "국가는 파산하지 않는다"라고 말한 것이 보도되었다. 우스개로 한 말이 아니었다. 그는 중요하고 실질적인 현실을 지적했다. 미국의 파산법에 따르면 회사가 빚을 갚지 못하는 상황에 처했을 때는 파산법 제11조에 적시된 대로 회사는 채권자들이 수용하고 법원이 승인한다면 회사를 구조조정하도록 허락해 달라는 방안을 채권자들에게 제출한다. 파산 기업에 대처하는 체계적인 과정과 계획이 서 있었다. 문제는 국제 무대에서 1982년 8월 멕시코가 자국이 외국에 진 빚에 채무불이행을 선언했을 때, 멕시코의 채무 구조조정을 조율할 방안을 마련하기 위한 어떤 체계도 준비된 것이 없었다는 점이다.

바로 이런 문제를 리스턴이 언급한 것이다. 그는 건실한 계획과 경제적이고 재정적인 관리와 함께 계획을 실천할 충분한 시간만 준다면 어떤 나라도 부채를 상환할 외환을 벌어들일 수 있다고 굳게 믿었다. 그러나 그 계획은 채권자들의 개입과 수용을 전제로 했고 집행하는 데 시간이 필요했다.

채권자들은 남미의 나라들이 가능하면 빨리 돈을 갚아 주기를 원했다. 반면 채무국들은 점진적인 조정을 통해 상환하기를 원했다. 최종 타협은 IMF의 중재와 미국 재무부의 지원으로 이루어졌다(당시 재무부 장관 짐 베이커(Jim Baker)와 그의 후임이었던 니컬러스 F. 브래디(Nicholas F. Brady)가 주도했고, 그래서 타협안의 이름은 브래디플랜이 되었다). 브래디플랜은 남미 정부들에게 재정과 통화를 긴급하게 구조조정하도록 요구했다. 이들 나라는 세금을 인상하고 지출을 삭감하며 화폐가치를 평가절하해야 했는데 곧바로 인플레이션이 닥쳤다. 이런 긴축정책은 주로 중산층에게 타격을 주었다. 정부는 건강과 교육, 연금과 기반 시설을 위한 지출을 모두 삭감했다. 인플레이션과 임금 하락, 고용 감소로 중산층이 보유한 저축은 빈 껍데기가 되었다. 이 책에서 지겹게 보아 온 양상이다.

바로 이런 상황을 타개하기 위해 건실한 공공 재정과 저물가에 초점을 둔 워싱턴컨센서스가 등장했다. 그것대로 정책을 집행하는 것은 가혹한 일이었지만 그렇게라도 해야 적어도 미래에 대한 일말의 희망을 기대할 수 있었다. 1990년대 중반에 몇몇 남미 국가는 꾸준한 성장세를 회복할 수 있었다. 다른 나라 대부분도 엄격한 재정 정책을 유지해야 위기를 피할 수 있다는 교훈을 얻었다.

2006년 무렵에 전 세계의 중산층은 20억 명을 넘어섰고 그중 3억 명이 남미에 살고 있었다. 부채 위기와 다른 문제들을 겪었음에도 불구하고 그중 절반 이상인 1억 7500만 명이 최근 31년 동안 불어났다. 남미는 인구의 절반 이상이 중산층 정도의 생활수준을 유지할 수 있게 되었고 일부 지역은 심지어 세계적인 기준으로 봐도 알차게 부유해지면서 중산층이 확고하게 자리를 잡게 되었다. 남미의 중산층을 역동적이라고, 혹은 지속적인 성장과 발전의 원천이라고 말하는 것은 적절하지 않지만 강력한 정치적 힘을 발휘하기에는 충분할 정도로 규모가 커졌다. 대륙 전체로 봤을 때 남미의 중산층은 효율적인 정부, 반부패, 낮은 세금을 요구하며 영향력을 행사하기 시작했다. 그것은 19세기 말에 미국의 진보주의자들이 밀어붙이려 애썼던 것과 동일한 기본 의제들이었다.

남미에서 중산층이 자신들의 의제를 관철하는 데 성공했는지는 아직 확실치 않다. 몇몇 남미 국가는 대체로 엘리트에게 이익이 되는 자본주의 의제를 옹호하는 정권과 가난한 사람들에게 일시적으로 혜택을 주는 대중 영합적인 의제를 옹호하는 정권 사이에서 변덕스럽게 갈팡질팡했다. 오직 칠레와 우루과이 같은 몇몇 나라만이 한국 수준으로 중산층을 키울 수 있었다.

베를린장벽의 붕괴와 동유럽 중산층의 성장

1989년 11월 9일 베를린의 장벽이 무너졌을 때 그것은 당시 동구권에 살고 있던 3억 명에게 기회의 시대가 개막되었음을 알렸다. 유럽연합은 발 빠르게 움직여 1994년에 헝가리와 폴란드를 시작으로 중부와 동부 유럽 나라들과 잠정적인 준회원국협정을 체결해 그곳의 인구 1억 명을 유럽연합의 영향력하에 포함시켰다. 남동부 유럽의 1억 명과 좀 더 멀리 동쪽에 사는 7500만 명에게는 회원 자격을 주기 위한 문호를 열어 두었다.[11]

베를린장벽이 헐리기 전 동유럽과 구소련의 생활수준을 상대적인 관점에서 정확하게 판단하기는 어렵다. 그들의 회계 체계가 나머지 세계와는 너무나 달랐기 때문이다. 겉으로 보기에 물질적 안녕을 보여 주는 몇 가지 특징들은 있었다. 어린이들은 잘 교육받았고 경제는 산업화를 이루었으며 마을과 도시는 안정됐다. 보건과 교육 서비스도 양호한 수준이었고 남녀 모두에게 일자리와 집이 제공되었다. 국영기업들은 사회보장과 사회 안전망을 제공했다. 엘리트들은 상당한 특권을 누렸지만 전체적인 생활수준의 격차는 크지 않았다.

하지만 비효율과 낭비도 엄청났다. 그런 문제는 쉽사리 볼 수 있었다. 이를테면 1989년 말쯤 폴란드는 물가가 너무 심각한 수준으로 올라서 지독한 물품 부족에 시달렸다. 사람들은 도대체 무엇이 판매되고 있는지도 모르는 채 길게 줄을 서서 기다렸다. 그저 긴 줄을 보고는 사람들이 가진 돈에 값할 만한 뭔가가 있어서 그럴 거라고 짐작했을 뿐이었다. 좀 더 유심히 보아야 드러나는 비효율도 있었다. 상품 대부분이 세계시장에 내놓기에는 가격도 품질도 도무지 경쟁력이 없는 수준이었다. 때로 그런 현실은 명백히 드러났고 종종 전혀 예상치 못한 일로 닥쳤다. 가령 구소련 지도자 미하일 고르바초프가 계획경제에서 좀 더 시장 친화적인 경제로 이행하고자 페레스트로이카 정책을 도입한 초기에 국가계획위원회에는 소련의 산업 중에서 세계적으로 가장 경쟁력이 있을 만한 것을 찾아 연구 보고서를 내라는 과제가 하달되었다. 그들이 낸 보고서에 따르면 자동차 산업이 가장 유망하다고 했다. 그들은 V8 엔진에 190마력으로 달리며 디자인은 구형 포드를 빼닮은 가즈사(社)의 볼가 GAZ-24-10 차량이 국제적으로 통할 것이라고 생각했다. 어림 반 푼어치도 없는 소리!

현실에서는 국제무역의 장벽이 제거되자 모든 사회주의 국가의 경제가 붕괴했다.[12] 장벽 붕괴 후 대략 3년에서 5년이 지나자 그 나라 대부분은 총생산이 40퍼센트나 하락하면서 바닥을 쳤다. 폴란드, 헝가리, 체코공화국 같은 일부 나라는 총생산의 감소가 대략 15~20퍼센트 정도로 덜 비참한 수준이었다. 조지아, 몰도바, 우크라이나 같은 나라는 훨씬 더 심각했다. 실질적인 총생산이 60~70퍼센트나 폭락했다. 1929년에서 1933년 사이 대공황기 때 미국 국내총생산의 하락 규모가 약 30퍼센트였다는 사실과 비교해 보라.

이런 총생산의 폭락이 동유럽과 러시아 중산층 규모에 어느 정도의 타격을 주었는지를 추정하기는 어렵다. 1989년 이전의 동유럽과 소련은 글로벌 중산층을 보유한 지역이라 보기에 미흡했다. 물질적 측면에서 중산층의 생활양식을 일부 찾아볼 수는 있었지만 정치적 계층으로서 그들이 중산층 행세를 할 기회는 아예 없었다. 그리고 행동하고 일을 처리할 때 전통적으로 중산층이 행사하던 개인주의적인 선택권도 누릴 수 없었다. 사회주의 국가들은 체제에 순응하기를 강하게 요구했다. 서구 중산층의 생활양식에서는 큰 의미가 있었던, 개인의 취향에 따라 다양한 상품을 제공한다는 생각이 동구권에는 없었다.

그렇지만 정치체제가 바뀐 후에 막대한 부와 경제적 기회가 되돌아왔다. 1994년 이후로 안정을 찾고 구조 개혁이 시작되자 중부와 동부 유럽을 비롯해 소련에 속했던 나라들은 과거 200년 동안의 어느 시기보다도 더 빠른 속도로 성장했고 서유럽의 나라들보다도 2.5배나 높은 성장률을 보였다.

하지만 중산층의 관점에서 중요한 최초의 성과는 물가 안정이었다. 높은 물가는 중산층에게 오랜 세월 최대의 적이었다. 1990년대 초반 동구권 전역에서 인플레이션이 큰 문제가 되었다. 경제적 이행기에 있던 25개국 중 17개국의 물가가 1000퍼센트 이상 올랐다. 아르메니아, 조지아, 폴란드, 우크라이나는 극악한 초인플레이션에 시달렸다. 그러자 경제정책 개혁에서 물가 안정이 초미의 관심사가 되었다. 이행기에 있던 국가들은 서로 다른 방식으로 이 문제에 접근했다. 폴란드를 비롯한 일부 국가는 고정환율제를 실시해서 수입품의 가격을 안정시켰고 그것이 물가의 기준으로 작용하도록 했다. 리투아니아와 불가리아는 통화위원회(currency board) 제도를 채택해서 물가에 대응했다. 이 법적 장치를 통해서 중앙은행이 나라가 보유한 외환 가치만큼의 화폐만을 발행하게 했다. 다른 나라는 변동환율제를 채택하면서도 정부의 중앙은행 차입은 통제하는 강력한 재정 정책을 펼쳤다. 몇 년이 지나지 않아서 거의 모든 동구권 나라가 한 자리 수준으로 물가를 잡는 데 성공했다.

경제적 이행기에 있던 이 나라들은 물가 안정과 함께 재빨리 다른 방면으로도 구조 개혁에 나섰다. 초기에는 소규모 민영화를 추진했다. 국가가 소유하고 있던 수많은 가게, 자동차 정비소, 레스토랑, 미장원, 다른 소규모 서비스 업종에 속한 가게들의 소유권을 관리자와 노동자에게 넘겼다. 이런 민영화 프로그램을 통해 개인소유의 소규모 사업장이 등장하면서 새로운 중산층을 위한 즉각적인 기반이 마련되었다. 몇 년 뒤에는 기업 차원의 고용·해고 결정과 임금 협상을 자유화하는 개혁과 병행해서 거대 기업의 관리, 구조조정, 매각에 착수했다. 비록 일부 기업은 이런 조치를 통해서 경쟁력을 갖추게 되었지만 거대 기업들의 직원 숫자는 감소했다. 용케 자리를 지킨 이들은 중산층이 되기를 희망할 수 있었다. 쫓겨난 이들에게는 훨씬 험난한 길이 도사리고 있었다.

중부와 동부 유럽의 나라들은 임금 상승이 가팔라졌는데 그와 함께 실업률은 증가하는 이상한 현상을 보였다. 한 연구에 따르면 동독에서 실업률이 11퍼센트에서 27퍼센트로 증가했는데도 한창 일할 나이의 남성 노동자 평균 실질임금은 6년 동안 83퍼센트나 올랐다고 한다.[13] 이행기에 있는 유럽 국가 중에는 심지어 개혁이 시작된 지 10년이 지난 후에도 평균 실업률이 두 자릿수인 곳도 있었다. 추정에 따르면 독일 재통일 후에 동독인들이 서독으로 대거 이주한 것을 제외하고도 220만 명이 동유럽에서 서유럽으로 넘어왔다. 이주민들은 보수가 좋은 일자리를 구해서 본인의 삶도 넉넉해졌고 고향의 가족에게 수십억 유로를 보낼 수도 있었다.

유럽 내에서의 자유로운 이동은 유럽연합 회원국의 대단한 이점으로 꼽혔다. 그리고 중부와 동부 유럽 나라들에서 삶이 빠르게 개선된 데에는 유럽연합이 동쪽으로 회원국을 적극적으로 늘려 간 것이 큰 역할을 했다. 2004년에 유럽연합은 회원국을 10개국이나 늘렸고 그중 여덟 나라는 경제적 이행기에 있었다(아닌 경우는 키프로스와 몰타였다). 다른 나라들도 차례차례 회원국으로 가입했다. 2007년에는 루마니아와 불가리아, 2013년에는 크로아티아가 가입했고 다른 나라들도 가입하기 위해 여전히 줄을 서 있다. 이런 추세는 이민에 즉시 영향을 미쳤다. 예컨대 2006년까지 폴란드 인구의 5퍼센트가 유럽의 다른 나라로 이주했다.

유럽연합은 통합을 위한 뚜렷한 방침을 세우고 있었기 때문에 경제적 측면에서 지역 격차를 줄이고 산업과 농업 부문에서 불황에 시달리는 지역들의 경제적 활력과 경쟁력을 되살리려는 확고한 목표가 있었다. 지역의 공공사업 기관들과 소규모 사업체를 위한 지역 기금, 사회보장과 노동 숙련도 개선을 위한 사회적 기금, 몹시 가난한 회원국들을 위한 결속기금(cohesion funds), 농부를 위한 농업 기금으로 마련한 돈을 유럽연합 회원국 중 매우 가난한 지역들에 풀어서 대륙 전체의 물질적인 격차를 줄이려 애썼다. 경제적 이행기에 있는 나라들에는 유럽연합 기금을 더 많이 수령할 자격을 주었다.

유럽연합에 가입하려면 복잡한 과정을 거쳐야 했다. 신규 가입국은 민주주의와 시장경제, 법치주의에 확실한 신념이 있다는 사실을 기존의 회원국에 입증해야 했다. 이 규칙은 1993년 덴마크 코펜하겐에서 열린 유럽연합 정상 회의에서 회원국이 준수해야 할 기준으로 각국 정상들이 제시한 것이다. 여기서 보이는 한 가지 특징은 사회정책을 관장하는 법률적 권리들을 폭넓게 요구하고 있다는 점이다.

노동력의 자유로운 이동은 이런 권리들 중에서 가장 유명하다. 또한 그 규칙은 계약과 노동자의 권리, 차별 금지와 공정한 대우, 일터에서의 건강과 안전, 노동이사제, 정보 공유 및 협의 제도, 해고 정책, 노사협의회에 관한 문제에도 적용되었다. 다시 말해 서유럽으로 이주하는 봉급생활자들이 어렵지 않게 중산층으로 진입하도록 돕기 위한 여러 중요 조항들을 법과 규정으로 정해 놓고 새로운 회원국들도 그것들을 채택하게 한 것이다.

코펜하겐기준(Copenhagen criteria)은 중부와 동부 유럽이 서유럽과의 경제 격차를 줄일 수 있게 하는 격차 축소의 체계를 세웠다. 그것은 2차대전이 끝나고 미국과 서유럽의 격차를 축소한 방식과 대단히 유사했다. 또 다른 유사점은 제조업 부문에서는 생산성을 향상하고, 무역 부문에서는 그 규모를 신속하게 확대하면서 이런 격차 축소 추세가 탄력을 받았다는 사실이다. 유럽 내에서 새로운 유형의 무역이 등장했다. 완제품(finished goods)을 교환하기보다는 기업 간에 중간재(intermediate goods)를 교환하는 무역이 대세를 이루었다. 예컨대 모든 주요 자동차 회사와 그들의 주문을 따르는 주문자

상표부착생산업체(OEM)들은 중부와 동부 유럽의 나라들에 공장을 설립해서 우수한 기반 시설과 잘 발달된 공급망의 이점을 십분 활용했다.

유럽연합의 통합이 가져온 경제적 이점들에서 흔히 간과되는 측면은 통합으로 얻은 정치 안정이다. 지구 저편에서는 200년간 이어 온 자본과 노동의 투쟁으로 대중의 인기에 영합하는 정부와 소수 엘리트가 지배하는 정부가 번갈아 집권하면서 경제정책은 길을 잃었고 국가적 자신감도 곤두박질쳤다. 그런 투쟁은 중부와 동부 유럽에서도 여전히 벌어지고 있다. 그렇지만 유럽연합에 가입하기 위한 전제 조건으로 쳐놓은 제도적 울타리는 그런 투쟁이 낳은 부작용을 완화했다. 이런 장치들 덕분에 중부와 동부 유럽 모두에서 중산층이 굳게 뿌리를 내리고 있다.

수십억 달러가 중동부 유럽으로 흘러들었다. 대부분은 교육 수준이 높으면서도 값싼 노동력을 노린 기업체가 출연했지만 서유럽의 부유한 정부들도 상당한 액수를 보탰다. 가령 서독 정부와 독일 민간 기업들은 재통일 후 30년간 약 2조 달러를 동독에 쏟아부었다. 동독의 모든 남녀와 어린이에게 12만 달러 이상씩 돌아가는 규모였다.[14] 그것은 마셜플랜을 통해 서독이 받은 액수보다, 심지어 두 시점 사이의 인플레이션을 감안하더라도, 대략 250배에 달하는 거금이었다.

수치가 이렇게 어마어마해진 것은 서독과 동독 경제를 통합하기 위한 운명을 건 정책 결정을 통해 옛 동독 마르크화로 계산된 동독의 금융자산을 서독 마르크화와 1:1로 교환하기로 합의를 봤기 때문이다. 모든 임금, 봉급, 임대료, 연금을 이 비율로 환산했다. 은행의 저축 계좌도 동일한 비율로 환산했지만 1:1 교환이 가능한 최고한도를 정했고 그 한도는 계좌 주인의 나이에 따라 올라갔다[14세 이하는 약 100만 원에 해당하는 2000마르크까지, 15~59세는 4000마르크, 60세 이상은 6000마르크까지를 1:1 비율로 서독 마르크와 교환할 수 있었음-옮긴이]. 다른 금융자산과 대출은 2:1로 교환했다.[15] 그 합의 덕분에 동서독 사이의 임금과 부의 격차가 줄어들기는 했지만 여전히 동독이 훨씬 가난했다. 게다가 동독의 은행과 기업은 그렇게 높은 임금을 주고는 서독 경쟁자들의 상대가 될 수 없었다. 많은 회사가 동독 기업을 민영화하기 위해 특별히 설립된 독일 신탁관리청(Treuhandanstalt)을 통해 주로 서독의 개인이나 민간 기업에 매각되었다.

이행기에 있던 다른 나라들은 동독 같은 수준의 자본 유입을 누릴 수는 없었지만 그래도 상당한 자본이 흘러들었다. 유럽연합의 구조기금(structural funds)과 결속기금은 더 부유한 나라에서 더 가난한 나라로 자원을 이전하도록 특별히 마련된 것이었다. 단지 유럽연합 회원국이라는 이유만으로도 주권국가가 자금을 융통하는 비용을 줄일 수 있었다. 하지만 그것이 늘 이점으로 작용하지는 않았는데 가령 그리스는 과다 차입으로 강력한 구조조정의 대가를 치르게 되었다. 좋은 것도 남용하면 탈이 난다.

베를린장벽이 붕괴된 후 유럽이 격차를 축소하고자 노력한 결과 대륙 전체에서 중산층이 다수를 이루게 되었다. 1989년의 그 운명적인 날 이후로 17년이 지난 뒤에 거의 5명 중 4명이 중산층으로 분류되었다. 비록 서유럽에 비해서는 중동부 유럽이 여전히 훨씬 더 낙후한 지역으로 남았지만 대륙 전체로 봤을 때 지역 격차는 미국 같은 다른 거대한 나라들보다는 크지 않았다. 1975년부터 2006년까지 단 한 세대 동안에 유럽의 중산층이 50퍼센트나 늘어나서 2억 명이 더 중산층 대열에 합류했다. 폴란드와 헝가리 같은 나라는 총인구의 90퍼센트가 중산층이라고 여겨진다.

글로벌 중산층이 실질적으로 20억 명에 도달하다

제2세계와 제3세계가 선진국의 소득수준을 따라잡기 시작한 대수렴기에 전 세계의 중산층은 급성장했다. 중산층이 최초로 10억 명이 되는 데 150년이 걸렸다. 두 번째로 10억 명을 추가하는 데는 겨우 31년이 걸렸다. 대수렴기에 촉발된 세계화의 힘이 강력한 영향력을 발휘한 덕분이었다. 2006년에 이르자 전 세계에서 중산층 가구에 살고 있는 사람은 대략 20억 명이 넘었고 많은 이는 신흥국과 개발도상국에 거주했다.

세계화가 중산층에 영향을 미친 방식은 지역에 따라 다르다. 동아시아에서 세계화는 주로 무역할 기회를 주었고 종종 이웃한 나라가 써먹고 있는 것을 어깨 너머로 베껴 끊임없이 기술을 개선할 기회를 제공했다. 동아시아는 2006년을 기준으로 글로벌 중산층 4억 8500만 명을 보유하게 되었다.

남미에서 세계화는 경제개발을 새롭게 이해하게 했다. 이는 그 지역의 정부들이 수십 년 동안이나 고집했던 국가의 역할에 대한 낡은 모델을 벗어던지게 했고, 자원 채굴에 의존하는 공공 정책이 아니라 시장 주도 경제에 주목하고 이를 지원하는 공공 정책을 채택하게 했다. 일단 경제가 안정을 이루자 이 나라들의 풍부한 천연자원이 많은 중산층을 먹여 살리기 시작했다. 2006년이 되자 남미의 중산층은 대략 2억 9000만 명에 달했다.

중동부 유럽에서 세계화는 자본의 자유로운 이동을 부추겼는데 유럽연합은 강력한 제도적 장치를 동원해 노동자와 사유재산을 가진 자들의 권리를 보장하면서 그런 흐름을 지원했다. 1994년에 잠정 협약이 체결된 이래로 유럽연합 가입은 역사상 처음으로 가입국들이 법과 제도를 하나의 패키지로 수입하게 된다는 것을 의미하게 되었다. 빠르게 번영을 이룩해 보겠다는 취지였다. 이전에도 식민 강대국(Colonial Power)이나 전쟁에서 이긴 나라가 피지배국의 백성에게 자신의 법을 강요할 수는 있었지만 그건 제국을 키우기 위한 것이었고 중산층을 육성하지는 않았다. 2006년에 유럽의 중산층은 6억 8000만 명에 이르렀다.

21세기가 시작될 무렵 글로벌 중산층은 과거 어느 때보다 많아졌고 지역적으로도 널리 퍼졌다. 중산층이 되는 방식도 훨씬 더 다양하게 진화했다. 중산층은 특히 아시아에서 다채로운 모습을 갖추기 시작했다. 하지만 중산층을 만든 기반은 어디에서나 동일했다. 교육, 좋은 일자리, 물가 안정, 그리고 절약하고 열심히 일하며 자신에게 책임감을 갖도록 북돋운 더 나은 미래에 대한 믿음이 바로 그 기반이었다.

4장

**세 번째 10억:
중국몽과 서방의 경계,
2006~2014년**

> "우리는 꾸준히 노력하며 불굴의 의지로 계속 밀고 나가
> 중국식 사회주의의 큰 뜻을 만방에 떨치고,
> 중화민족의 위대한 부흥이라는 중국몽을
> 성취하기 위해 분투해야 한다."
>
> —시진핑, 2012년
> [중국몽: 2012년 시진핑이 중화인민공화국의
> 중국공산당 중앙위원회 총서기로 추대되면서 내건 정치 이념-옮긴이]

2006년, 전 세계의 중산층이 20억 명을 돌파했을 때, 중국 본토의 중산층은 그중 5퍼센트에 못 미칠 정도로 매우 적은 수준이었다. 1979년에 경제개혁을 시작하고 가정연산승포책임제(家庭聯産承包責任制)[개별 농가에 자율적 농지 사용권을 주고 생산을 책임지게 하는 대신, 농민에게 일정한 정부 몫을 제외한 나머지 생산물의 처분권을 허락한 제도. 그러자 시장에서 농산물 거래가 활성화되고 농산물 생산량이 급증함-옮긴이]를 도입한 이래로 중국은 거의 30년 동안 **빠르게 성장 가도를 달리고 있었다**. 그럼에도 불구하고 국내 소득의 1/3만이 인민이 소비할 수 있는 몫으로 돌아갔기 때문에 중국의 가정은 여전히 가난했고 생활고에 시달렸다.

이런 상황에서 2006년과 2007년에 제16기 중국공산당 중앙위원회는 **빠른 경제성장의 부작용으로 생긴 소득 불평등과 부패처럼 만연한 사회악을 일소하고**, "조화로운 사회주의 사회"를 이루기 위해 전력을 다하기로 결정했다. 조화로운 사회라는 발상은 고대 중국의 유교와 도교적 전통을 소환했다. 새로운 사회에 다다를 수 있는 수단인 "과학적 발전"을 통해 조화로운 사회를 이룩한다는 것을 현대적 의미로 해석하면 정부가 소득 불평등을 해소하고, 정당한 근거에 기초한 법을 공평하고 공정하게 행사해 자연의 법칙을 존중하는 방향으로 권력을 행사한다는 뜻이다. 또한 이 발상은 더 번영하는 사회는 전체 구성원 사이에서 다양한 견해와 취향을 존중하며 보다 다채로운 공동체라는 사실과, 그런 사회에서 발생하는 사회적 불화를 해결하기 위해 관용을 더 많이 발휘할 필요가 있다는 사실에 동의했다는 것을 의미했다.[1]

요약하면, 결코 중산층이라는 용어를 사용하지는 않았지만 중국공산당이 중산층을 육성하는 데 팔을 걷어붙였다는 말이다. 그 목표는 2011~2016년으로 설정된 제12차 5개년 계획 기간에 분명해졌다. 그때 시진핑 주석은 중화민족의 위대한 부흥을 위해 "중국몽"이라는 목표를 제시했다. 중국몽의 기원이나 의미를 제대로 아는 사람은 없다. 아메리칸드림을 빗댄 것인지 아니면 중국의 어느 고전 시가를 상기시키는 것인지도 알 길이 없다. 그럴망정 지구상에서 가장 인구가 많은 나라에서 가장 높은 사람이 하는 말이니 귀담아듣지 않을 수가 없었다.

오늘날 중국에 대해 가장 많이 언급하는 주제가 '중국이 언제쯤 지구상 최고 부자 나라인 미국을 따라잡을 것인가'라는 점을 생각하면 21세기가 시작될 무렵에 중국이 몹시 가난한 나라였다는 사실을 잊기 쉽다. 2000년에 도시에 사는 중국 가구 구성원 1명의 연평균 소득은 겨우 760달러 정도였다. 전 인구의 2/3는 여전히 시골에서 그 소득의 약 1/3을 벌면서 살고 있었다. 그래서 전 인구의 2퍼센트에 불과한, 2000만 명을 갓 넘긴 정도만이 중산층의 삶을 누렸다. 그 후 10년 동안 중산층은 증가했지만 절대적인 숫자는 여전히 적은 상태였다. 제12차 5개년 계획이 시작되었을 즈음 흔히 말하는 중산층의 생활양식을 누릴 수 있는 가구는 중국 전체에서 1/4에도 못 미쳤다.

제12차 계획은 금융시장이 붕괴하면서 역사상 가장 심각한 경기 침체가 미국에서 시작돼 유럽까지 덮친 시기에 입안되었다. 서구에서는 대침체, 아시아에서는 북대서양금융위기라고 부르는 이 경기 침체로 중국의 경제계획에도 정책 변화가 요구되었다. 이에 따라 제12차 계획에서는 중국의 지속적인 발달을 저해하는 요소들을 다음과 같이 판단했다. 국내 소비에 비해 투자와 수출에 과도하게 의존하는 경향, 경제성장과 천연자원과 환경 사이의 모순, 시골과 도시 간에 증가하는 소득 격차, 점점 심각해지는 사회 갈등이 그것이다.

간단히 말해 중국은 국제무역에서 생긴 불안 요소를 해소하기 위해 국내 경기를 진작하고자 했는데 그러려면 중산층 육성에 나서야 했다. 하지만 그런 상황에서 농작물을 키우는 공기와 토양도 더는 오염시키지 않아야 했다. 중국 경제 문제에서 매사에 그랬듯이 개혁을 통해 원하는 결과를 얻으려면 대규모로 몰아쳐야 했다. 두 세기에 걸친 중산층 증가의 역사에서 가장 놀라운 이야기로 꼽히는 것은 중국이 혼자 힘으로 글로벌 중산층에 5억 명을 추가했다는 사실이다. 그것도 중산층이 20억 명에서 30억 명으로 증가한 2006년에서 2014년까지, 겨우 8년 만에 해냈다.

중국 중산층의 증가는 서구 중산층이 경기 침체의 충격에 대응하느라 분투하던 시기와 일치했다. 그래서 이런 우스꽝스러운 질문을 던지게 되었다. 중국을 비롯한 개발도상국에서 중산층이 크게 늘면 서구 중산층에 도움이 될까, 아니면 피해를 줄까? 처음에는 도움이 되리라고 생각했다. 동아시아, 남미, 중동부 유럽에서 이뤄진 중산층의 증가는 결국 무역의 기회를 넓혔고 미국과 서유럽의 중산층을 강화했다. 그렇다면 중국에서 중산층이 대거 증가하는 것도 수출을 증대하고 값싼 수입품을 구입할 기회를 줄 터인데 그것이 서구의 중산층에 도움이 되지 말란 법이 있겠는가? 해답은 '상당한 이익을 주는 것은 맞지만 대가도 있을 것이다'였다. 그런데 그 대가의 크기는 지역에 따라 달랐다. 20세기가 끝날 무렵에는 자유무역이 중국을 민주주의 국가로 바꾸리라는 믿음이 있었다. 1991년에 조지 부시(George H. W. Bush) 당시 미국 대통령은 "국경 안으로 세상의 상품과 서비스를 수입하면서 국경 너머에 있는 사상의 수입만 멈춰 세운 나라는 지구상에 없다"라는 말을 남겼다.[2] 하지만 중국은 민주화를 향한 더 중대한 변화를 보이지는 않았다. 오히려 중국의 중산층은 정권에 대한 신뢰를 유지했고 공산당은 통제력을 더욱 강화했다. 그런 점에서 중국에서 급격하게 늘어난 중산층은 서구의 중산층과는 달랐다. 그들은 개인이 자유롭게 살아갈 자유, 책임과 구속받지 않을 자유에 대해, 특히 이들 가치가 전체 사회의 이익을 위한 집단 행동과 충돌할 때, 서구와는 다른 입장을 보였다. 예컨대 코비드-19 팬데믹에 대응하려고 스마트폰에 기반한 "전자 통행증(健康吗, Health Code)" 앱을 배포한 일을 생각해 보자. 이 앱은 바이러스에 감염된 사람들을 강제적으로 격리해 중국이 전국적인 봉쇄를 피할 수 있게 도왔다. 그러나 이런 조치는 서구의 정부라면 허용되지 못했을 수준까지 개인정보를 활용하고 정부의 권력을 가혹하게 휘두를 수 있게 했다. 중국과 서구 중산층의 이런 차이를 이해하는 것은 동서양 모두의 평화적 공존과 지속적 번영을 보장하기 위한 첫걸음이 될 것이다.

조화로운 중산층 사회 이룩하기

중국은 조화로운 사회를 이룩하기 위해 19세기에 유럽과 미국이 그랬던 것처럼 도시화에 공을 들였다. 2000년을 전후한 중국의 도시 인구는 약 4억 5000만 명으로 절대적 수치로는 대단했지만 전체 인구에 비하면 여전히 1/3에 불과했다. 일자리와 경제적 기회는 도시, 그중에서도 특히 해안 도시에 집중되었기에 인구도 그곳으로 이동했다. 21세기로 접어든 중국에서는 매년 평균 2000만 명 이상이 도시로 몰려왔다. 런던과 파리를 합친 규모의 도시가 매년 하나씩 생기는 셈이었다. 그러면서 중국에서 인구 100만이 넘는 도시가 100곳을 넘어서게 되었다. 중국 최대 도시인 상하이와 베이징의 인구는 각각 2700만 명과 2000만 명에 달한다. 인구가 도시로 쏠리면서 두 가지 심각한 문제가 발생했다. 그 모든 사람의 거주지를 어떻게 마련할지와 모두를 위한 일자리를 어떻게 찾고 만들지였다.

1990년대까지 국영기업들이 도시의 모든 주거지를 짓고 보수하는 일을 도맡았고 분배도 했다. 이들은 작업단위(工作單位)[중화인민공화국에서 사람이 소속되어 있는 조직이나 기관, 직장 등을 포괄적으로 지칭하는 용어-옮긴이]별로 집을 건설하고 그것을 필요, 나이, 결혼 여부를 기준으로 개별 가구에 할당했다. 많은 국가 보조금 덕분에 집세는 급료의 2~3퍼센트 정도밖에 안 될 정도로 쌌지만 쓸 만한 주거지를 공급할 동기를 부여하지는 못했다. 그래서 아파트는 작고 너무 붐볐으며 내부에 샤워 시설과 화장실이 부족했다.[3] 집세가 매우 저렴했기 때문에 임차인에게 집을 팔려고 할 때 한 번에 팔리는 경우는 드물었다. 집세가 싼데 누가 집을 사겠는가? 집세를 점진적으로 조금씩 올리는 정책이 집행되었고 점차 사람들은 거주지를 구매하기 시작했다. 동시에 민간 건설업자들이 민간 주택 시장을 조성하려는 의욕을 가지게 되었다. 국영 건설업자들이 공간이 부족하고 품질도 낮은 주거지를 제공했기에 민간 개발업자들은 고품질 건축에 집중했다. 국영 건설사를 민영화하고 민간 주택 시장을 활성화하는 이중 전략을 구사하면서 집 소유주는 빠르게 증가했고 2005년에 이르자 총가구의 80퍼센트가 집을 소유하게 되었다.[4] 1998년에 중국 국무원은 국영주택임대제를 완전히 폐지했다. 그런데 거의 모든 가구가 주택담보대출을 받지 않고도 곧바로 집을 소유했다. 국영 주택이 헐값에 팔렸기 때문이다.

이는 2012년 시진핑 주석이 중국몽 구상을 발표했을 때, 중국의 가구는 여전히 가난했지만 중산층을 육성할 한 가지 기둥은 마련되어 있었다는 것을 뜻했다. 도시 지역의 주택 소유 수준은 매우 높았다. 주택 보유율이 2/3에도 훨씬 못 미쳤던 미국, 영국, 프랑스보다도 훨씬 높았다. 자가 주거 비율이 대략 절반에도 미치지 못했던 독일과는 비교할 수 없을 정도로 높았다. 이 점에서 중국은 자가 주거 비율이 모두 매우 높았던 과거 사회주의 국가들의 패턴과 닮아 있다. 과거에도 현재에도 사회주의 국가가 아니면서 자가 주거 비율에서 세계 최고 수준에 있는 싱가포르는 예외적인 경우다.

빠른 부동산 개발에도 불구하고 중국에서 도시의 아파트 가격은 높았고 지난 몇십 년 동안 빠르게 상승했다. 이것은 기존의 중산층에게 큰 혜택을 주었다. 아파트를 소유한 가구들(그중 많은 경우가 둘 이상을 소유했다)은 자신의 노동 소득만으로는 결코 축적할 수 없을 부를 쌓게 되었다. 뒤늦게 주택 시장에 뛰어든 사람들이 내야 하는 선불금은 비쌌지만 투자의 대가는 여전히 컸다. 새로 도시로 이주한 이와 젊은 가구주는 가족이나 친구의 도움으로 계약금을 냈다. 빌린 돈의 이자보다 훨씬 더 높은 비율로 주택 가격이 또박또박 올랐기 때문에―21세기의 첫 10년 동안 평당 집값은 2배가 뛰었고 그 후로도 계속 상승하고 있다―주택 가격은 중국에서 중산층을 키우는 굳건한 바탕이 되었다.

자가 소유는 중국 가정이 글로벌 중산층에 진입할 정도로 부유해지는 한 가지 방식이 되었다. 그것은 상당한 심리적 안정감도 제공했다. 더 큰 주거 공간을 누리는 것은 스스로의 삶에 대한 만족도를 올렸다. 삶의 조건 중 어떤 점이 가장 개선되었냐는 질문에 많은 가구는 어른과 아이들을 위한 침실과 화장실이 분리되어 있어서 삶이 편리해졌고 사생활이 보호된다고 말했다. 임차인과 비교했을 때 자가 거주자들은 원하지 않는데도 이사를 해야 할 일이 줄었고 한 공동체에서 더 오래 머물게 되었다. 그들은 지역 상인들과 공동체적 결속을 이루었으며 동네에서 벌어지는 일과 그 일의 처리 과정에 관여하게 되었고 이웃들과 더 강한 유대감을 키웠다. 이 모든 일이 중산층 가구가 누리는 행복한 삶의 모습들이다.

중국의 중산층을 키우는 데 두 번째로 큰 난관은 충분하게 좋은 일자리를 창출하는 것이었다. 2006년 중국에서 1인당 연평균 가구 소득은 겨우 1600달러, 즉 대략 하루에 5달러였다.[5] 생계비의 차이를 감안하더라도 전 세계 중산층의 범위에서 간신히 최하위에 오를 정도였다. 일자리와 소득에 대한 불확실성이 너무 커서 모든 가구가 연 소득의 1/4을 저축했고 그 때문에 음식, 의복, 거주, 이동, 통신, 교육, 여가 행위에 지출할 여유가 줄어 버렸으니 실질적인 의미에서 중산층이라고 하기에는 애로 사항이 있었다.[6]

중국의 저축률이 매우 높았기 때문에―미국 가정이 지난 50년 동안 소득의 10퍼센트만을 저축했다는 사실을 상기하라―중국 중산층의 성장은 더 많은 돈을 주는 일자리가 대규모로 생겨야 가능했다. 구시대의 유물 같은 국영기업은 이런 일자리를 제공하지 못했다. 2001년 중국의 세계무역기구(World Trade Organization, WTO) 가입으로 중국을 향한 수입 시장이 열리면서 국영기업들은 경쟁력을 갖추고자 사실상 일자리를 줄이고 있었다. 1995년에서 2002년 사이 WTO에 가입하기 위한 준비 단계에서 이들은 3600만 개가 넘는 일자리를 없앴다. 1990년대 말경 국영기업들은 도시 노동자 3명 중 2명을 고용했지만 WTO에 가입할 시점에 이르면 2명 중 1명만을 고용했다.[7] 도시에서 실업률이 가파르게 상승하면서 21세기로 바뀌는 시점에는 두 자리 숫자(11퍼센트 이상)에 도달했다.[8]

이제 중국은 세계의 공장으로 불린다. 그러나 장기적 관점에서 보면 이런 이름은 최근에 얻은 것일 뿐이다. 중국이 WTO에 가입했을 때 중국의 상품과 서비스에 대한 수출 물량은 인구가 중국의 1/100에 불과한 네덜란드의 규모와 비슷했다. 그 후 10년 동안 중국의 수출량은 7배 이상 늘었고 2012년에 이르러 중국은 세계 최대의 수출국이 되었다. 2006년 이래로 중국은 제조업 부문에서 미국, 프랑스, 독일, 일본, 멕시코, 한국, 영국을 합친 것보다 더 많은 노동자를 고용했다.

무역으로 이룬 급성장은 처음에는 중국의 중산층을 키우는 데 도움을 주지 못했다. 많은 일자리가 생긴 것은 사실이지만 모두 저임금 일자리였다. 고용을 진작하려고 중국 당국이 의도적으로 임금을 낮게 책정한 탓도 있었고 2007년에만 약 1억 3500만 명이 도시로 이주했을 정도로 엄청난 규모의 이주 행렬이 이어졌기 때문에[9] 임금은 계속 낮게 유지되었다. 이들 이주 노동자 대부분은 법적 보호나 혜택을 거의 받을 수 없는 상태에서 해안 도시로 일을 찾아갔다. 미국노동통계국(US Bureau of Labor Statistics)에 따르면 2007년에 중국 제조업 노동자의 시간당 평균 임금은 대략 1달러였다. 도시에서는 그보다 조금 높았고 시골의 읍이나 마을의 업체라면 그보다 조금 낮았다. 같은 시기 미국 제조업 노동자의 평균에 비하면 1/30이었고 멕시코, 브라질 혹은 동유럽의 임금 수준에 비하면 1/4에서 1/5 정도였다. 평균 3명으로 이루어진 중산층 가구의 하루 소득이 30달러 이상이었다는 점을 생각하면 중국의 임금은 중산층 가정을 부양하기에는 턱없이 낮은 수준이었다.

임금이 이런 수준이었으니 당연하게도 중국을 향한 해외 투자가 폭증했다. 전 세계에서 이전된 공장들이 중국의 해안 지역에 설정된 경제특구에 지어졌다. 이들 경제특구는 에너지, 물, 수송을 위한 공항과 항구, 인터넷 연결을 비롯한 모든 필요한 기반 시설에다 수입품에 대한 면세와 세금 우대 조치 같은 기업 친화적 규정까지 완비한 산업 지구들이었다. 하지만 중국 제조업체를 가장 크게 지원한 것은 국내 정책이 아니라 2005년 1월 1일에 섬유및의류에관한협정(Agreement on Textiles and Clothing)[섬유 교역에 대한 수입 규제(쿼터)를 단계적으로 철폐하여 섬유류 교역을 자유화하기 위해 체결된 WTO 협정-옮긴이]이 종료된 것이었다. 중국의 새로운 정책과 우연히 맞아떨어진 횡재 같은 일이었다. 그 씨앗은 중국이 세계 무역과 국제화에서 매우 미약한 역할을 하고 있던 20년 전에 뿌려졌다.

역사적으로 섬유와 의류 분야는 국제 무역협정에서 관행적으로 제외되었다. 그 업종에는 너무나 많은 일자리가 달려 있었고 국제무역의 모진 관례에 노출되기에 취약한 업종이라고 간주되었기 때문이기도 했다. 1974년부터 1994년까지 20년 동안 섬유 부문의 국제무역은 다자간섬유협정(Multi Fibre Arrangement)으로 통제되었다. 그 협정은 무역 당사국들이 섬유와 의류 수입에 적용할 수입량과 관세율에 대한 일련의 규칙을 양자 협상을 통해 정하도록 했다. 이런 식으로 개별적 무역 협상을 허용하는 것은 무역에 대한 세계 규정을 정하던 체제, 즉 GATT라고 더 잘 알려진 관세및무역에관한일반협정(General Agreement on Tariffs and Trade)의 핵심 원칙을 저해했다. GATT가 가장 기본으로 삼은 원칙은 모든 기업이 그 위치와 무관하게 동일한 기회를 얻어야 한다는 것이었다. 이런 원칙은 차별 없는 무역에 관해 규정한, 최혜국 조항으로도 알려진 GATT의 맨 첫 번째 조항에 명문화되어 있었다. GATT는 모든 회원국이 동일한 대우를 받아야 하고 국내 기업도 각국의 시장에서 해외 기업과 동일한 대접을 받아야 한다고 믿었다. 하지만 2차대전 직후 GATT 체제가 창설되었을 때 모든 시장에서 즉시, 그리고 예외 없이 자유무역의 원리를 적용하는 것은 비현실적이었다. 그래서 GATT는 주요 회원국 사이에서 무역자유화 과정을 점진적이며 체계적으로 추진했다.

1980년 중반 무렵 개발도상국들이 세계 경제에서 훨씬 큰 역할을 맡기 시작했지만 어느 나라도 GATT의 규제 대상이 되지는 않았다. 오히려 정반대였다. GATT는 18번 조항을 근거로 개도국에 상당한 수준으로 예외를 허용해 개도국이 수입품에 양적 규제를 하고 관세를 부과하는 것을 허용했다. 개도국의 미숙한 산업을 지원하고 생활수준을 향상하려는 목적이었다. 그런데 동시에 지적재산권과 서비스 부문의 무역 같은 새로운 영역들에서 선진국의 이해가 첨예해졌다(특히 금융 서비스가 더욱 세계화되는 추세에 있었고 서로 다른 관할 지역에서도 적용될 수 있는 명확한 규정이 필요했다). 1986년 우루과이의 도시 푼타델에스테에서 회의가 개최된 것을 시작으로 합의안이 마련되었다. 개도국(당시 GATT의 정회원국이 아니었던 중국은 참여하지 않았다)도 앞으로는 지적재산권을 존중해야 했고 새로운 이해가 걸린 부문들에서는 무역·외국인의 소유권·투자에 대한 규제와 통제권이 이전보다 더 강력한 제약을 받게 되었다. 대신 개도국들이 엄청난 비용 우위에 있던 섬유와 의류 분야의 무역에 선진국이 부과한 양적 제한과 높은 관세는 철폐되었다.

우루과이라운드(Uruguay Round)라는 이름으로 이어진 협상들에서 결론을 도출하는 데는 9년이 걸렸다. 도출된 합의 중에서 이 책과 관련해 중요한 것은 두 가지다. 섬유및의류에관한협정이 다자간섬유협정을 대체하고 이를 위해 과도기를 10년 동안 두었으며 그 후에는 모든 양적 제한과 관세가 제거될 예정이었다. 그래서 2005년 1월 1일 이 부문이 갑자기 자유무역의 대상으로 풀려 버린 것이다. 의류와 섬유산업은 노동 집약적이어서 많은 여성을 고용했고 그래서 대다수 가구에서 맞벌이가 가능한 조건을 만들어 주었다. 이런 점에서 이 새로운 협정은 중요한 의미를 가진다.

우루과이라운드가 이뤄 낸 두 번째로 중요한 업적은 1995년 1월 1일에 활동을 개시한 WTO를 창설하기로 합의를 본 것이었다. 1986년 GATT에 참관자 자격을 얻은 중국은 WTO의 창립 회원국에 들기를 원했다. 그러나 비시장경제 국가로서 회원국의 자격을 얻으려면 중국은 상당한 수준의 내부 개혁을 실행에 옮겨야 했다. 개혁이라 함은 은행, 금융, 보험, 통신 부문에서 외국인 투자를 관리하는 규제와 서비스를 자유화하고 도소매와 유통과 관련된 규제를 철폐하는 것을 말했다. 이런 조건들은 서비스 부문에서 많은 규제를 유지해도 좋다는 허락을 받은 다른 개발도상국들에 비해서는 상당히 더 가혹한 편이었다. 그러나 중국은 2001년 12월 11일 비시장경제 국가로서 WTO 가입국이 되었다. WTO의 비시장경제 회원국이 되었다는 말은 WTO의 조항을 근거로 다른 회원국들이 중국의 보복을 걱정하지 않고도 좀 더 수월하게 중국 수입품에 반덤핑 규제와 관세를 부과할 수 있게 되었다는 것을 의미했다. 이후에 그 조항은 종종 행사되곤 했다.

WTO의 가입국이 된 것은 중국에 중요한 혜택을 제공했다. 2001년 이전에 중국은 인권을 침해했다는 이유로 부과된 특별 무역 제재 때문에 애를 먹었다. 이를테면 잭슨-배닉 개정조항(Jackson-Vanik Amendment)은 중국과 미국의 정상적인 무역과 투자 관계를 차단했다. 조지 부시 대통령은 1989년 천안문 광장에서 시위와 학살이 벌어진 뒤 무역 제재를 통해 중국을 압박했고 빌 클린턴 대통령도 중국의 최혜국 대우 갱신 문제를 비슷한 방식으로 티베트의 인권 문제와 연계했다. WTO에 가입한 뒤에 이런 제재들은 제거되었고 중국은 모든 WTO 회원국과 정상적인 무역을 했다.

중국이 WTO 회원국이 된 것은 시장경제를 하겠다는 결심과 국영기업이 가진 경제에 대한 "최고 지휘소(commanding heights)"의 지위를 특정한 영역에만 제한하겠다는 결심을 온 세상에 알렸다는 점에서 각별한 의미가 있었다. 중국의 수출에서 대부분을 차지하는 품목은 새로이 활력을 얻은 민간 부문에서 제조한 사무용품과 통신 장비, 섬유와 의류였다. 중국의 기업인들은 또한 공산당에 가입하도록 독려받았다. 천안문 시위 이후에 "부르주아" 성분들(기업가를 칭하는 용어)을 당 내부로 들이기를 금지했다가 다시 뒤집은 것이다. 전직 공산당 총서기 장쩌민이 중국이 WTO에 가입한 2001년에 자신의 〈삼개대표론(三個代表論)〉[공산당이 노동자·농민뿐만 아니라 지식인과 자본가의 이익까지 대표한다는 주장-옮긴이] 연설에서 민간 기업인에게 공산당에 가입하라고 요청한 것은 우연이 아니었다.[10]

중국을 WTO에 가입시킨 것은 논쟁을 일으킨 조치였고 그것은 여전히 가라앉지 않고 있다. 긍정적인 측면도 있었다. 서구의 소비자들은 싼 제품을 구입할 수 있었고 중국의 막대한 생산력은 전 세계의 물가를 낮은 수준에서 안정시켰다. 서구의 기업들은 중국 시장에 접근해서 높은 이윤을 볼 수 있었고 자사의 생산물을 중국에 위탁 생산하는 방식으로 값싼 노동력의 이점을 활용했다. 미국의 농부들은 중국으로 수출된 미국 농산물의 총액이 2001년 17억 달러에서 2012년 260억 달러에 달하면서 15배나 상승하는 호경기를 맞이했다. 그러나 처음부터 중국의 WTO 가입을 반대했던 서방의 제조업 부문 노동자들은 고용률과 임금이 하락하는 날벼락을 맞았다. 주로 자동화의 여파 때문이었지만 일부는 세계화와 무역 활성화로 더 큰 피해를 입었다.[11]

잠깐 여담을 하겠다. 완전고용을 이룬 나라 사이에서 국제무역이 일어난다면 서로에게 이익이 된다. 중국이 WTO에 가입하고 나서 미국과 유럽의 실업률은 8년 동안 꾸준히 하락했다. 저물가와 저금리에 자신을 얻은 서구의 나라들은 부가가치가 더 높은 서비스 부문으로 노동력을 이전시켰고 금융과 부동산 시장에서 벼락 경기와 거품을 초래했다. 거품이 터지고 대침체가 초래되었을 때 서구의 중산층은 호되게 타격을 입었고 중국과의 무역 갈등은 과거 어느 때보다 고조되었다. 자유무역을 좇다가 중국이 호황에 들어가면서 많은 서구 중산층이 자신들이 거의 200년간 누려 온 지위에서 밀려났다.

중국의 성장 이야기로 되돌아오자. 무역으로 민간 기업이 확장할 기회를 잡았고 기업들이 당의 정치적 지원까지 받으면서 제조업이 급성장했다. 중국에서 생산을 증가시키는 것은 아무 일도 아니었다. 시골에서 해안 도시로 진출하는 잉여 노동력이 거의 무한정으로 공급되고 있었다. 게다가 국영기업에서 해고된 노동자까지 가세했다. 초저임금에 기꺼이 일하려는 노동자를 구하기란 손쉬웠다. 그러나 이런 상황은 노동자 사이에서 극에 달한 불만을 키우는 결과를 낳았다. 중국의 도시 노동자 대부분은 노동조합에 가입되어 있었지만 노동조합의 정치적 힘은 미미했고 절대로 파업을 벌이지 않았다. 그래서 노동자들의 항의는 비합법적인 사회적 소란의 모습을 띠었다. 캘리포니아대학교 어바인캠퍼스의 정치학과 교수인 도러시 솔린저(Dorothy Solinger)는 1997년 "대규모 시위가 (…) 들불처럼 번지기 시작했다"라는 중국 공안부의 말을 전했다. 솔린저 교수는 21세기가 시작되기 전까지 10만

번의 항의 집회가 벌어졌으리라고 추정했다.[12]

노동자의 시위가 끊이지 않았지만 그 규모는 줄어들었다. 주로 시 당국자들이 문제 해결에 나섰고 사실 노동자에게 정치적 힘은 거의 없었다. 모든 지역 기관장의 성과를 측정하는 핵심 지표 하나는 평온을 유지하는 능력이었다. 그래서 지역 기관장에게 잘 보이고 싶은 지방 관청과 기업은 부당노동 행위가 파악되면 노동자에게 적당한 액수를 보상금으로 건넸다. 하지만 분쟁을 빨리 해결하기 위해서는 더 많은 액수를 써야 했다. 지자체 당국은 부동산 개발업자에게 땅을 팔아서 큰돈을 벌어들이고 있었으므로 실직한 노동자에게 보상을 할 수 있었다. 하지만 이런 식으로 계속 갈 수는 없었다. 2008년에 중앙정부는 노동자의 권리를 강화하고자 몇 가지 새로운 법안을 도입했다. 노동계약법, 취업촉진법, 노동쟁의 조정중재법이 발효되었다.[13]

이때쯤 일부 부문에서 노동력 부족 현상이 일어나기 시작했다. 중국에서 최초로 경제특구로 선정된 선전시가 그곳 노동자들과 노사 단체협약을 맺기 위한 협상을 벌였다. 2010년 광둥성의 혼다 자동차 공장 노동자늘이 파업을 벌여서 임금 인상에 성공했는데 일부 노동자의 임금이 거의 2배로 뛰어서 큰 주목을 받았다. 같은 해 아이폰을 생산해서 유명해진 거대 전자 기업 폭스콘(Foxconn)의 선전 공장에서는 노동자 15인이 죽음을 각오하고 공장 지붕에서 뛰어내렸고 대부분이 치명상을 입은 뒤에야 임금을 2배로 인상할 수 있었다.[14]

2014년에 제조업체에서 일하는 중국 노동자의 연평균 소득은 8400달러까지 올랐는데 소규모 가정이 기본적인 중산층 생활수준을 누리는 데는 넉넉한 액수였다. 임금 곡선은 꾸준히 상승세를 보였고 2019년에 1만 1000달러를 넘어섰다. 실업률이 4퍼센트 정도에서 머물고 전체 인구의 절반 이상이 고용된 상태에서 중국은 순조롭게 중산층 국가로 향하고 있었다.

　중국이 중산층 사회로 진입하게 된 토대를 설명할 때 교육의 영향을 빼놓을 수 없다. 교육은 새로 노동인구로 유입된 사람들이 높은 생산성을 올리고 고액 연봉자가 되는 데 기반이 되었다. 고속 성장을 이룬 아시아의 나라에서 중산층이 형성될 때 교육이 기여한 역할은 이전 장에서 이미 언급했다. 중국은 이런 경험을 유례가 없는 규모로 되풀이했다. 덩샤오핑은 1977년에 대학생을 능력에 따라 선발하려고 전국적인 대학 입시를 부활시켰다. 똑똑한 학생들을 대학이 아니라 시골로 보내고 대신 대학은 적절한 정치적, 계급적 배경이 있는 학생들로 채운 마오쩌둥의 방식과 결별한 것이다. 하지만 이 방식이 정착하는 데는 시간이 좀 걸렸다. 1999년에 중앙정부는 고등교육의 규모를 확대하기로 결정했다. 1999년과 2020년 사이에 중국에서 고등교육기관의 수는 대략 1000곳에서 3000곳으로 늘어났고 등록한 학생의 숫자도 1년에 150만 명에서 800만 명으로 증가했다. 18세가 된 젊은이의 40퍼센트 정도를 차지했다. 그래도 여전히 갈 길이 멀었다.

고교 졸업자의 2/3 이상이 2년제나 4년제 대학에 진학하는 미국과 비교하면 더욱 그렇다.

교육의 질이 높아지면서 노동의 질도 높아졌다. 2009년에 상하이시교육위원회는 선진국 단체인 OECD가 15세 학생을 대상으로 읽기·수학·과학 실력을 검증하려고 3년마다 치르는 국제 표준 테스트에 상하이도 참가하고 싶다고 요청했다. 국제학업성취도평가(Programme for International Student Assessment, PISA)라고 알려진 이 테스트는 학생들이 학교에서 배운 지식을 실생활에서 써먹을 수 있는지를 점검한다. 다양한 교육체계의 효율과 효과를 파악하기 위해 성취도를 비교하고, 평균 점수와 가장 불우한 처지에 있는 학생들의 성적에 주목한다. 상하이는 성취도가 낮은 학생의 수도 제일 적었을 뿐만 아니라 최고의 평균 성적을 얻었다.[15]

물론 상하이가 중국 전체를 대변하지는 않는다. 그리고 단한 차례 테스트가 말해 주는 것은 많지 않다. 그러나 이제는 테스트를 4번 치렀고 매번 중국은 뛰어난 결과를 냈다. 가장 최근인 2018년 시험은 베이징, 장쑤성, 저장성이 상하이와 함께 치렀는데 그때도 최고의 평균 성적을 기록했다. 4곳의 인구가 총 1억 8000만 명이니 여전히 중국 전체를 대표하지는 않지만 상당한 부분을 차지하는 것은 사실이다. 물론 가난한 지역과 티베트처럼 성취도가 훨씬 낮은 지역까지 감안하면 중국 내에서도 교육 수준의 지역 격차는 크다. 사실 2015년 PISA 시험에는 광둥성이 참가했는데 중국 전체에 비해 훨씬 낮은 평균을 기록해 중국이 고수해 온 1등을 놓치게 됐다. 그렇지만 교육 수준이 전 세계에서 최고 등급에 이른 것은 주목할 만한 성취이다.

수도꼭지를 틀면 물이 쏟아지듯 교육만 제공한다고 경제가 활성화되고 중산층이 막 늘어나지는 않는다. 일자리도 동시에 제공되어야 한다. 다른 많은 나라와 마찬가지로 중국도 이따금 대졸자가 너무 많이 배출돼 골머리를 앓았다. 그러나 교육의 저변이 확대되면서 이런 골치 아픈 상황을 개선하는 데도 도움이 되었다. 학교가 많아지고 수준도 높아지면서 수준 높은 교사가 더 많이 필요해졌다. 그리고 중국에는 교사가 높은 사회적 지위를 누린 전통이 있었다. 최고 수준의 학생 상당수가 교사를 직업으로 선택했다. 동시에 학생들은 교육을 많이 받을수록 경제적 혜택도 크다는 사실을 알게 되었고 학교에서 우수한 성적을 얻으려고 노력했다. 중국의 고등학생은 주중 30시간의 학교 수업 외에도 다른 어느 나라보다 더 많은 시간을 매일 공부에 할애한다. 개인의 관점으로 보면 이런 열기를 모두 긍정적으로만 보기는 어렵다. 학생들이 받는 스트레스는 어마어마하다. 그럼에도 이런 열정 덕분에 매우 경쟁적이고 효율적인 교육체계를 만든 것은 사실이다.

교육체계와 사회적 지위의 상부상조적인 되먹임 관계는 중국을 비롯한 많은 아시아 국가가 보여 주는 눈에 띄는 특징이다. 이것은 단지 사실과 숫자를 암기해 시험에서 좋은 성적을 얻는 문제에 그치지 않는다. 교육제도는 그것을 넘어 가치와 협력, 소통, 창의성, 사회적 상호작용 능력을 심어 주려 한다. 시험으로 유발되는 경쟁은 단지 능력을 배양하기 위한 당근일 뿐이다. 중국에서 시험은 사회 변화와 진보의 도구이기도 하다. 오늘날 중국에서 다섯 아이 중 한 아이가 비만인데 그 비율을 낮추고 싶은가? 체육을 중국어 능력과 동일한 점수를 주는 주요 시험 과목으로 채택하라. 창의성과 혁신적 사고를 배양하고 싶은가? 미술과 음악을 시험 과목으로 정하라. 이런 혁신적인 시도와 함께 교사의 전문성 개발, 부모의 교육(집에서도 많은 교육이 이루어짐)에 주의를 기울여야 중산층의 증가를 뒷받침할 능력이 있는 인력을 길러 내는 교육체계를 만들 수 있다.[16]

중산층의 삶에 영향을 미치는 비금전적인 요소들: 대기오염과 안전한 음식

오로지 물질적인 소비 능력에만 초점을 맞추고 중산층이 또한 중요하게 여기는 비물질적 문제들을 무시하면 중국이 중산층을 양산해 낸 성과를 과대평가하기 쉽다. 물질적 소비가 중산층을 규정하는 데 편리한 기준이기는 하지만 행복한 삶을 누리는 능력이라는, 좀 더 폭넓은 개념을 기준으로 삼는다면 소비는 오직 표면적인 요건일 뿐이라는 사실을 명심해야 한다. 중국 정부는 자기 나라를 중산층의 나라라고 주장하기에 앞서 이런 문제들에 대처해야 했다.

시진핑 주석이 "중국몽"을 선언하고 겨우 몇 개월이 지난 2013년 1월에 베이징은 시민들이 "에어포칼립스(airpocalypse)"[오염된 공기(air)가 만들어 낸 묵시록(apocalypse)이라는 뜻-옮긴이]라고 부른 재앙을 겪었다. 세계보건기구(WHO)에서 인간이 숨쉬기에 안전하다고 생각하는 기준보다 4000퍼센트나 높은 미세먼지 농도를 기록한 것이다. 2년 뒤인 2015년 12월에 거대한 스모그 현상이 또 한 번 닥치자 베이징 당국은 휴교하고 교통량을 제한했으며 공장과 건설 현장의 작업량을 줄여야 했다.

경제가 성장하고 중산층의 규모가 확대되면서 대기오염이 증가하는 것은 중국만의 경험이 아니다. 런던은 1952년에 그레이트 스모그(Great Smog)로 고통받았다. 베이징과 마찬가지로 한겨울에 대기가 갇혀서 순환을 멈추고 미세먼지를 날려 보내지 못해 발생했다. 두 경우 모두에서 도시 지면 부근의 차가운 공기 위로 따뜻한 공기층이 "뚜껑(lid)"처럼 눌러앉았다. 소위 "기온역전(temperature inversion)"이라 불리는 현상인데 화석연료를 태우면서 배출된, 과거 어느 때보다도 많은 미세먼지를 가두고는 꾹꾹 눌러 댔다. 공장과 승용차의 매연은 사태를 더욱 악화시켰다. 런던에서만 그레이트 스모그로 1만 명이나 죽어 나갔다. 사망자 대부분은 이전부터 호흡기에 문제가 있는 사람들이었다. 앓아누운 사람만도 대략 10만 명으로 추정되었다. 베이징에서 나온 인명 피해는 런던에 비할 바는 못 되었다. 그러나 중국 북부 지역 전체에서 수백만 명이 애를 먹었다. 시계가 극히 불량해서 지면에서 고층 건물을 올려다보면 간신히 10층까지만 보일 정도였다. 떠도는 소문에는 심지어 버스가 길을 잃었다는 얘기도 있었다.

중국의 지도층은 대기오염이 중국몽에 실존적인 위협이 된다고 인식했다. 리커창 국무원 총리는 개발의 질을 높여서 "인민들이 깨끗한 공기와 안전한 물과 음식을 누릴 수 있도록 하겠다"라고 맹세했다.[17] 그는 문제를 해결하는 데 어떤 강력한 수단도 불사하겠다고 약속했다.

2013년 9월에 중국 정부는 대기오염과 정면 대결을 하기 위해 2013년에서 2017년까지 5개년 대기오염방지행동계획을 발표했다. 그 계획은 중국 북부의 도시와 지방에서 미세먼지 농도를 15~25퍼센트 감소시키겠다는 목표를 세웠고 중앙정부는 석탄 보일러와 오염을 유발하는 다른 기계 설비들을 교체하도록 자금을 제공했다. 개별 도시와 지방도 각각 나름의 계획을 세웠다. 각 지역의 관리들은 결과에 책임을 져야 했다.

가시적인 성과가 나왔다. 5년 동안 오염으로 피해를 입은 지역의 시민들이 체감하는 오염 수준은 1/3이나 떨어졌다. 주로 오염 배출 기준을 강화하고 특히 철강 공정에서 산업 설비를 고도화하며 거주 지역에서 청정 연료를 사용하도록 촉진한 덕분이었다.[18] 하지만 문제 해결까지는 여전히 갈 길이 멀었다. 2015년 초 전직 TV 진행자이자 탐사 보도 기자인 차이징(柴靜)은 〈돔 지붕 아래서(穹頂之下)〉라는 다큐멘터리를 제작했다. 임신과 딸 출산 과정에서 직접 겪은 두려움을 전하며 가슴 아프게 이야기를 시작한 차이징은 중국 중산층 어머니의 바람을 이렇게 정리했다. "오로지 바라는 것은 내 가족이 건강하게 함께 사는 것입니다."[19] 〈돔 지붕 아래서〉는 거의 2시간 동안 중국의 문제점을 담았다. 에너지를 지나치게 석탄에 의존하는 문제에서 시작해 에너지를 과도하게 소모하는 중공업에 보조금을 지급하고, 국영 독점 기업인 중국 석유천연가스공사(PetroChina)가 천연가스 생산을 제한하는 문제, 그리고 레스토랑에서, 주유소의 주유 펌프에서, 다른 다양한 곳에서 석유가 조금씩 유출되는 문제까지 다룬다. 그 다큐멘터리는 중국에서 2억 명이나 시청했지만 결국 검열로 삭제되었다.

대기 속 미세먼지(Particulate Matter, PM) 중에 직경이 2.5마이크로미터(가장 가는 머리카락 직경의 1/10 정도) 이하인 것을 뜻하는 PM2.5[초미세먼지-옮긴이]는 이제 스마트폰으로 날씨 예보를 정기적으로 찾아보는 중국인 모두에게 익숙한 용어다. 그것은 심지어 GDP나 가계소득 증가보다 더 중요한 정치적 잣대가 되었는지도 모른다. 요시찰 대상인 PM2.5 크기의 미세 입자들은 폐 깊숙이 들어올 뿐만 아니라 혈관을 뚫고 들어와 암과 호흡기 질환, 심장마비를 유발한다. PM2.5는 인후염, 기침, 눈과 코의 염증을 일으키는 정도인 PM10(미세먼지)보다 크기는 작지만 더 치명적이다.

중국은 대기질을 개선하는 데 두드러진 성과를 냈지만 대기오염으로 인한 사망자 숫자는 인구 규모를 감안하더라도 브라질, 멕시코, 콜롬비아, 태국과 같은 비슷한 소득수준의 나라들에 비해 여전히 3~4배나 높다. 미국과 스페인 같은 선진국은 대기오염으로 인한 사망률이 중국의 1/10밖에 되지 않는다. 그러니 아직 개선할 여지가 많다.

시작은 실내 공기 오염에 대처하는 것이었고 여기서 중국은 사실상 최대의 성과를 냈다. 개발도상국의 가난한 가정에서는 흔히 덮개가 없는 아궁이나 환기가 부실한 난로에다 대개 석탄이나 나무, 시골이라면 동물의 똥과 농작물 폐기물까지 태워 요리한다. 거기서 나오는 연기에는 불완전연소로 발생한 다양한 미립자가 섞여 있기 때문에 들이쉬면 위험하다. 음식 준비로 부엌에서 많은 시간을 보내는 여성에겐 특히 해롭다. 임신부라면 실내 공기 오염이 원인이 되어 사산하거나 저체중 출생아를 낳는 괴로운 상황에 처할 가능성도 있다.

2000년 즈음에는 전체 중국 가구의 3/4 정도가 고체 연료를 태워 실내 공기 오염에 노출되었다. 도시화와 생활수준의 향상으로 그런 가구는 절반이나 줄어들었다. 거의 모든 중산층 가구는 이제 청정한 전기나 가스 난로를 갖고 있다. 2017년에 중국 정부는 석탄 난로를 빠르게 교체하도록 강제했지만 성과가 미미했다. 천연가스는 공급 부족에 시달렸다. 구형 석탄 난로는 제거했는데 새 전기난로가 제공되지 않아 겨울에 야외 수업을 하는 학동들의 사연이 전국적으로 주목받는 바람에 난로 교체 계획은 규모가 축소되거나 일부 지자체에서는 무산되었다.

최근 중국은 파리기후협약에 서명한 뒤에 좀 더 야심찬 국가적 결단을 내렸다. 2030년 이전까지 온실가스 배출 정점(peak emission)에 도달하고 2060년까지는 탄소중립(Net Zero)[배출하는 탄소량만큼 제거하는 노력을 기울여 순배출을 제로로 만드는 것-옮긴이]을 달성하겠다고 선언했다. 그것은 전국적인 탄소배출권 시장을 출범시켰다. 2021년에는 우선 중국에 전력을 공급하는 발전소 2000기에 목표를 달성하기 위한 노력을 집중했고 나중에는 철강, 시멘트, 알루미늄, 석유화학 같은 중공업으로 확대했다. 중국이 지구 환경 보존에 이바지하려는 마음은 진심으로 보인다. 그러나 그렇게 변화하도록 압력을 가한 것은 중국 내 중산층이었다. 젊은이들은 환경문제 개선에 열렬히 참여하며, 대학이 개설한 청정에너지 관련 교육 프로그램은 인기 있는 전공과목이 되었다.

선진국 대부분에서 환경 관련 쟁점에 사회적 관심을 일으키는 데는 체계가 잘 갖춰진 비정부기구(Non-Governmental Organization, NGO)가 큰 힘이 되어 왔다. 그런 기구들은 저소득층, 중산층 또는 심지어 부유층의 계층적 이익을 도모하는 중요한 창구가 되기도 한다. 2015년 중국 난핑시에서 환경 단체가 기업을 상대로 낸 환경 공익 소송에서 최초로 승소한 사례가 나왔다. 푸젠성의 한 회사가 불법적으로 채석을 했을 뿐만 아니라 보호구역으로 지정된 산림을 관통하는 도로를 내면서 생긴 폐기물을 투기했다. 자치 당국의 정지 명령에도 불구하고 그 회사는 계속 불법을 저질렀다. 인민 법원은 업주에게 농지와 산림을 훼손한 데 대해 유죄를 판결하고 실형을 선고했다. 뒤이은 소송에서 그 회사는 손해배상과 생태환경 복원 명령까지 받았다.[20]

중국에는 체계가 잘 갖춰진 NGO가 활성화되어 있지는 않다. 인구가 13억이나 되는 나라에서 겨우 700개 정도의 NGO가 활동하고 있다. 그래서 이 기구들이 중산층이 좀 더 빠른 변화를 강제할 정도로 정치적 힘을 발휘할 여지는 크지 않다. (환경과 자연 관련 NGO로 등록된 단체만 1만 5000개나 되는 미국과 비교해 보라.) 중국의 NGO들은 대체로 자신의 역할을 정부 기관보다는 기업에 맞서 소송을 제기하는 것으로 한정하고 정부의 형사소추 기관을 이용한다. 중국 최고인민검찰원은 2018년 한 해에만 환경 소송을 대략 5만 5000건 진행하면서 환경 쟁점에 법적 문제를 제기하고 공익을 대변했다.

중국에서 중산층이 대기오염만큼 정치적 압력을 행사하는 분야는 안전한 음식을 즐길 권리이다. 사실 중국 중산층 지출의 1/3은 여전히 음식이 차지한다. 중국의 가구들이 시골에서 도시로 이주해 중산층이 생활양식을 누리게 되면서 그들의 식단에 가공식품이 들어왔다. 농장에서 식탁까지 긴 가치 사슬을 가지는 수많은 식품 생산 시설들은 음식에 대한 도시 소비자의 기호를 만족시켜야 했다. 그 식량 공급의 과정에서 생물 독소, 중금속, 미생물이 음식에 들어왔다. 비료와 살충제는 과도하게 사용되었다. 2011년에 지방의 한 돼지 농장이 중국 최대로 꼽히는 육류 공급 업체에 납품하는 고기에 클렌부테롤(clenbuterol)이라는 약물을 사용한 사실이 적발되어 큰 소동이 났고 악명 높은 사례로 남았다. 클렌부테롤은 인간에게 심혈관과 신경 계통의 부작용을 초래하기에 미국에서는 말에게만 처방을 허용하고 중국에서도 금지 약물로 지정되었지만 일부 회사에서 불법적으로 사용한 것이다.

건강하고 안전한 식품 생산 관행을 확립하는 과정은 간단치 않다. 속여서라도 더 많은 돈을 벌고자 하는 독한 유혹에 휘둘리는 회사가 있기 때문이다. 중국은 2009년에 식품안전법을 제정했고 2017년에 개최된 중국공산당 제19차 당대회에서는 강령에 "건강한 중국"이라는 원칙을 도입했다. 그러나 목적 달성은 쉽지 않았다. 제일 큰 문제는 불법적인 식품첨가물 사용이 만연하다는 현실이었다. 상품의 유통기한을 늘리고자 방부제와 안정제를, 맛을 향상하기 위해 감미료를, 음식이 더 먹음직스럽게 보이도록 착색제(식용색소)를 썼다.[21] 발암성의 적색 인공 색소가 닭 제품에서 발견되었다. 중국산 쌀에서 검출되는 산업 오염 물질인 카드뮴의 수치는 전 세계에서 가장 높다. 품질관리 검사를 통과하려고 신장 질환을 유발하는 멜라민을 물 탄 우유에 첨가하기도 했다. 2008년 멜라민 분유 파동으로 젖먹이 5만 3000명이 병원 신세를 져야 했다.[22]

2015년 식품안전법이 개정된 이래로 중국은 식품 안전에서 사회단체의 역할을 강화하기 시작했다. 이제는 중국소비자협회가 식품을 검사하고 소비자에게 주의 사항을 공지하며 소비자의 질문에 답변한다. 중국 SNS 채널인 웨이보와 위챗은 식품 안전에 관한 소식을 전하는 플랫폼을 제공한다.

중국의 중산층은 자신들이 가진 힘을 발휘해 중국 정부가 대기오염과 식품 안전 문제를 해결하는 데 나서도록 애쓰고 있다. 중국의 정치체제를 고려하면 중산층이 중국 정치에 영향을 미치는 방식은 다른 나라와는 사뭇 다르다. 민주주의 국가에서 중산층은 한 정당을 저버리고 특정 정당에 표를 몰아서 정부의 변화를 이끌 수 있고 자신의 이해를 증진하고자 NGO 단체를 조직할 수도 있다. 중국의 중산층은 오로지 숫자와 여론의 힘만으로 변화를 끌어내려 애쓴다. 노동조합이든 NGO든 중국 중산층의 조직화된 목소리는 국가와 맞서기에는 특별히 강력하지도 않고 영향력을 발휘하지도 못한다. 그러나 나중에 논의하겠지만 특히 오늘날과 같은 디지털 시대에 인민의 의사는 다른 방법으로도 표현될 수 있다.

중국의 중산층은 중산층이라면 전형적으로 기대하는 맑은 공기와 물, 안전한 음식과 의약품을 충분히 누리지는 못하고 있다. 여러 측면에서 이런 안전망을 뒷받침할 제도보다 중산층의 성장이 더 빨랐다. 그 결과 물질적 안녕만 보여 주는 지표들은 총체적인 안녕이라는 관점에서 실제로 거둔 성과를 부풀리는 경향이 있다. 그럼에도 중국 중산층의 증가 속도가 전례 없는 수준이라는 사실은 뚜렷하다. 2006년에는 중국 인구에서 겨우 7퍼센트만이 중산층으로 분류됐다. 8년 뒤인 2014년이면 40퍼센트 이상이 중산층 가구에 거주하게 됐다. 미국이 같은 정도로 증가하는 데는 1830년에서 1905년까지 무려 75년이 걸렸다는 사실과 비교해 보라. 2006년에서 2014년 사이에 중산층은 10억 명이 추가되었는데 그중에 중국인이 절반을 차지했다.

서구 중산층에게 울린 경보

2006년에서 2014년까지 전 세계의 중산층이 20억 명에서 30억 명으로 증가했을 때 그중 절반에 조금 못 미치는 숫자를 중국의 중산층 가정이 차지했다. 이 기간에 미국과 유럽에 사는, 전 세계에서 가장 안정적인 중산층 시민들은 150년 만에 최장기간 지속된 어려움을 겪고 있었다. 이 두 가지 현상에서 인과관계를 도출해 중국과 아시아의 가구들이 서구 중산층의 희생을 대가로 중산층에 진입했다고 주장하기 쉽다. 그러나 틀린 생각이다. 가령 미국 중산층이 구조적 시련을 겪으면서 백인 남성들이 노동시장에서 퇴출되었는데 이 비극은 중국이 WTO에 가입하고 빠른 수출 증가를 이루기 전에 시작되었다는 사실이 명백하다. 그리고 유럽이 금융 위기에 대처하면서 보인 금융의 취약성과 정책적 실수 또한 아시아의 중흥과는 무관했다.

2009년의 대침체 이후 북미와 서유럽은 대공황 이래 최악의 경기 침체로 고통받았다. 이 사태와 함께 서구 중산층의 규모와 구조에 엄청난 변화가 일어났다. 중국 중산층의 부흥과 서구 중산층의 위축, 또는 곤경이라는 두 가지 흐름이 동시에 일어났기 때문에 중국의 행운이 서구의 불행을 야기한 것은 아닌지를 논의하고 분석하는 데는 불가피한 측면이 있다.

경제적 성과를 놓고 국경을 초월해 인과관계를 따지는 논쟁에는 오랜 역사가 있다. 한 세기도 더 전인 1903년에 당시 케임브리지대학교 재학생이었던 존 메이너드 케인스(John Maynard Keynes)는 〈민족주의의 정신(spirit of nationalism)〉이라는 연설에서 민족주의란 다른 이의 번영이 자신에게는 손해라고 느끼는 감정이며 질투와 증오의 감정을 실어 나른다고 말했다. 이런 생각을 기반으로 케인스는 민족주의가 '우리 대 그들(us-versus-them)'이라는 심리 상태를 유발하기 때문에 문명의 진보를 가로막는 가장 큰 장애물이라고 주장했다. 그는 만약 모든 곳이 풍요로운 삶을 누리게 된다면 사람들은 어느 정도의 물질적 넉넉함에 만족하게 될 것이고 더 많은 자원을 빼앗기 위해 전쟁을 벌여야 할 필요도 없어지리라는 대담한 생각을 피력했다. 그렇게 된다면 국가와 여러 사회 계층에 속한 사람들은 전쟁 대신 사상과 철학을 놓고 논쟁을 벌이는 데 신경을 쓸 것이다. 바로 이런 이유로 케인스는 수출국과 수입국을 모두 번영으로 이끌 자유무역 정책을 강력하게 지지했다.

자유무역이 전 세계를 공존(共存)·공영(共榮)하도록 만들리라는 케인스의 발상은 20세기 내내 국제정치의 핵심 가치가 되었다. 또 1951년 파리협정의 기초가 되었으며 이를 통해 과거에 서로 전쟁을 벌인 유럽의 여섯 나라가 유럽을 효과적으로 재건하기 위해 석탄철강공동체(ECSC)를 만드는데 합의했다. 이 협정은 계속 세를 키워 유럽연합으로 확장된다. 또한 자유무역과 공영의 정신은 이슬람, 힌두교, 불교, 기독교 국가들이 다채롭게 섞여 있는 동남아시아국가연합(Association of Southeast Asian Nations, ASEAN)의 안정에 토대가 되었다.

중국과 서구의 경제와 금융을 통한 유대가 그들 사이의 무력 분쟁을 피할 수 있을 정도로 긴밀한 수준인지는 아직 파악하기 힘들다. 결국 중국과의 교역이 서구 선진국에 실질적으로 긍정적인지 아닌지가 그 관건이 될 것이다. 비록 미국의 제조업 일자리는 중국과의 교역이 활성화되기 한참 전부터 줄어들었지만, 한쪽에서는 중국과의 교역이 미국의 일자리를 빼앗아 갔다고 주장한다. 중국이 WTO에 가입한 2001년 이전에 이미 미국의 고용은 제조업에서 서비스업으로 옮아가는 데 성공했다. 2001년 1월 미국의 실업률은 고작 4퍼센트였다. 앞선 30년 이상 동안 최저치였고 전체 노동자의 3/4이 금융과 부동산을 비롯한 서비스 부문에서 일했다. 그리고 나서 일자리 증가율은 매년 1퍼센트 이하로 낮아졌고 경제는 과거 어느 때보다 빚으로 돌아갔으며 주식시장이 요동치기 시작했고 주택 가격이 하락했다. 2007년에 규모 있는 모기지(mortgage) 대출 회사 2곳이 파산했다. 뒤이어 2008년이 되자 거대 투자은행인 베어스턴스(Bear Stearns)가 JP모건체이스(JPMorganChase)에 인수되었고, 9월 15일에는 미국에서 네 번째 가는 투자은행인 리먼브러더스(Lehman Brothers)가 파산했다. 2008년 9월 16일 다우존스 주가지수가 500포인트 이상 폭락했다.

이로 인해 발생한 대침체는 서구 중산층에게 날벼락 같은 재난이었다. 그것은 그동안의 부를 처참하게 붕괴시켰다. 미국의 가구와 비영리단체는 대침체기에 14조 달러에 달하는 순자산의 손실을 봤다. 일자리도 끝장났다. 2007년부터 2010년까지 미국은 일자리 1000만 개를 잃었고 실업률은 거의 10퍼센트로 상승했다. 미국 가구의 1/4이 주택담보대출이라는 "물에 잠겼다". 즉 집값보다 대출금이 더 높은 '깡통 주택(underwater)'이 되어 버렸다.

대침체는 미국 중산층에게 총체적인 충격을 넘어 다양한 측면으로, 가지각색으로 타격을 입혔다. 가령 일부 시골 지역이나 소수자 공동체가 대규모로 자리 잡은 가난한 교외 지역처럼 경제적 기반이 취약한 곳들이 특히 한층 심한 충격을 받았다. 설상가상으로 눈덩이 효과까지 발생해서 지역 전체를 할퀴었다. 은행들은 담보대출을 못 갚아 차압된 집이 많은 지역에는 대출해 주기를 꺼렸고 그것 때문에 그 지역의 부동산 가치는 더욱 하락했다. 사람들이 집을 포기하거나 쫓겨나면서 보수하고 관리하는 사람도 줄어드니 동네는 우범지대로 변했다.

대침체가 미친 경제적 충격은 이미 고통받고 있던 집단을 특히 힘들게 했다. 1998년 이후 기대수명의 증가와 사망률의 감소는 미국 사회의 행복도를 입증하는 가장 오래된 지표로 여겨져 왔지만, 고졸 이하 백인 남성 중 핵심노동연령(prime working age)에 속한 이들 사이에서는 이 지표들이 역전되었다. 기대수명은 줄고 사망률은 높아진 것이다. 프린스턴대의 경제학자 앤 케이스(Anne Case)와 앵거스 디턴(Angus Deaton)은 시작 시점인 1997년에서 1999년까지, 그리고 마감 시점인 2011년에서 2013년까지 기록된 행복도 변화의 움직임을 살펴보고, 일부 백인 남성에게서 약물과 알코올 중독, 자살, 만성 간 질환으로 인한 죽음—절망사(deaths of despair)—이 급증해 기대수명이 하락세로 돌아설 정도가 되었다는 충격적인 연구 결과를 발표해 경제학계를 놀라게 했다.[23] 그것은 보편적인 현상은 아니었지만 그 결과에 모두 놀랐다. 이와 같은 현상은 다른 선진국에서는 나타나지 않았고, 미국 내에서도 흑인과 히스패닉계에서는 보이지 않는 사실이었다. 대졸 이상의 남성에게서도 볼 수 없었다. 고졸 이하 학력을 소유한 백인 남성에게서만 보이는 매우 특이한 현상이었다.

고졸 이하 백인 남성은 사망률이 높아졌을 뿐만 아니라 육체적으로든 정신적으로든 더 오랜 기간 건강하지 못한 상태로 지낸다는 사실도 밝혀졌다. 그들은 육체적 또는 정신적 고통 때문에 일상의 활동에 지장을 받는다고 불평했다. 그리고

술을 더 많이 마셨다. 노동을 포기하는 인구와 장애 보험 수급자가 급증했다. 이들의 증상은 1990년대 말부터 마약성 진통제가 더욱 광범위하게 처방되는 결과를 낳았다.

2000년은 밀레니얼세대가 노동인구로 편입된 시점이기도 하다. 밀레니얼세대는 그들의 부모와 비교하면 근본적으로 다른 경제적 환경에 직면했다. 1950년대에 태어난 아이의 90퍼센트가 부모 세대보다 높은 생활수준을 누린 반면에 1980년 이후에 태어난 아이는 겨우 50퍼센트만이 그런 경우에 속했다.[24]

정확히 무엇 때문에 그런 현상이 벌어졌는지는 확실하지 않다. 그러나 미국의 중산층이 곤경에 처하게 된 시점이 중국에서 중산층이 대거 등장한 시기보다 앞선 것은 분명해 보인다. 지난 20년 동안 미국에서 사회계층 이동은 상당히 둔화되었다. 가난한 가구 출신인 어린이는 자신의 운명을 개선할 가능성이 줄어들었다. 이런 현실은 노력하고 좋은 교육을 받으면 성공을 보장한다는 아메리칸드림의 정신과는 너무나 배치되어서 미래에 대한 낙관과 희망이 희박해지고 있다는 징표가 되었다. 미국에서 고졸 이하의 백인 남성은 노동인구에서 탈락하기 시작했고 미래에 대한 낙관도 잃어버렸으며 불만에 차서 집에 틀어박혔다. 사회계층 이동이 줄어드는 것과 동시에 지리적 이동도 감소했다.[25]

금세기에 미국 중산층의 분열은 명백하다. 일반적으로 대졸 학력자는 여전히 낙관적이며 사는 동안 많은 기회가 온다고 믿는다. 하지만 대학을 졸업하지 못한 사람 상당수는 경제적 환경이 바뀌면서 비관주의자가 되었고 집에 붙박여 육체적으로든 정신적으로든 이동할 수 없거나 이동을 원하지 않게 되었다. 이런 사정은 일부분 중국과의 경쟁 때문일 수도 있고, 좀 더 포괄적으로는 미국에서 제조업 일자리가 감소했기 때문일 수도 있다. 구조적인 추세는 모든 집단에 영향을 미쳤다. 반면에 낙관주의와 이동성의 하락은 여성보다는 남성, 흑인이나 히스패닉계보다는 백인, 청년이나 노인보다는 장년에 속한 이에게 유독 집중되었다. 경제구조에서 일어난 피상적 변화뿐만 아니라 좀 더 깊은 문화적 영향이 작용한 것으로 보인다.

대침체는 중국이 WTO에 가입하기 몇 년 전인 1998년에 이미 시작되었고, 자동화가 야기했다고 추정된다. 이것이 미국 중산층 사이의 균열을 더욱 심화했다. 대학에 가지 않고도 자기 부모 세대처럼 중산층의 삶을 어려움 없이 누릴 수 있다고 생각했던 그 세대는 직장에서 쫓겨나고 다른 부문에서 괜찮은 일자리를 새로 구할 능력이 부족하다는 사실을 알게 되면서 몹시 낙담했다. 많은 밀레니얼세대는 대학 진학 문제를 놓고 그들이 내린 선택이 잘못되었다는 사실을 너무 늦게 알게 되었다. 대침체가 이 세대의 일자리를 쓸어 버리고 저축한 돈도 고갈시켜 버렸을 때 그들이 대응할 수 있는 여지는 거의 없었다.

이 세대는 서서히 중산층에서 밀려나 상대적 빈곤에 빠졌다. 동시에 부유층에 속한 가구들도 대침체 때문에 비록 일시적이지만 중산층으로 내려앉게 되었다. 후자에 속한 가구들은 나중에 노동시장이 복구되고, 많은 이가 소유하거나 시작했던 소규모 사업체에 좀 더 유리한 환경이 조성되며 주식 시세가 치솟자 그 혜택을 온전히 누리면서 부를 되찾았다. 더 부유한 중산층은 부유층이 되었고 반면에 가장 열악한 처지에 있던 중산층은 거의 빈곤 계층으로 떨어졌다. 그런 식으로 미국의 중산층은 쪼그라들기 시작했다. 2014년에 세 번째 10억 명이 글로벌 중산층에 합류했을 때 미국 중산층의 절대적 숫자는 이미 하락세로 돌아섰을 뿐만 아니라 분열되고 있었다. 대학을 졸업하고 디지털 경제에 합류할 수 있었던 사람과 그러지 못한 사람의 격차는 벌어졌다. 중산층에서 분열해 나간 집단들은 이제 경제적 쟁점에서 공통의 목적을 갖기보다는 서로 다른 경제적 우선순위를 갖게 되었다.

이때쯤 유럽도 여러 경제적 문제점에 직면했다. 미국 은행들을 집어삼킨 서브프라임모기지(Subprime Mortgage)[신용 등급이 낮은 저소득층에게 주택자금을 빌려주는 주택담보대출 상품. 우리말로는 비우량주택담보대출이라고 함 옮긴이]를 유럽의 은행들도 취급했기 때문이다. 이 은행들은 당시 많은 정부에 자금을 대 준 금융 창구이기도 했다. 이들은 돈이 궁한 처지가 되자 외국 정부에 대한 대출을 축소하겠다고 선언했다. 아일랜드, 포르투갈, 그리스, 키프로스는 만기가 돌아온 채무를 새로 돈을 빌려서 갚을 수 없게 되었다. 이들 나라는 어떻게든 새로 빚을 내야 했고 IMF와 유럽연합에서 대출을 받을 수는 있었지만, 그 대출에는 매우 엄격한 조건이 딸려 있었다. 각 정부는 연금, 공공부문 임금, 다른 사회적현물이전(social transfer)[건강보험, 의료급여, 무상교육처럼 국가 등이 가구나 개인에게 현물로 제공하는 상품 및 서비스-옮긴이]을 비롯한 여러 지출을 삭감해야 했다. 이들 나라의 경제가 곤두박질쳤다. 이를테면 그리스는 1인당 경제성장률이 6년 연속 마이너스를 기록했다. 최악의 순간에 처했을 때 그리스의 평균 소득은 호황이 절정에 이르렀던 2007년 소득수준의 3/4에도 못 미쳤다. 미국이 대침체를 벗어나는 데는 2년이 걸렸다. 그리스는 향후 25년 안에라도 2008년의 소득수준으로 돌아갈 수 있다면 다행일 것이다.

대침체 이후의 시기에 전 세계 경제의 구심점은 빠르게 아시아로 이동했다. 지구본을 잘라서 2차원 공간에 납작하게 펴 놓고 710곳을 모눈 격자로 나누었다고 생각해 보라. 각 지역에 해당하는 모눈에다 그 지역의 생산량에 해당하는 무게를 실으라. 그러고 나서 무게중심, 즉 정확히 평형을 유지하는 곳을 찾으라. 이것이 경제학자 대니 콰(Danny Quah)가 한 일이다.[26] 그는 1980년에는 세계 경제의 무게중심이 대서양 중앙 어딘가에 있다는 사실을 보여 주었고, 이를 통해 북미와 유럽이 생산의 중심을 각각 한쪽씩 차지하고 있음을 드러냈다. 그러나 2014년에는 이란 어딘가로 무게중심이 이동했다. 정동쪽으로 옮아간 것이다. 그것이 2014년 글로벌 중산층이 30억 명에 도달했을 때 전체 중산층에서 개발도상국이 차지하는 비율이 선진국이 차지하는 것보다 많아지고, 세 번째로 추가된 중산층 10억 명 가운데 아시아인이 거의 4/5를 차지한 이유였다.

5장

네 번째 10억:
인도라는 난감한 거인,
2014~2022년

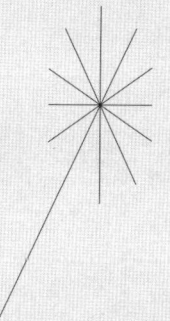

"때를 만난 사상은 그 어떤 무력으로도 막을 수 없다."

―빅토르 위고. 1991년 당시 인도의 재무부 장관 만모한 싱(Manmohan Singh)이 의회 시정연설에서 인용했다.

2004년에 처음 총리로 선출된 만모한 싱은 인도 경제개혁의 설계자로 널리 인정받았다. 그가 그린 큰 구상 속에서 인도 정부는 인도의 경제 발전을 이끌 해결사이기는커녕 문제아로 분류되었다. 그의 개혁 프로그램은 가정의 번영은 개인의 책임이라는 사실을 강조하면서 인도에 기업가 정신을 불어넣고 민간 기업이 적극적으로 활동할 분위기를 조성하도록 계획되었다. 그것은 중산층이 전형적으로 기대하는 방향이었다. 경제적 관점에서 싱 총리의 노력은 눈부신 성공을 거두었다. 그런데 정치적 관점에서는 그렇지 못했다. 2014년에 그는 자신이 이끌던 국민회의파(Congress Party)가 인도 중산층의 기대를 사로잡은 인도인민당(Bharatiya Janata Party, BJP)에게 압도적인 패배를 당하면서 총리직에서 쫓겨났다.

인도의 경제개발은 싱 총리가 재무부 장관으로 임명된 해인 1991년에 그 기반이 놓였다. 그 이전까지 테크노크라트

(technocrat)[과학적·전문적 지식을 무기로 조직에서 영향력을 행사하는 사람 또는 관료-옮긴이]로서 성공 가도를 달린 그가 맡은 첫 정치적 책무였다. 당시 인도는 국가 부도 직전의 위기에 처해 있었다. 인도의 외환 보유고는 겨우 2주일치 수입 대금을 결제하기에도 빠듯할 정도로 말라 있었고, 대외적 파이낸싱갭(financing gap)[자금 수요에 비해 대외 자금 공급이 부족한 상황-옮긴이]이 너무 커서 해외의 어느 대출 기관도 그 부족분을 채워 주려 하지 않았다. 어떤 형태로든 경제활동을 하려면 정부로부터 수많은 인허가를 받아야 하는 체계인 라이선스 라지(Licence Raj)[인허가 왕국. 라이선스와 통치를 의미하는 인도어 라지(Raj)의 합성어. 퍼미트 라지(Permit Raj)라고도 함-옮긴이] 방식으로 오랫동안 경제가 운용되는 바람에 기업가 정신과 진취적 개척 정신은 메말라 있었고 인도인들은 극한의 빈곤으로 내몰렸다.

싱 장관으로서는 다행스럽게 그 당시 정부 조직에도 라이선스 라지를 폐지해야 한다고 생각하는 사람들이 있었다. 그보다 2년 전에 규제 완화를 옹호하는 산업부의 관료들이 산업을 억누르던 통제를 풀고 해외투자를 유치하고 해외 기술을 적극적으로 수용하려는 계획을 입안하기 시작했다. 그 계획은 V. P. 싱(만모한 싱과 무관함) 정부가 내부의 정치적 배반으로 붕괴하면서 공중분해되었지만 계획서는 완성된 상태였다. 그래서 신임 싱 재무부 장관은 일련의 과감한 정책을 일반론적으로 설명할 필요가 없었다. 대신 자신이 펼치려는 개혁이 전문적이고 견실하다는 점에 대해 상당히 구체적이고 세부적이며 자신감 넘치는 자세를 취할 수 있었다.

싱 장관은 인도의 산업에 닥친 무기력증을 설명하기 위해 힌두스탄모터스(Hindustan Motors)와 토요타자동차를 비교하곤 했다. 힌두스탄모터스는 토요타보다 겨우 5년 뒤인 1942년에 창업했다. 그것은 전성기에 시장점유율 75퍼센트를 차지할 정도로 거대하고 충성도 높은 국내 시장의 모든 이점을 독점했다. 그들의 상징인 앰배서더 모델의 최초 디자인은 영국의 자동차 모리스 옥스퍼드 시리즈 Ⅲ를 기반으로 만들어졌다. 종종 비포장인 데다 있는 도로조차 웅덩이투성이인 인도의 도로는 널찍하고 단단한 차를 요구했고 앰배서더는 그런 국내 조건에 최적화된 차여서 인도 정부 관리들이 최고로 꼽았다.

그것이 문제였다. 인도 산업 내부에서 경쟁이 없으니 야심도 부족했다. 힌두스탄모터스는 연구 개발이나 브랜딩[기업이나 제품에 차별화된 정체성을 부여하는 행위-옮긴이], 광고에 돈을 쓰지 않았다. 1990년대 초 힌두스탄모터스 서벵골 공장의 최대 생산능력은 한 해 2만 5000대에 불과했다. 창업 당시부터 세계적인 회사가 되기로 목표를 잡은 토요타는 1991년에 매년 승용차와 소형 트럭 400만 대를 생산했고, 토요타의 렉서스는 세계 최고 권위를 가진 품질 조사 회사인 제이디파워(JD Power and Associates)로부터 차량의 품질과 소비자 만족도에서 최고점을 받았으며 미국의 수입차 가운데 가장 많이 팔린 고급 승용차로 등극했다. 힌두스탄모터스와 토요타를 비교하면서 싱 장관은 다른 나라가 그러했듯이 세계적인 경쟁력을 갖춘 기업을 만들 새로운 정책이 없다면 인도는 세계 수준의 제조업 부문을 만들어 낼 수 없고 거대한 중산층 집단을 양산하는 것 또한 가능하지 않다고 생각했다.

그는 이 과업에 착수하기로 결심했다. 인도의 경제 부흥 프로그램은 산업부에서 나왔지만 뒤이은 인도의 경제성장은 서비스 부문의 발달이 이끌었다는 사실은 역사의 묘한 반전이다. 인도는 제조업을 통해서가 아니라 서비스 부문의 일자리가 대거 늘어나면서 중산층이 증가했는데 이런 점에서 유일한 사례라 하겠다. 배우 셰카르 카푸르(Shekhar Kapur)는 다음과 같이 말하곤 했다. "인도의 모든 선량한 중산층은 인도 건설에 동참하겠다는 기대가 있었다. 당신도 아시다시피 인도인들이 '인도를 건설한다'라고 말할 때 그것은 거의 회계사, 변호사, 공학도가 된다는 의미다. 그래서 전문가들이 나라를 건설하리라는 생각이 정착된 것이다."

공헌도를 높일 수 있는 집단은 오로지 공학도들뿐이었다. 그들은 전례가 없는 기회를 창출해 온 글로벌 경제의 신기술을 이용했다. 1990년대에 인터넷이 전 세계적 상업망으로 개발된 후에 소프트웨어 개발자들은 인도 번영의 도약대가 되었다. 인도의 중산층은 2013년에서 2021년까지 놀라운 증가세를 보였다. 2013년에는 인도인 6명 중 겨우 1명만이 글로벌 중산층으로 여겨졌다. 이들은 봉급생활자들이었고 그중 많은 이는 소득은 보잘것없지만 상당한 촌지를 챙길 수 있었던 공무원들이었다. 의사, 변호사, 은행원 같은 전문직업군도 있었는데 그들의 소득수준은 인도의 물가가 상대적으로 낮다는 사실을 고려하면 넉넉한 생활을 보장했다. 하지만 2021년이 되어 인도가 전 세계를 휩쓴 코비드-19 팬데믹으로 인한 침체에서 벗어나자 이 지역의 핵심 중산층은 이전보다 3억 명이 늘어나며 규모가 2배 이상으로 커졌다. 이 기간에 인도 경제가 성장하면서 중소기업들이 들어섰고 사립 병원과 학교에서 간호사와 교사에 대한 수요가 생겼으며 어디서든 은행 창구 직원과 소매상인을 찾아볼 수 있었다. 기술자와 개발업자는 도시 근교에 "센서스타운(Census town)"[도시로 지정, 관리되진 않지만 인구를 최소 5000명 이상 보유하고 도시로서의 특성을 갖춘 마을-옮긴이]을 조성해 농촌 이주민들이 터를 잡을 수 있게 했다. 이 시기에 전 세계적으로 가장 많은 중산층을 배출한 곳이 인도였다. 이런 성과가 더욱 돋보이는 것은 이 기간이 2020년 대침체를 포함하기 때문이다. 이 대침체는 현대에 들어 인도의 경제를 가장 심각하고 광범위한 불황으로 몰아넣었고 이 나라의 총생산을 대략 7퍼센트나 떨어뜨렸다.

서비스 부문에서 미소를 짓다: 인도 중산층의 출현

소프트웨어는 인도 서비스 부문의 핵심이자 뼈대였고 이 나라의 경제성장을 이끈 동력이었다. 타타컨설턴시서비스(Tata Consultancy Services, TCS), 인포시스(Infosys), 위프로

(Wipro)는 잘나가는 세계적 브랜드다. TCS는 전 세계 정보기술(IT) 회사의 순위 다툼에서 최고의 자리를 넘나들고 있다. 많은 최고 기업이 그랬듯이 TCS의 성공에도 행운이 크게 작용했다. 1947년 독립을 쟁취한 직후에 설립한 교육기관들 덕분에 인도에는 운 좋게도 필요한 인력이 준비되어 있었다. 그리고 뜻밖에도 다른 나라들보다 일찍 전기통신 부문의 규제를 철폐했다. 독점으로 운영되는 국영 전화 회사가 너무 불량해서 누구의 신뢰도 받지 못했기 때문이다. 전기통신 서비스를 개선하려면 뭐라도 해야 한다는 생각에 모두가 지지를 보냈다. 개혁을 통해 인도는 전 세계에서 가장 싼 값으로 인터넷과 광대역통신망에 접속할 수 있는 나라가 되었다. 그렇게 디지털 혁명을 위한 최신 범용 기술을 적용하기에 적합한 환경이 조성되었다.

인도 소프트웨어 산업의 가능성은 의심할 여지가 없이 숙련된 기술자가 많고 계속 늘어나고 있다는 사실에 기반을 두고 있다. 1951년에 인도는 매사추세츠공과대학(Massachusetts Institute of Technology, MIT)을 본떠 인도공과대학(Indian Institutes of Technology, IIT)[현재 인도 각지에 IIT 캠퍼스가 총 23군데 있음-옮긴이]을 설립하는 데 총력을 기울였다. 최초의 IIT는 정치범 수용소였던 카라그푸르에 세워졌다. 영국이 인도의 독립투사들을 가두던 곳이었다. 1956년 카라그푸르 IIT의 학위 수여식 연설에서 자와할랄 네루(Jawaharlal Nehru) 총리는 이렇게 말했다. "이곳 히즐리 정치범 수용소가 있던 자리에 인도의 염원과 앞으로 만들어질 인도의 미래를 대변하는 기념비적인 학문의 전당이 우뚝 섰습니다. 나는 이 학교가 앞으로 인도가 맞게 될 변화를 상징한다고 생각합니다."[1] 그런데 네루조차도 IIT가 인도에 어떤 변화를 불러올지, 또는 인도의 경제 발전을 주도할 IIT의 잠재력이 충분히 발휘되는 데 적어도 50년의 세월이 걸리리라는 사실은 결코 예상하지 못했을 것이다.

1990년대 내내 다수의 IIT 졸업생이 대학원 과정과 박사 후 과정을 하거나 일자리를 찾아 미국과 영국으로 떠났다. 이들 중에 썬마이크로시스템즈(Sun Microsystems) 설립자인 비노드 코슬라(Vinod Khosla)가 있었다. 델리 인도공과대학(IIT Delhi) 출신인 그는 자신의 성공을 IIT에 입학하기 위해, 학교의 교육과정을 이수하기 위해 벌였던 치열한 경쟁 덕분이라고 밝히곤 했다. 그러나 인도가 자유화되기 시작하면서 해외 인력이 돌아오기 시작했고 새로운 졸업생들은 인도에서 기회를 찾았다. 세계가 요구하는 소프트웨어를 공급하는 데 핵심적인 역할을 할 공학도들이 준비된 것이다.

인도가 소프트웨어로 성공을 거둔 두 번째 이유는 바깥세상과의 긴밀한 의사소통이었다. 1990년대에 만모한 싱 장관의 개혁이 시작되었을 때 인도는 가난한 나라였다. 그래서 인도가 정보기술 같은 첨단 기술 산업에서 대단한 성공을 거둔 것은 여러모로 이상한 일이다. 그러나 경제적 측면에서 인도가 뒤처졌다는 사실은 오히려 인도의 중요한 강점이었다. 1991년 인도에서 관료적 병폐를 없애겠다는 정치적 결정이 내려졌을 때 인구가 8억 9000만 명에 달하는 나라에 전화기가 겨우 500만 대 있었다. 그 이전 10년 동안 인구가 1억 8000만 명이 증가했는데도 전화기는 300만 대만 늘어났다. 이런 추세라면 인도에서 전화기에 접근할 수 있는 가구의 비율은 빠르게 뒷걸음질하는 꼴이었다. 국영기업인 통신부(Department of Telecom, DoT)는 전화 서비스에 독점권을 갖고 있었다. 그리고 통신부는 독점기업이 하기 쉬운 모든 짓을 하고 있었다. 공급을 제한하고 특히 수지맞는 장거리전화에 높은 가격을 매겼다.

재무부 장관 만모한 싱은 인도 경제에서 공공부문의 존재감을 줄이려 노력했고, 그런 노력의 일환으로 정부는 1994년에 국가통신정책(National Telecommunications Policy, NTP)을 통과시키면서 지리적으로 18곳에서 20곳으로 분산되어 있는 이동통신 서비스와 기본 전화 서비스 영업권을 경매로 처분하고 민간업자가 국영기업과 경쟁하도록 판을 깔았다. 외국인에게도 소규모 지분을 소유하는 것은 허락했다. 1997년에 새로 설립된 인도통신규제청(Telecom Regulatory Authority of India, TRAI)은 민간 부문의 활력을 이끌어 내고자 가격 책정과 다른 영역에서 자율성을 더 많이 발휘할 여지를 만들었다. 일련의 개정 작업과 다른 정책적 변화를 통해 정부의 개입을 꾸준히 줄여 나갔고 국내외 투자자들에게 통신 부문을 개방했다. 이동통신 서비스의 규모와 가치는 엄청나게 자라났고 인도는 전 세계와 연결되었다.

2000년대에 이르러 인도는 소프트웨어 산업을 발전시키는 데 중요한 기반 두 가지를 마련했다. 값싸고 숙련된 인력을 확보했고, 인도 어디에서라도 전 세계 어디로든 데이터와 코드를 싼값에 수출할 수 있는 능력을 갖췄다.

2000년대 초반 무렵에 인도의 신입 소프트웨어 기술자는 2.5에서 3라크(lakh), 즉 25만에서 30만 루피를 받았는데 이는 대략 연봉 1만 달러에 해당했다. 미국이라면 이런 수준의 기술자는 7만 달러에서 10만 달러를 벌고 연말 상여금까지 챙겼다.[2] 임금격차가 10배에 이르니 투자자들이 인도에 돈을 쏟아붓는 것은 조금도 놀랄 일이 아니었다. 소프트웨어 산업 분야의 세계적인 시장 환경 분석 회사인 에반스데이터코퍼레이션(Evans Data Corporation, EDC)에 따르면 인도는 소프트웨어 기술자 수를 5년마다 거의 2배씩 늘렸고, 2013년에는 대략 275만 명이나 보유하고 있었다. 각각의 기술자는 자신의 서비스를 이용하는 부문에서 추가적인 일자리 3개가 생기는 데 간접적으로 기여했다. 이런 기술자들은 비록 IT 중심지구 몇 군데에 집중적으로 몰려 있었지만 인도 전역에서 일할 수 있었다.

2000년에 인도에서 휴대폰 사용자는 350만 명에 불과했지만 2010년에는 7억 5000만 명, 2015년에는 10억 명에 달했다.[3] 2015년에는 이 중에서 스마트폰 사용자가 2억 3900만 명에 달해 미국 사용자의 숫자를 넘어섰다. 인도는 통신 서비스 공급자들이 살벌한 가격경쟁을 벌이기 때문에 전 세계에서 건당 통신료가 가장 낮은 나라에 속한다. 고속 데이터 통신망 가입자만 1억 4000만 명에 달했다.[4]

이 두 가지 기반의 조합은 강력한 효과를 낸 것으로 드러났다. 인터넷이 상업적으로 널리 이용되기도 전에 인도의 소프트웨어 기업들은 컴퓨터를 이용해 회사의 운영을 자동화하려는 사업체를 위해 그들의 눈높이에 맞춘 해결책을 제공할 수 있었다. 금융 자금 이체와 회계 같은 서비스를 코딩하는 작업은 각각의 하드웨어 체계에 개별적으로 이루어져야 한다. 인도의 회사들은 "보디숍(body shop)"이라고 하는 손쉽기 짝이 없는 해결책을 찾아냈다. 그들은 회사 소속 기술자를 해외로 파견해 고객과 함께 앉아서 일을 끝내고 돌아오게 했다. 이것은 상호 교류를 통한 사업이었기에 규모를 키우기가 어려웠다. 기술자를 해외 업체에서 가로채 버리기라도 하면 값비싼 손실을 입게 되었고 대체 인력을 양성해야 했다. 고객의 요구 대부분은 이윤 폭이 낮은, 판에 박힌 일거리였다. 그래서 비록 성장은 하고 있었으나 수익률이 변변찮아서 인도 같은 큰 나라를 변화시킬 정도에 이르지는 못했다.

그렇지만 인터넷이 한번 제자리를 잡고, Y2K 공포 이후부터 인도의 기업들이 문제 해결사로 국제사회에 각인되기 시작하자 세계적인 다국적기업들이 인도의 연구 개발과 비즈니스 프로세스 관리(Business Process Management, BPM) 센터에 투자했다. 이 센터들은 지리적으로는 도시 몇 군데에 집중되었지만 다양한 고객, 공급자, 혁신가, 5년마다 수익을 배가하는 신기술 기업가로 이루어진 완전한 소프트웨어 생태계로 자라났다.

그 결과 2015년이 되자 인도가 IT 부문의 수출에서 거두어들인 수익은 1000억 달러에 이르렀다. 인도의 테크 스타트업은 5년마다 2배로 늘어났다. 일부는 수출 시장에 기여했다. 그러나 점점 더 많은 스타트업이 새로운 중산층의 요구와 습성에 부응해 인도 국내시장에 기여했다.[5] 인도판 아마존이라 할 수 있는 플립카트(FlipKart)는 2021년 시가총액이 250억 달러에 달했다. 10억 달러 이상의 가치가 있는 신생 기업인 유니콘(unicorn)들이 뒤이어 등장했다.

경제적으로 성공한 모든 나라는 몇 개 부문에서 국제시장을 지배하는 지위를 누리는 경향이 있다. 독일은 화학과 자동차로 유명하다. 일본은 소비자 가전에서 지배적이다. 중국은 의류, 컴퓨터, 플라스틱 제품에서 그렇다. 인도는 IT 부문에서 이런 역할을 한다. 인도의 IT 산업은 수출에서 1/4을, 총생산량에서 1/12을 점유한다. 그것은 인도의 교육을 선도한다. 소프트웨어 산업계가 힙직으로 제작한 퓨처스킬(FutureSkills) 프로그램은 디지털 기술 인재 200만 명 이상을 육성할 목표로 만들어졌다. 그 정도로 구체적이지는 않지만 보다 광범위한 서비스에도 지난 20년 동안 해외투자가 840억 달러 정도 유치되었다.[6]

소프트웨어를 경제의 엔진으로 삼아 다른 부문의 사업체들도 성장할 여지를 얻었다. 항공 수송, 무역, 수리업, 식당과 음식 서비스, 기계와 장비, 부동산업까지 모두 빠르게 성장했고 몇 년 동안은 두 자릿수 성장을 기록했다. 농부들은 식단이 단백질 중심으로 바뀌자 더 큰 이윤을 주는 가축이나 가금류 키우기에 나섰다. 국내선 탑승객의 비행 거리는 2014년부터 2019년까지 5년 동안 곱절 이상으로 늘었다. 매년 약 1000만 명에서 1200만 명이 도시로 이주하면서 주택 수요와 건설 경기를 밀어 올렸다. 심지어 인도의 제조업 부문도, 특히 식품 가공 부문과 고급 기계 및 장비 부문에서 몇 년 정도는 두 자릿수 성장을 누렸다. (하지만 이 정도로는 앰배서더 자동차를 구하기에 충분하지 않았다. 힌두스탄모터스는 2014년 마지막 생산 라인을 폐쇄했다. 동일한 기본 모델을 57년이나 생산한 뒤에야 말이다.)

인도의 소프트웨어 산업은 외국의 직접 투자와 세계적 수준의 혁신적인 생태계 덕분에 끊임없이 발전하며 전 세계에서 통할 만한 경쟁력까지 갖추었다. 이 산업은 인도의 빠른 경제성장과 도시화를 지속적으로 이끌면서 강력한 중산층을 낳았다. 중산층은 더 잘 먹고 외식도 자주 했다. 특히 시골 주변의 소규모 도시에서 휴가를 즐기고 집을 샀다. 2020년이 되자 거의 모든 어린이가 학교를 다녔다. 고교 교육을 마친 젊은이의 1/4이 더 수준 높은 교육을 받으러 나섰다. 정부는 2035년까지 청년의 대학 등록률을 그 2배인 50퍼센트로 끌어 올린다는 목표를 세웠다.

인도가 서비스업을 경제성장의 동력으로 삼아 성공을 거두면서, 경제개발은 농업에서 제조업, 서비스업으로 순차적인 발달 과정을 밟게 된다는 고정관념이 한 세기 만에 뒤집어졌다. 인도가 성장하기 전까지 거대한 서비스 부문의 경제로 즉시 도약한 나라는 여행업을 주업으로 삼는 일부 섬나라를 제외하고는 없었다. 게다가 인도의 중산층은 정부의 직접적인 규제 정책 덕분에 출현한 것도 아니었다. 오히려 정부 규제를 없애면서 등장했다. 그래서 인도의 중산층과 정치 엘리트가 갖는 관계는 다른 나라와는 판이한 양상을 띠게 되었다.

인도의 중산층이 귀하게 여기는 가치들

서비스 부문이 일찌감치 발달한 것은 인도가 두 정치학자 로널드 잉글하트와 크리스천 웰젤이 제시한 현대화의 궤적을 따르지 않았음을 뜻한다.[7] 그들은 농업에서 산업 부문으로 고용을 끌어내는 과정을 겪으며 사회가 전통적인 사고에서 탈피해 좀 더 합리적인 사고로 바뀌는 과정으로 나아가게 된다고 설명했다. 또한 전통적인 사회는 가족과 나라에 자부심을 갖는다고 주장했다. 그런 사회의 구성원은 가족이나 나라의 정치를 바꾸려 하기보다는 그것에 적응하려 한다. 그러나 좀 더 세속적이고 합리적인 사회에서 중산층 정신의 궁극적 목표는 행복 추구이고, 사회는 행복을 이루고자 하는 개인의 선택과 그로 인한 차이에 더욱 너그러운 관용을 발휘한다. 그런데 잉글하트와 웰젤은 농업 중심에서 서비스 부문 중심으로 곧바로 옮겨 가면 동일한 유형의 세속적/합리적인 가치를 향한 변화가 일어나지 않는다는 사실을 찾아냈다.

현대화와 함께 발생하는 가치판단의 변화에는 두 번째 특징도 있다. 생존 추구에서 자기표현을 향한 추구로 바뀐다는 점이다. 생존주의 가치 체계는 무엇보다도 경제와 육체의 안녕에 중점을 둔다. 그래서 생존주의 사회는 집단의 안녕을 도모하기 위해 분파적이고 당파적인 연합을 형성하며 외부 집단에 관용적인 태도를 보이는 경우가 드물다. 시간이 흐르고 경제가 발전하면서 생존적 가치는 점차 그 중요도가 떨어지고 사회적 가치의 중심은 관용과 시민 참여, 삶의 질에 대한 강조로 옮아간다. 이런 이행 과정은 흔히 산업 경제에서 서비스 경제로 넘어가는 것과 관계를 맺는다. 그래서 중산층은 후기산업사회(postindustrial society)[지식, 정보, 서비스 산업이 우위를 차지하는 공업화 다음 단계의 사회-옮긴이]에서 번성한다는 해석이 나왔다. 합리적인 차원에서는 성공적인 삶을 이뤄 내기 위해 개인의 책임을 더 크게 감수한다. 반면에 자기표현의 차원에서는 행복한 삶을 얻는 길이 다양하게 나 있다는 사실을 인정한다.

아마도 농업사회에서 산업사회로의 이행을 건너뛰었기 때문이거나, 전통적인 카스트제도의 존재감 때문에 인도 사회는 상대적으로 전통적인 상태에 머물러 있다. 인도에는 생존주의의 전통이 여전히 강하게 남아 있다. 사람들은 과학과 기술로 강조되는 물질주의를 중시하고 권위적인 정부를 지지한다.

세계가치관조사(World Values Survey, WVS)에서 인도인은 자식들이 자립적이고 책임감 있고 열심히 일하고 상상력을 발휘하며, 검소하게 살고 돈을 절약하고 물건을 고쳐 쓰기를 원한다는 점이 두드러졌다. 가정에서 어린이들에게 강조하는 중요한 가치는 이타성과 관대함을 비롯해 결단력, 인내, 종교적 독실함이라고 보고되었다. 복종의 가치는 높이 평가되었다. 인도인은 자신의 삶에는 상당히 만족하면서도 타인에 대한 신뢰도는 낮았다. 그들은 부모님이 자랑스러워 하는 자식이 되는 것을 삶의 중요한 목표로 꼽았다. 시민단체에 활동가로 참여하는 경우는 드물지만 많은 인도인이 자조(自助)하거나 상호부조하는 집단에 참가한다. 가령 인도에 기반이 있고 회원이 200만 명인 여성자조협회(Self-Employed Women's Association)는 세계 최대의 비공식 부문 노동자 조직으로 꼽힌다.

농촌에 사는 비공식 부문 노동자를 중요하게 여기는 것은 또 다른 인도 특유의 관행이다. 이것은 경제개발에 대해 간디가 피력한 철학과 관계가 있다. 간디는 마을을 귀하게 여겼고 마을이 자급자족과 지방분권의 기반이 된다고 믿었다. 또한 마을은 개별 가족 단위보다는 집단적으로 부를 창출하고 나누도록 조직화될 수 있다고 생각했다. 그는 현대적인 기술보다는 지역의 수공예를 소중히 여겼다. 간디는 물질적인 욕구를 기본적인 필수품 정도로만 제한해야 한다고 믿었고 행복한 삶을 추구하는 지침으로써 공감과 동정과 이타심을 더욱 중시했다.[8]

간디의 시대 이래로 많은 것이 변했다. 그러나 그의 사상은 인도에서 여전한 영향력을 발휘한다. 특히 인도 정치판에서 입에 발린 구호로 잘 소환된다. 인도의 정치인은 선거구 주민을 구워삶느라 시간을 보낸다. 연방 정부의 자금 대부분은 농촌 발전에 쓰인다. 많은 예산과 보조금이 관개용수와 비료를 대는 데, 정부가 시장가격보다 비싸게 곡물을 구입하는 데, 농촌의 공공고용 계획에 들어간다. 이런 정책들을 개혁하려는 시도는 정치적 화약고가 되었다. 2020년 정부의 곡물 구입 정책을 바꾸려는 잠정적인 제안조차도 농민 수만 명이 뉴델리 밖에서 몇 달에 걸쳐 노숙 투쟁을 벌이는 결과를 낳았다.

인도의 정치가 고집스럽게 농촌 지역의 가난한 사람들 위주로 움직이다 보니 도시의 중산층은 어려운 선택과 마주하고 있다. 경제학자 앨버트 허슈먼(Albert Hirschman)은 처음으로 그 쟁점을 또렷하게 밝힌 학자로 꼽힌다. 사람들은 자신이 속한 집단이 도움이 되지 않으면 그 집단을 떠나느냐(그것을 그는 "탈출한다"라고 일컬었다), 혹은 집단에서 일어나는 일을 바꾸려고 시도해야 하느냐("목소리를 내다")는 선택에 직면한다.[9] 효율적인 목소리를 내려면 적극적으로 참여해야 한다. 그러나 인도의 중산층은 참여가 유용하다고 생각하지 않는다. 정치는 그들의 일상에서 중요하지 않다. 그리고 인도에서는 세금과 사회적 편익이라는 체계를 통해 실현되는 정부와 중산층의 사회계약이 강하지 않다. 예를 들면 소득세 과세가 시작되는 가구의 최저 소득은 1년에 25만 루피다. 이 책에서 사용하기로 한 중산층의 최하 소득 기준과 거의 동일하다. 소득세 최저 기준 이상을 버는 가구는 아마도 1억 가구가 넘을 것이다. 그러나 2020년에 소득세를 낸 사람은 1500만 명을 넘지 못하고 낸 사람조차도 정말 조금밖에 내지 않았다. 그들의 소득에서 겨우 5퍼센트 밖에 안 되는 한계세율을 적용받았기 때문이다.[10]

다른 나라에서는 시민과 정부의 사회계약에서 세금이 중요한 부분을 차지한다. 시민들은 기꺼이(비록 조금 마지못해 하더라도) 세금을 내지만 그 대가로 공공의 재화와 서비스를 받으리라 기대한다. 인도는 다르다. 인도의 중산층은 세금을 거의 내지 않는 대신 어떤 서비스도 기대하지 않으며 차라리 국가로부터 "탈출한다". 그들은 외부인 출입 제한 거주지에 살며 전기를 얻기 위해 따로 발전기를 마련하고 사립 병원에서 의사의 진료를 받으며 자식들은 사립학교에 보낸다. 인도에서 외료에 대한 공공 지출은 국민소득의 약 1퍼센트를 차지하며 의료 서비스에 치르는 총지출은 3퍼센트 정도이다. 인도와 같은 수준의 발달단계에 있는 나라들은 5퍼센트 이상일 것이다. 그리고 유럽 국가의 평균은 대략 10퍼센트이다.[11]

인도 정부의 〈경제 조사(Economic Survey)〉 보고서에 따르면 이런 탈출은 정부와 중산층 모두를 약화시켰다.[12] 중산층은 기본적인 공공 재화를 스스로 구입해야 하는 처지에 직면했다. 국가를 통해 집단적으로 구입하는 것보다 훨씬 값비싼 선택이었다. 중산층은 또한 농촌 유권자 위주로 잡힌 국가의 규제와 정책 때문에 음식과 주택을 구하는 데 더 높은 가격을 치러야 했다. 동시에 국가도 예산 지출의 초점을 투자가 아니라 재분배에 두는 바람에 허약해졌다. 보고서는 계속해서 이렇게 말한다. "비효율적인 재분배를 하도록 강요당한 정부는 비효율적인 재분배의 반복, 정당성의 실추, 감소된 자원, 열악한 인적 자본 투자, 약화된 국가 잠재력 등의 악순환에 갇히는 위험을 자초했다."[13]

인도의 중산층이 처한 모순은, 빠르게 성장하고 있음에도 국가로부터 아무런 도움도 받지 못하고, 동시에 그들 역시 강한 국가를 만드는 일에 전혀 기여하지 않는다는 데 있다. 인도의 중산층은 팬데믹이 강타한 2019년까지 매년 15퍼센트 정도 증가해 왔다. 그리고 인도는 전 세계의 중산층 인구가 2014년의 30억 명에서 2021년의 40억 명으로 증가할 때 가장 큰 원동력을 제공한 나라였다. 그러나 국가의 보호막이 없다면 인도 중산층은 위험에 처하기 쉽다. 코비드-19 팬데믹이 덮쳤을 때 그들이 받은 타격은 어마어마했다. 그 충격은 일시적이며 인도의 중산층은 팬데믹이 퇴조하게 되면 강력한 성장 궤도를 복구해 낼 것이라는 낙관적인 관점도 있다. 그렇지만 의료와 경기회복, 정치적 조율과 관련된 불확실성이 훨씬 커지고 있다는 점에는 의문의 여지가 없다.

여권신장과 인도의 중산층

어느 나라든 다수 여성이 노동인구로 편입되지 않고서 빠르게 중산층을 육성한 사례는 없다. 이런 사실에 대해 다양한 해석이 있다. 가장 단순하고 직접적인 해석은 여성이 집을 벗어나 노동으로 얻는 소득의 경제적 기여도가 상당해서 맞벌이 가정이 그 이전보다 훨씬 더 높은 생활수준을 누릴 수 있게 되었다는 설명이다. 좀 더 간접적이지만 사회적인 관점에서 중요한 분석은 여성이 바깥에서 일하면서 전반적인 행동양식에 변화가 생긴다는 것이다. 결혼 시기가 늦어지고 평균 초산 연령이 올라가며 출산과 출산 사이의 기간이 늘어나고 아이를 적게 낳지만, 그만큼 아이에게 더 나은 교육과 건강한 삶의 기회를 주게 되었다. 이런 추세를 따르는 가구들은 더 빨리 부를 축적하고 중산층 가구의 특징인 안정된 삶과 회복력을 확보할 수 있었다.

여성의 역할이라는 관점에서 중산층의 성장을 봤을 때 인도는 예외적이다. 2019년에 15세 이상 여성 인구 중에서 임금노동 종사자는 겨우 20퍼센트였나. 더 가난한 이웃 이슬람 국가인 파키스탄보다는 조금 낮고 동쪽의 이웃 나라 방글라데시보다는 절반이 조금 넘는 정도였다. 노동연령에 있는 중국 여성은 2/3 이상이 집 밖에서 일했다. 인도는 평균 초산 연령이 20세였는데 이웃 파키스탄은 22.7세였다(유럽 나라 대부분은 29~30세이다). 일하는 여성도 없고 국가의 도움도 없기 때문에 인도의 중산층은 여전히 취약한 처지에 있다.

다른 신흥시장국(emerging market economies)과 비교해 봤을 때 인도의 여성들이 교육 수준이 높다는 사실은 모순적이다. 여성의 1/4이 적어도 중등교육은 받았으며 거의 모든 여성이 문해력을 갖췄다. 그런데 그들이 사무직 일자리를 얻을 가능성은 낮다.[14] 젊은 여성들이 먼 곳으로 여행하는 것이 잘 허용되지 않고 그래서 일자리를 찾는 데 한계가 있다. 그리고 사회적 지위가 높은 집안으로 시집을 간 여성은 일하기보다는 집에 머물러야 한다는 사회규범에 은근히 영향을 받는다.

이런 인도 중산층 여성에 대한 일반론은 사회과학 연구의 조사 결과를 통해서도 입증된다. 일련의 인터뷰를 통해 미국 인류학자 세라 디키(Sara Dickey) 박사는 타밀나두주에 속한 인구 100만 명의 도시 마두라이의 주민들은 중산층이 되고 싶다는 생각을 하면서도 그 지위가 매우 불안정하다고 걱정한다는 사실을 확인했다.[15] 세라 박사는 1990년대 말 이전까지만 해도 마두라이 시민은 가진 자와 못 가진 자라는 두 집단으로만 분류되었다고 설명한다. 중간 계층이 존재하지 않았다. 2000년대로 접어든 후에야 마두라이 거주자 중에서 자신을 "중간 정도의 사람" 또는 "중간 가정"이라고 부르는 사람이 많아졌다. 그들이 "중간 정도의 사람"이라고 일컫는 자는 깨끗하고 단정한 사람을 뜻했다. 빅토리아 시대의 저널리스트 이저벨라 비튼(Isabella Beeton)이 인도와는 매우 다른 나라인 영국에서 한 세기 전에 칭찬했던 중산층의 미덕과 몹시 비슷했다.

다른 나라보다 여성이 재정적으로 적게 기여하다 보니 마두라이의 중산층 여성은 행동과 소비에서 자신의 계층적 지위를 암시할 필요를 느꼈다. 인도 중산층을 연구하는 일부 학자는 그런 방식을 계층을 확인하는 수단으로 사용했다. 가령 이동 수단으로 스쿠터를 갖는 것은 중산층임을 강하게 내비치는 행위였다. 저소득층은 걷거나 자전거를 이용했고 부유층은 자동차를 타고 이동했다.[16] 중산층 여성은 자기 자식도 비슷한 수준의 가정에 결혼시켜야 한다는 압박을 느꼈기 때문에 지역공동체의 관행을 따르는 데 신경을 곤두세웠다. 그러나 이런 선택의 자유가 늘 만족스러운 결과를 주지는 못했다. 중요한 결정을 내려야 할 때 오히려 근심과 스트레스를 유발했다.

이런 식의 선택이 유해함을 드러낸 사례가 선택적 낙태를 통해 어린이의 성별을 결정하는 악습이다. 인도에서 더 부유한 주나 도시, 도회풍의 지역에 사는 여성들은 남아 출산 비율이 여아보다 훨씬 높다. 이런 지우진 아동성비(child sex ratio)[인도의 인구조사에서는 0~6세 남아 1000명당 여아 수로 정의-옮긴이]는 가족들이 태아의 성을 감별해 여아는 낙태하기로 결정을 내린 결과다. 중산층에서 성비 불균형의 실태는 부유하고 교육 수준이 높을수록 더욱 흔하게 나타난다.[17] 역설적이게도 아이를 덜 낳겠다―현대의 중산층 가정은 기껏해야 아이를

2~3명 갖는다―는 중산층의 생각이 남아를 낳아야 한다는 압력을 키우고 있다. 새로 생겨나는 인도의 중산층 가정에서 아들의 목표는 가족의 소득수준을 올리는 것인 반면, 딸의 목표는 공동체 내에서 사회적 연대와 지위를 강화하는 것이다. 이런 목표들은 결혼 지참금의 관행 때문에 강화되었다. 지참금이 너무 부담스러워서 어떤 중산층 가정은 심지어 빚을 지기도 한다.

시간이 흘러 중산층이 성숙해지고 더욱 안정되면서 새롭게 중산층으로 진입하는 가구에서는 그런 걱정이 줄어들고 있다. 여성의 자율권은 규범으로 억압되기보다는 교육으로 신장되고 있다. 그럼에도 불구하고 이는 전통적인 사회에서 욕망과 기대의 상호작용이 자립적인 중산층의 확장을 저해한다는 사실을 분명하게 보여 준다.

코비드-19 팬데믹이 글로벌 중산층을 위축시키다

2차대전 동안에 전 세계의 중산층은 오그라들었다. 1946년 이후부터 코비드-19 팬데믹이 강타한 2020년까지 중산층은 매년 한 번도 끊이지 않고 증가했다. 팬데믹과 봉쇄 조치라는 정책적 대응, 사회적 거리두기와 국경 폐쇄는 75년 만에 세계 경제가 겪은 가장 큰 경제적 충격이었다. 2020년에만 166개국이 경기 침체를 겪었다. 매년 3~4퍼센트의 성장 추세를 보이던 세계경제는 사실상 3.3퍼센트나 하락했다. 선진국 정부들은 자국의 중산층을 보호하기 위해 가능한 한 모든 조치를 동원했다. 미국에서는 코로나바이러스지원, 구호및경제안정법(Coronavirus Aid, Relief and Economic Security), 즉 케어스법(CARES Act)을 제정해 2조 3000억 달러(2020년도 인도 전체 경제 규모의 85퍼센트에 해당)[당시 한화로 약 2700조 원-옮긴이]를 풀어서 세금 환급, 실업보험 혜택 확대, 기업 대출, 기업 파산 방지, 중소기업 구제, 그 외 다른 조치들을 취하는 데 썼다.[18] 이들은 일자리 보호 프로그램, 학자금 대출 탕감, 재정이전(fiscal transfer)[상위 자치단체가 재정력이 취약한 자치단체에 재원을 이전하는 제도-옮긴이]을 통해 더욱 보완되었다. 바이든 대통령의 미국구조계획(American Rescue Plan)은 개인에게 추가적인 지원을 제공했고 경제 전반을 북돋웠다.[19]

미국 정부처럼 선진국 정부 대부분은 기업과 일자리를 지키기 위해, 각 가정을 직접적으로 지원하기 위해 재정과 금융 지원 대책을 대규모로 마련했다. 정부 개입의 양상과 규모는 나라마다 달랐지만 그 목표는 대체로 동일했다. 중산층을 구조하는 데 초점을 두었다. 중산층의 일자리와 급여를 지켜 주고 그들이 지출 능력을 유지힐 수 있도록 지원했다. 이런 면에서 정부는 대체로 성공을 거두었다. 비록 북미, 유럽, 일본, 다른 선진국들에서 국내총생산은 하락했지만 중산층의 규모가 줄어들지는 않았다. 미국에서는 일부 상류층 가구가 몰락하면서 중산층은 오히려 증가했다.

하지만 개발도상국에 코비드-19가 가한 충격은 훨씬 더 심각했다. 남미는 가장 모질게 당한 지역으로 꼽힌다. 원자재에 의존하는 남미 경제는 전 세계적으로 무역이 급감하면서 몹시 타격을 받았다. 아르헨티나와 에콰도르는 자국의 대외 채무에 채무불이행을 선언했다. 브라질 정부는 팬데믹이 공중보건 정책 방안에 별 영향이 없으리라 믿었지만 바이러스가 최악으로 번지면서 상당한 고통을 받았다.

개발도상국 중에 코비드-19가 가장 가혹하게 강타한 곳은 인도였다. 추정컨대 2020년에만 인도인 1억 명이 중산층 대열에서 탈락했다. 숫자가 그렇게 막대한 이유는 인도의 경기침체가 그만큼 심각했고 인도 중산층 다수가 중산층에 간신히 턱걸이한 수준이었기 때문이다. 2020년 이사분기에만 소비자 지출이 27퍼센트나 하락했다. 인도에서 중산층으로 갓 진입한 사람 가운데 많은 이가 이런 규모의 충격을 상쇄할 여력이 없었다. 중산층의 생활수준을 희망하고 열망했지만 수포로 돌아갔다. 정부는 거의 도움이 되지 못했다. 정부의 원조는 농업 지원, 이주민과 농부를 위한 신용보증, 비료 보조금 증액을 비롯해 대부분 농촌에 집중되었다.

인도의 중산층은 2022년에 회복 단계로 들어섰다. 하지만 코비드-19가 언제 잡힐지 불확실성은 높은 상태이고 염려도 여전하다. 새로운 변이 바이러스가 등장하면 신속한 복구에 큰 장애가 될 것이다. 인도는 한 가지 측면에서는 운이 좋았다. 일찌감치 고도로 디지털화된 사회를 지향했기 때문이다. 인도는 전 국민 모바일 계좌 갖기(Jan Dhan), 디지털화한 생체 인증 플랫폼(Aadhar), 휴대전화(Mobile)를 일원화하는 인디아스택(India Stack)이라는 체계를 마련했다. 이에 따라 거의 모든 성인을 비롯한 인도인 12억 명가량이 JAM 트리니티(Jan Dhan-Aadhar-Mobile Trinity) 체계에 포섭되었다. 이런 디지털화된 환경 속에서 인도인은 훨씬 더 효율적인 방식으로 정부에서 보조금을 수령하거나 다른 서비스를 이용할 수 있게 되었다. 문서 작업 간소화로 얻는 비용 절감, 줄어든 부패, 서비스 제공자들의 경쟁, 정보에 기반한 피드백 고리를 얻은 것은 인디아스택, 즉 JAM 스택이 가져다준 이점이었다.[20] 그렇지만 보다 큰 이익은 금방 눈에 띄지 않는 곳에 있었다. JAM 스택은 원래 디지털 문맹이 극심했던 인도를 디지털 시대로 인도했고 경제적 측면에서 특히 여성들이 금융 서비스의 혜택을 받을 수 있도록 문호를 활짝 열었다.

디지털 경제를 향한 인도의 변신은 세계가 중산층 성장 신화를 다시 쓰는 데 중요한 계기가 될 것이다. 디지털 경제는 팬데믹 기간에 전 세계 어디에서든 활성화되었다. 사실 팬데믹은 사회에 새로운 균열을 냈다. 사람들과 그들이 갖는 경제적 이해를 뚜렷이 구별하는 분리내가 단시 시내나 자본 혹은 노동과 같은 소득의 원천을 따라 갈라지지 않고 점점 더 디지털 영역을 따라 벌어지고 있다. 디지털 경제에 참여하는 사람들("재택근무 계층")은 비교적 팬데믹의 영향을 적게 받았다. 자기 몸뚱이를 일터로 이끌고 가야 하는 일에 종사하는 사람들(전통적인 노동계급)은 훨씬 큰 타격을 입었다.

다른 나라에서도 그랬지만 인도에서도 중산층 내부의 경제적 이해가 디지털 분리대를 따라 분열되었다. 지금까지 중산층이 내세우던 핵심 경제원칙들—합리적인 세금과 낮은 인플레이션을 유지하면서 공공 영역이 건강, 교육, 기반 시설을 제공하는 것에 기초한 자유무역, 재산권, 개별 책임 원칙—은 점점 더 많은 사람에게 환영받아 왔다. 정치인들도 이런 원칙에 쌍수를 들었다. 오늘날 거의 모든 나라에서 평균치에 가까운 유권자층은 정확히 중산층이 차지하고 있다. 정치인들은 평균치에 속한 유권자가 민주적 선거에서 투표 결과를 가장 잘 반영한다는 '중위투표자(median voter)' 이론에 이끌렸다. 중산층의 경제원칙은 분배가 아니라 성장을 위한 것이었다. 그러나 부의 편중이 극심해지고 불평등이 커지면서 불공정한 세태에 대한 불만도 쌓이고 있다. 오늘날의 중산층은 차별 문제, 관용과 경제적 정의의 부족에 목소리를 높인다.

중산층과 부유층 간의 긴장은 중산층이 보다 경제적 안정을 찾고 극히 부유한 계층이 더욱 부유해지면서 시간이 지날수록 커질 것이다. 글로벌 중산층은 아마도 2021년 혹은 2022년에 40억 명을 넘어섰으리라 추정된다. 새로 중산층에 진입해 40억 명을 채운 이들은 90퍼센트가 남아시아와 동아시아 출신일 것이다. 유럽과 북미의 중산층은 정체 상태로 보인다. 이들 지역에서 중산층은 위축되고 있다. 일부는 부유층에 진입하기도 하고 다른 일부는 일자리를 잃고 노동계급에 합류하기도 한다. 40억 명에 달하는 전 세계의 중산층은 무역과 인터넷, 소셜미디어로 연결되고 있다. 그들은 스마트폰으로 거대한 디지털 권력을 갖고 전 지구적 의제에 목소리를 내며 자기 가족과 자식들이 행복한 삶을 누릴 수 있도록 만들기 위해 점점 더 애쓴다. 하지만 전체적으로 중산층은 그들의 행복한 삶을 지킬 수 있을지 염려를 놓지 못하고 있다.

6장

다섯 번째 10억: 앞에 닥친 위험, 2022~2030년

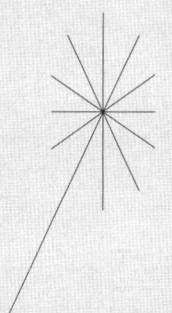

"덴마크란 나라는 뭔가 썩어 있소."

―윌리엄 셰익스피어, 〈햄릿〉, 1600년경

인도와 중국, 인구가 많은 다른 아시아 나라의 부흥은 글로벌 중산층이 계속 확장하도록 강력한 원동력을 제공했다. 사실 현재의 경기예측이 맞아떨어진다면 2030년까지 중산층은 50억 명이 되고도 남을 것이다. 하지만 그토록 많은 새내기가 중산층 진입을 다투고 있는 와중에 한없이 오랫동안 행복한 삶을 지속해 보겠다는 꿈은 모든 곳에서 위태로운 지경에 빠졌다. 지구위험한계선(planetary boundaries)[인간이 환경에 미치는 영향을 토대로 설정된 지구 환경의 한계-옮긴이], 자동화로 인한 실직 사태, 세계화와 민족주의를 내세워 분열을 조장하는 정치가 중산층을 강압하면서 과연 그런 삶을 지속할 수 있을지 회의하도록 몰아가고 있기 때문이다.

덴마크는 종종 중산층 사회의 모범으로 여겨진다. 덴마크는 인구 1명당 억만장자의 비율이 세계 31위인데 그 나라가 부유한 수준에 비해서는 낮은 순위다. 그렇지만 덴마크의 소득분배율은 다른 어느 선진국과 비교해도 가장 공평하다. 덴마크는 높은 수준의 교육을 제공하면서도 학비는 무료이고 공공 의료를 무상으로 제공하며 상대적으로 범죄율과 부패 수준이 낮다. 가족이나 친구들과 함께 많은 시간을 보내겠다는 휘게(hygge) 전통도 있다.[1] 그러나 덴마크뿐만 아니라 북유럽 전체의 젊은이들은 중산층의 꿈이 자기 세대에서 사그라지고 있는지도 모른다고 걱정한다. 그들은 정부에 대책을 요구하고 있다. 〈햄릿〉에서 왕궁의 파수병이 성벽에서 죽은 왕의 유령을 보고 나서 던진 저 유명한 대사처럼 북유럽의 중산층 젊은이들은 부모 세대의 삶의 방식이나 수준이 종말을 고하고 있다고 생각한다.

2018년 8월에 열다섯 살 스웨덴 여학생 1명이 동료 학생들과 함께 스웨덴 의회가 기후변화에 미흡한 대책을 취한 것에 항의하고 있는 사진을 게시했다. 이제 그레타 툰베리(Greta Thunberg)는 자신들의 미래를 지키기 위해 경제정책의 수정을 요구하는 범지구적 운동에서 1400만 명으로 추산되는 젊은이를 대표하는 얼굴이 되었다.

그레타가 시작한 운동인 미래를위한금요일(Fridays for Future, FFF)은 함께 행동하는 글로벌 중산층의 21세기적 의사 표현이다. 중산층이 처음으로 자신들의 이해가 단지 국가 차원의 정치적 실천을 통해서는 이루어질 수 없다고 판단하고 지구 전체로 시야를 넓힌 것이다. 젊은 세대의 미래가 얼마 안 되는 글로벌 엘리트의 이익을 위해 희생되고 있다는 항의였다. 정치학자이자 언론인인 데이비드 로스코프(David J. Rothkopf)에 따르면 자신들의 이해에 부합하게 경제와 정치를 조직해 온, 대략 6000명에 달하는 이들 슈퍼클래스(superclass)는 오랫동안 존재해 왔지만, 중산층이 함께 이익을 얻는 동안 용인된 집단이었다.[2] 이제 중산층 젊은이들이 자신과 자신보다 못한 처지에 있는 이들을 위해 그들에게 맞서고 있다. 그레타 툰베리는 이렇게 항의했다. "당신들은 헛된 말로 저의 꿈과 어린 시절을 앗아 갔습니다. 그렇지만 저는 운이 좋은 편에 속합니다. 사람들이 고통받고 있습니다."[3]

미래를위한금요일을 조직한 이 젊은 환경 운동가는 물질적 풍요와 건강한 지구를 둘 다 이루는 방향으로 경제정책에 근본적인 변화를 주지 않는다면 자신들의 미래에 행복한 삶은 없다며 걱정 어린 외침을 내지르고 있다. 오늘날의 용어로 지속가능한발전(sustainable development)을 이루자고 중산층 가정의 어린이들이 강경하게 요구하고 있는 것이다.

지속가능한발전은 글로벌 중산층이 50억 명에 도달하려면 반드시 갖추어야 하는 새로운 동력원이다. 그 용어는 정책과정(policy circle)[정책을 만들 때 사용하는 절차로 policy process라고도 함. 정책의제 설정, 정책 형성과 채택, 집행, 평가 등 순환적 단계를 포함-옮긴이]의 대상이 되기는 했지만 한동안 모호한 개념으로 떠돌았다. 1987년 당시 그로 할렘 브룬틀란(Gro Harlem Brundtland) 노르웨이 총리가 의장으로 있던 세계환경개발위원회(World Commission on Environment and Development)의 보고서는 지속가능한발전을 "미래의 필요와 열망을 충족시킬 능력을 해치지 않고 현재의 필요와 열망을 충족하는"[4] 과정이라고 설명했다. 중산층에게 이런 시간적 차원은 이전에 생각지 못한 관점이었다. 지금까지 중산층 가정은 자식들이 자신이 누린 것보다 더 행복한 삶을 누릴 기회를 얻는 것이 당연하다고 여겼다. 부는 부를 낳았고 교육과 건강은 새로운 세대로 넘어갈 때마다 꾸준히 개선되었다. 전쟁의 시기와 일부 나라에 닥친 하이퍼인플레이션을 제외하면 중산층은 그들 계층의 생활수준이 계속해서 향상하는 것만 보고 살았다. 그러나 2010년 이래로 반복된 경제·건강·사회적 위기에 노출되면서 중산층의 취약성이 드러났다. 제트세대(Generation Z)—1990년대 후반에서 2010년 사이에 태어난 이들—의 구성원들은 자신이 행복한 삶을 누릴 가능성이 줄어들고 있다고 염려하면서 미래를위한금요일의 활동가가 되었다.

이런 점에서 제트세대 활동가들은 과학자들과 공통되는 대의를 갖고 있다. 미래를위한금요일이 만든 플랫폼은 정책 입안자들에게 현재 이용 가능한 최상의 과학에 귀를 기울이라고 요구한다. 과학자들은 세계가 새로운 지질시대인 인류세(Anthropocene)로 들어섰다고 말한다. 인류의 행위가 화석으로 영원히 각인될 정도로 지구에 큰 영향을 미쳤기 때문이다. 지난 1만 1700년 동안 인류는 홀로세(Holocene)[holo-는 '완전하고 조화로운'이라는 뜻-옮긴이]를 살아왔다. 마지막 대빙하기가 끝나고 나타난 시대였다. 2019년에 인류세연구그룹

(Anthropocene Working Group)의 과학자들은 국제표준층서구역(Global Boundary Stratotype Section and Point, GSSP)으로 정의되는 새로운 지질시대로서 인류세를 국제지질학연합(International Union of Geological Sciences, IUGS)이 공식 채택하도록 건의하는 안을 놓고 투표를 했다.[5] 알기 쉽게 설명하면 방사능, 플라스틱 오염, 종 소멸로 전 지구적 변화를 알리는 많은 표지(marker)가 암석층에 새로이 새겨질 것이며 과학자들은 미래세대가 그것들을 보게 되리라고 믿는다는 말이다.

인류세의 시작을 알리는 전 지구적 기후변화는 경제적 번영에는 위협 요소다. 글로벌 중산층은 어마어마한 소비욕으로 지구에 인위적 충격을 가했다는 큰 책임이 있으며, 그 욕망이 중산층 자신에게 최대의 위협을 가할지도 모를 지경에 처했다. 중산층의 요구에 발맞춘 전 세계 경제는 정확히는 모르지만 지구에 엄청난 부담을 준다. 그러나 자연은 우리에게 베풀 수 있는 한계에 도달하고 있고 그 한계를 넘어서려 한다. 자연은 인간의 번영에 더욱 적대적인 쪽으로 변하고 있다. 기후변화가 가속화되면서 강력한 홍수와 열대 폭풍이 잦아진다. 맑은 물이 부족해지고 화분매개곤충(insect pollinator)이 줄어들면서 농업도 타격을 받는다. 도시에서 쏟아 내는 어마어마한 고형 폐기물이 지속 가능한 방식으로 처리되지 않고 있다. 대규모로 진행되는 종 소멸은 생태계의 복원력을 떨어뜨린다.

이 정도로도 충분하지 않은 듯 슈퍼리치(super rich)들은 일자리를 없애는 기술을 수용하거나 발명하는 쪽으로 사업의 방향을 잡고 있다. 만약 로봇과 인공지능이 중산층 일자리의 기반을 제거해 버린다면 중산층은 살아남을 수 없다. 이런 위협에 맞서서 일부 지역의 중산층은 20세기 중반에 자신들을 오도했던 민족주의와 보호주의로 회귀하고 있다.

우리 시대에 던져진 근본적인 질문은 중산층이 계속 늘어나고 번성할 수 있을까, 아니면 오늘날 중산층의 자식들은 행복한 삶을 누릴 수 없다는 사실을 확인하고 말 것인가이다. 만약 새로운 지속가능한발전 모델이 개발되어 현실에서 적용된다면 2030년까지 중산층이 적어도 50억 명에 달할 가능성은 얼마든지 있다. 그러자면 중산층은 기후변화를 완화하고 지구위험한계선을 벗어나지 않으며 사회 전체에 유익한 기술을 이용하는 방향으로 경제와 사회의 일 처리 과정을 변환시켜야 한다. 만약 중산층이 계속 번영하기를 원한다면 그들은 정부에 압력을 가해 자기 파괴적이며 지속 가능하지 않은 방식으로 번영을 이끌어 온 지금까지의 경제 체제를 개혁하도록 만들어야 할 것이다.

탈탄소와 중산층의 번영

지난 수십 년 동안은 젊은이들이 기후변화와 환경을 얘기해 왔다. 달라진 점은 기후변화를 논의하는 틀이 환경에 대한 염려―열대우림, 고래와 북극곰 지키기―에서 자식과 후손의 안녕에 대한 염려로 바뀌었다는 사실이다. 『기후변화 의사소통에 대한 옥스퍼드 백과사전(Oxford Encyclopedia of Climate Change Communication)』의 편집을 맡았던 매슈 니스벳(Matthew Nisbet)은 기후 메시지가 훨씬 더 설득력을 갖게 된 이유를 이렇게 설명했다. "기후변화가 극적인 효과를 갖게 되었습니다. 그것은 새롭고 명백한 것으로 여겨졌으며 파국으로 다가왔습니다."[6] 그는 중산층의 규모와 성장 잠재력도 기후변화와 긴밀한 관계를 맺게 되었다고 덧붙여야 했을지도 모른다.

2020년 온실가스(Greenhouse Gas, GHG) 배출의 2/3 정도가 가정의 소비와 관련된 것이었다.[7] 중산층이 전 세계 소비의 3/4을 차지한다는 사실을 고려하면 모든 온실가스의 절반은 중산층의 책임이라고 볼 수 있다. 탄소중립 세상을 이룩하기 위해 중산층은 앞으로 10년 동안 1인당 온실가스 소비를 60퍼센트나 줄여야 한다.

이것은 이룰 수 있는 일이지만 네 가지 조치가 선행되어야 한다. 첫 번째 조치로써 에너지를 생산하는 방식을 완전히 바꿔야 한다. 현재까지는 화석연료를 태웠다. 지난 몇 년 동안 재생에너지에 많은 관심이 쏟아지기는 했지만, 2022년 기준으로 화석연료는 여전히 전체 전력 발생원의 구성비에서 81퍼센트를 차지한다.[8] 그런 소비는 기후변화를 피하는 길과 양립할 수 없다. 2050년까지 전력 발생원의 구성비에서 화석연료의 비율을 15퍼센트까지 떨어뜨려야 한다. 나머지는 재생에너지나 원자력 기술로 얻어야 한다.

이런 노력이 만드는 차이를 알려면 프랑스와 스웨덴의 1인당 탄소 배출 수준이 미국의 1/3이라는 사실을 생각해 보라. 프랑스는 자국 전기 대부분을 탄소 배출이 없는 원자력발전으로 생산하며 스웨덴은 수력발전에 크게 의존한다.

전력의 탈탄소화는 이미 진행되고 있다. 전 세계 대부분에서 태양에너지와 풍력이 다른 대안 에너지들보다 더 값싸다. 사우디아라비아의 민간 발전 업체 ACWA는 에티오피아의 전력망에 태양광발전을 제공하기 위한 입찰에 나서서 킬로와트시(時)당 2.5센트의 가격―전형적인 복합사이클가스터빈(combined cycle gas turbine)으로 생산하는 전기의 1/3 가격이고 현대적인 초임계 석탄화력발전소의 1/4 가격―으로 수주에 성공했다. 전통적으로 화석연료 산업을 옹호했던 국제에너지기구(International Energy Association, IEA)조차도 적어도 태양의 복사가 강력하고 자본비용이 낮은 곳이라면 태양광발전이 "역사상 가장 값싼 에너지원"이라고 주장할 정도이다.[9] 재생에너지가 아직도 화석연료를 완전히 대체하지 못한 유일한 이유는 재생에너지가 생산하는 전력량이 날씨와 시간대에 좌우되기 때문이다. 그것은 전력을 수요에 맞춰 끊임없이 공급하기 위해 전기부하를 관리해야 하는 입장에서는 불편한 일이다. 현대의 전력망에서 시간대에 따른 수요는 상당한 수준으로 예측 가능하고 전력망 관리자가 공급을 조절하는 것도 가능하다. 재생에너지를 기본 전력원으로 사용하면서 이런 조절이 가능하려면 축전지를 추가해야 하는데 이는 전력의 실질적인 비용을 상당히 증가시킨다. 예상하자면 앞으로 축전지 비용은 빠르게 떨어질 것이고 심지어 전기차 배터리나 테슬라 파워월(Tesla Powerwall) 같은 형태로 가정에 보급할 수도 있다. 또한 시간대별 차등 요금제로 전력 수요를 좀 더 유연하게 만들어서 재생에너지에 기반한 전력망을 기술적으로 가능하고 경제적으로도 효율성 좋게 만들 수 있을 것이다.

두 번째 조치로써 우리가 에너지를 동원해 사용하는 공장 기계들, 자동차, 열차, 건물의 냉난방 등 모든 것이 전기로 가동되도록 바꿔야 한다. 온 세상이 쓰는 에너지의 90퍼센트가 만들고 이동하고, 우리가 살거나 일하는 공간의 온도를 조절하는 데 쓰인다. 거의 모든 이런 과정들, 즉 낮은 온도를 요구하는 음식과 음료 처리 혹은 섬유와 의류, 중간 정도의 온도가 필요한 건조와 도색 열처리는 전기화(electrification)를 통해 할 수 있다. 사실 전기화를 더 빠르게 진행하자는 계획의 일환으로 2025년까지 화석연료로 가동되는 모든 보일러의 판매를 중지시키자는 제안도 있었다.

전기로 움직이는 차와 버스, 트럭은 이미 현실이 되어 가고 있다. 또한 프랑스와 유럽의 다른 나라들은 거대한 철도망을 갖고 있으며 이는 매일 통근하고 도시에서 도시로 이동하는 수단이 되었다. 철도는 가장 유용한 이동 수단이다. 유럽의 도시들을 이어 주는 유명한 고속 열차인 유로스타(Eurostar)는 승객 1명이 1킬로미터당 이산화탄소 6그램을 사용한다. 이와는 대조적으로 미국에서 단거리를 운항하는 국내선 비행기 여행은 255그램을 사용한다. 모든 비행기 여행은 탄소 배출량이 많다. 특히 단거리 비행기 여행은 어마어마한 양의 에너지를 쓴다. 거리와는 무관하게 순항 고도에 도달해야 하기 때문이다. 앞으로 사람들은 이동하는 데 대중교통, 자전거 혹은 전기차를 정규적으로 이용해야 할 것이다. 국제에너지기구는 2035년까지 내연기관 엔진을 단 차량의 판매를 금지하도록 권고한다.[10]

열대와 한대 지역의 나라들은 냉난방에 에너지가 필요하다. 걸프 지역의 나라들이 1인당 탄소 배출량이 가장 높은 곳으로 꼽히는 것도 그런 이유 때문이다. 미국 에너지부는 실내 온도를 1도 조정할 때마다 8시간 동안 1퍼센트의 에너지 절약 효과를 본다고 추정한다. 글로벌 중산층에 다섯 번째로 10억 명이 더 합류하게 되면 어마어마한 에너지 소비로 귀결될 공산이 크다. 현재 전 세계 성장의 양상을 보면 새로운 중산층은 대부분 동남아시아에서 나올 가능성이 높은데 덥고 습한 지역이어서 냉방기가 몹시 필요하다. 다행히 히트펌프(heat pump)[저온에서 고온으로, 고온에서 저온으로 열원을 전달하는 냉난방기의 일종-옮긴이]를 사용하고 건물의 에너지 효율 기준을 높이면 온도를 조절하는 데 상당한 절약 효과를 거둘 수 있다.

이 모든 과정이 근사해 보이는 이유는 저탄소 경제가 현재의 방식보다 비용도 더 절감한다는 데 있다. 정부의 보조금을 통해 추가적인 동기부여까지 한다면 더욱 큰 효과를 볼 수 있다. 이런 이유로 전력원을 전환하는 과정은 빠르게 이뤄질 가능성이 있고 현존하는 가장 강력한 경제적 원동력, 즉 자유경쟁 시장이 변화를 주도하게 될 것이다. 옛 방식을 고집하는 기업들은 값비싼 비용을 치르고 빠르게 적응하거나 문을 닫아야 하는 양자택일에 직면하게 된다.

전기화가 모든 것에 다 통하지는 않는다. 그래서 세 번째 조치로써 경제적인 이유로 전기화할 수 없는 상품이나 서비스의 탄소집약도(carbon intensity)[상품, 서비스, 에너지 등을 생산할 때 배출한 탄소량을 평가하는 지표-옮긴이]를 줄이기 위해 새로운 상품을 만들거나 과정을 혁신해야 한다. 예컨대 항공기를 전기화할 방법을 생각해 내기란 어려운 일이다. 항공기에 축전지를 달았다가는 너무 무거워서 비용을 감당할 수가 없다. 그리고 강철, 시멘트, 유리, 질 좋은 도자기, 화학제품을 만들려면 고열이 필요한데 그걸 위해 전기를 사용하는 것도 값비싸다. 전체 에너지의 10~20퍼센트가 소모되는 이런 일에는 화석연료를 계속 쓰면서 탄소 포집과 축전지를 통해 탄소 배출을 상쇄하거나 수소, 심지어 원자력에 기반한 새 기술을 발명할 필요가 있다.

가령 컬럼비아대학교 글로벌에너지정책센터(Center on Global Energy Policy)의 선임 연구자 훌리오 프리드먼(Julio Friedman)은 "바위를 녹이고 금속을 주조하며 화학반응을 일으키기" 위해 고열이 필요한 중공업이 던진 과제와 정책적 대안들을 검토하고 있다.[11] 중공업이 요구하는 높은 온도의 열(시멘트 소성로는 대략 1400도에서 작동한다)을 발생시키는 가장 값싼 방법이 기존대로 화석연료를 사용하는 것이라면 대안을 시도하는 나라는 저렴한 화석연료를 계속 쓰는 경쟁국에 중공업을 갖다 바치는 꼴이 될 것이다. 경제적 관점에서 해결책을 찾는다면 모든 정부가 화석연료에 세금을 매기도록 국제 협정을 맺어서 기존 방식이 비싸지게 만들면 된다. 모든 나라가 이와 같은 협정에 동의하도록 만드는 일은 어렵다. 그래서 국제 통상 전문 변호사들이 이른바 "국경세조정(border tax adjustment)"[수입품에는 관세 이외에도 국내품에 준하는 간접세를 부과하고 수출품에는 이를 감면해 주는 제도-옮긴이]이라는 차선책을 고안했다. 오염 유발국들이 화석연료를 사용해 만든 상품은 가치 사슬의 어느 단계에서든, 직접적으로든 간접적으로든 자유롭게 수출하지 못하도록 막아 보자는 취지다.

이 모든 고민의 배경에 깔린 공통적인 뜻은 기본적인 시장의 힘을 이용하면 빠르게 온실가스를 줄일 수 있다는 생각이다. 때때로 정부는 시장에 적절한 방향을 제시하거나 필요한 기반 시설을 제공하기 위해 개입할 필요가 있다. 그러면 기업들은 그것에 따라 움직일 것이다.

정부들은 중산층이 강력한 조치를 취하라고 압박해도 그들이 원할 때만 개입하며 변화를 이끈다. 화석연료 산업의 기득권은 강고하기 때문에 그들이 자진해서 무릎 꿇을 리는 없다. 기득권자들은 반격에 나선 적도 있다. 미국에서는 기업체의 로비 집단인 지구기후연합(Global Climate Coalition)이 기후변화의 원흉은 인간이라고 의견 일치를 본 과학계에 어깃장을 놓겠다는 명확한 목표를 세우고, 친기업 집단을 부채질해서 싱크탱크와 대학 들에 기금을 대도록 했으며 기후변화에 회의적인 연구를 내놓도록 했다. 심지어 오늘날까지도 미국 성인의 30퍼센트가 기후변화는 실제가 아니라거나 혹은 인간이 그것을 유발하지 않았다는 낭설을 믿는다.[12] 그 집단은 1997년 미국의 교토의정서(Kyoto Protocol) 인준을 저지하는 데 성공했다. 그것은 과학적 사실에 부분적으로 혼란을 일으켜 기후변화를 경감하려는 전 세계적인 공감대 형성을 막으려고 한 최초의 시도였다. 흡연이 암에 미치는 해악을 깎아내리려 애썼던 담배 산업의 구태를 답습한 전형적인 패악질이었다. 마찬가지로 석유화학기업 브리티시페트롤리엄(BP)에게서 정기 후원금을 받는 싱크탱크인 영국의 경제문제연구소(Institute of Economic Affairs)도 기후변화의 결과들을 집요하게 폄하했다. 그들이 낸 어떤 보고서는 지구온난화가 작물의 수확량에 영향을 미치기 때문에 심지어 지구에 이롭다고 주장했다. 이런 왜곡에 걸려 있는 이해관계는 막대하다. 2019년에 석유와 가스 부문의 총생산은 3조 달러 이상을 기록했다. 프랑스나 영국의 총생산을 넘어서고 독일의 총생산에는 조금 못 미치는 정도다. 기후변화가 요구하는 중대한 조치를 20년 이상 지연함으로써 화석연료 회사들은 많은 돈을 벌었지만, 중산층은 이런 이익의 반대급부로 다가올 시대에 몇십 배로 대가를 치러야 한다. 이제는 훨씬 더 빨리 저탄소 경제로 옮아가야 하기 때문이다.

이제 중산층은 기득권과 대결하는 수준을 넘어서 자신들의 태도를 바꿀 필요가 있다. 이것이 변화를 위한 네 번째 조치이다.[13] 국제에너지기구에 따르면 탄소 배출 누적 절감량의 절반 이상이 소비자의 선택과 연결되어 있다고 한다. 소비자들은 전기차로 갈아타고 히트펌프를 설치하며 직장 통근 수단을 바꾸고 비행기를 삼가야 한다. 누가 어느 영역에서 가장 많이 바뀌어야 하는지에 대한 판단은 경우에 따라 다를 것이다. 중산층의 소비와 에너지 사용 패턴이 전 세계적으로 다양하기 때문이다. 이를테면 2018년에 미국의 평균적인 중산층이 이산화탄소 17.6톤을 배출한 것에 비해 프랑스는 6.8톤, 중국은 6.3톤, 인도는 1.7톤을 배출했다. 이런 차이는 미국의 중산층과 부유층이 다른 나라보다 더 부유하고 소비를 많이 하기 때문이기도 하다. 그러나 또한 이런 차이는 이들 나라에서 먹고 통근하고 여행하며 집과 일터를 어느 정도로 냉난방할 것인지를 놓고 소비자들이 내리는 선택에서 많은 부분이 비롯한다.

소비 행위를 바꾸는 문제와 관련된 일은 축적된 경험이 없기 때문에 처음에는 당연히 그 효과를 예측할 수 없다. 가장 많은 논란은 식습관을 바꾸는 일에서 벌어지고 있다. 농업, 특히 축산에서 탄소와 메탄 배출이 엄청나다는 것에는 의심의 여지가 없다. 식습관을 바꾸는 것은 도움이 된다. 그런 행위에서 가장 극단적인 형태는 사람들에게 완전한 비건 식단으로 바꾸라고 요청하는 경우다. 비건 식단이 탄소 배출을 줄이는 것은 분명하다. 그러나 한 사람이 비건이 되어 1년간 절약하는 탄소 배출량은 장거리가 아닌 비행기 여행을 1번 포기하는 것과 견주면 절반 정도에 불과하다. 채식, 지중해식 또는 그와 유사한 식단들도 비건만큼은 아니더라도 탄소 배출을 줄여 준다. 채소는 생으로 먹을 수 있어서 요리하는 데 에너지를 쓸 필요가 없기 때문이다. 다른 선택지도 있다. 탄소발자국(carbon footprint)[사람의 활동, 생산과 소비를 통해 배출되는 온실가스 총량-옮긴이]이 적은 고기로 바꿔 보는 것이다. 닭고기는 양고기보다 1/6, 소고기보다 1/4 정도 탄소발자국이 적다. 소고기 스테이크 227그램을 먹으면 차로 24킬로미터를 이동하는 만큼 탄소발자국을 남긴다.[14]

유기농 음식을 사면 살충제와 비료를 줄이는 효과를 낸다. 둘 다 생산과 운송에 화석연료를 쓴다. 지역적 소비를 하고 음식물 쓰레기를 줄이는 것도 탄소 배출을 경감하는 데 기여하겠지만 그 효과가 대단하지는 않다.

호화롭고 거창한 소비를 바꾸는 게 사소한 소비를 바꾸는 것보다 쉬울지도 모른다. 가령 만약 정부가 세금과 규제를 동원해 항공운송의 비용을 올리면 많은 이가 자발적으로 비행기 여행을 포기하거나 별 군소리 없이 열차로 갈아탈 것이다. 프랑스가 열차로 2.5시간 이내의 거리에 있는 도시들을 오가는 비행기는 운행을 금지하겠다는 결정을 내리자 유럽연합 집행위원회(European Commission)는 이를 승인했다. 규제를 통해 탄소 배출 절감의 속도를 높일 수 있는 다른 사례들도 있을 것이다. 소비자들은 그들이 쓸 수 있는 더 나은 선택지가 있더라도 기존의 소비 관성을 유지하는 동물이다. 그러나 동기를 올바르게 부여해 주기만 한다면 변화를 빠르게 이끌어 낼 수도 있다.

예컨대 백열등을 생각해 보자. 2007년에 미국 의회는 에너지의 10퍼센트만을 빛으로 변환하는 현재의 백열등 기술보다 28퍼센트 이상 효율적이지 않으면 2012년부터 그 전구의 판매를 금지하는 법안을 통과시켰다. 그 법안이 발효되기 바로 전인 2011년에는 미국 가정의 2/3 이상이 백열등을 썼다. 소형형광등(Compact fluorescent Lamp), 할로겐, LED 전구의 도입으로 더 싸고 더 나은 대안이 제공되었다. 5년이 채 못 지나서 6퍼센트를 제외한 모든 가정이 백열등을 이 새로운 대안들로 갈아 치웠다. 법은 최초의 자극을 주었을 뿐이지만 공공기업이 동기부여를 하고 시장이 그에 부응하면서 이런 엄청난 변화를 이끌었다. 법이 시행된 지 1.4년 만에 옛 백열등이 모두 사라지게 되었다는 사실은 기존에 있던 모든 재고 또한 갈아 치워야 했다는 말이다. 각 가정의 선택지는 백열등을 교체할지 말지가 아니라 수명이 다한 백열등을 어느 조명으로 바꿀지가 되었다.

가정이나 사무실의 전기기구와 승용차, 보일러를 좀 더 에너지 효율이 높은 제품으로 대체하는 것은 백열전구보다는 더 어려운 일이다. 그러나 동일한 방식으로 정부의 규제, 가격 지원책, 시장의 힘을 동원하면 가능하리라고 본다. 중앙정부와 지방정부는 탄소 포집과 지하 저장 같은 새로운 기술의 연구 개발에 기금을 지원할 뿐만 아니라 철도망과 전기차 충전소처럼 소비자의 합리적인 선택을 유도할 기반 시설에 투자하도록 요구받는다. 기업체는 에너지 효율이 높은 새로운 전기기구와 전기차 따위를 제공하라는 요구에 부응해야 할 것이다.

이와 같은 조치들을 통해 탄소중립 경제로 전환하는 것은 어마어마하지만 불가능한 과제는 아니다. 국제에너지기구에 따르면 2030년까지 매년 5조 달러를 투입해야 할 정도로 총 투자비용이 엄청나다. 비용이 대단히 많이 들지만 2030년에는 전 세계 소비자의 지출이 거의 100조 달러에 달하리라는 예측을 감안하면 충분히 감당할 수 있는 투자다. 무엇보다도 기후변화를 경감하려는 경제 논리가 획기적으로 변화했다는 사실이 중요하다. 과거에는 현재의 소비를 줄이면 그 대가로 미래에 더 낳이(혹은 지속적으로) 소비할 수 있다고 약속했지만, 지금은 현재와 미래 어느 쪽도 희생하지 않는다. 우리가 저탄소로 전환하는 데 성공하기만 한다면 오늘날에도 더 많이 소비하고 미래에도 더 많이 소비할 수 있다.

이런 전환에서 비롯하는 전체적인 경제 혜택은 중산층이 지속적으로 늘어나도록 지원할 것이다. 중산층은 상품과 서비스 대부분에서 더 낮아진 물가의 혜택을 입게 된다. 재생에너지에 기반한 전기료가 저렴해진 덕분이다. 중산층은 여전히 화석연료를 이용해 생산하는 상품에 값비싼 세금을 치르기도 하겠지만 그런 세금 대부분은 부유한 가구와 자본집약적 사업체의 주주들이 감당하게 될 것이다. 한편 공기 오염이 감소하고 기후변화가 늦추어지면 전 세계인의 건강이 증진된다. 중산층은 이미 전 세계 인구의 다수를 차지하고 있으므로 기후변화가 더뎌져서 가장 큰 혜택을 보는 것은 바로 그들 자신이다.

자연을 보존하고 중산층의 낭비를 줄이는 일

경제체제를 탈탄소화하는 과업과 함께 이루어야 할 또 다른 변화는 더 이상 자연환경을 해치지 않는 것이다. 지구상에서 우리는 그냥 덜 만들고 덜 버려야 한다. 경제체제는 "자원 채취-대량생산-폐기(take-make-dispose)"의 과정으로 돌아간다. 2017년에는 원료를 총 920조 톤 썼는데 1인당 평균 12.2톤을 소모한 꼴이다.[15] 가난한 사람이 평균보다 덜 쓴다는 걸 감안하면 중산층에서 평균인 사람은 소비를 충족하는 데 물질을 매년 20톤 사용했다고 볼 수 있다. 매일 자신의 몸무게만큼을 소모한 것이다. 지방자치단체는 쓰레기를 매년 20억 톤 이상 처리해야 한다. 비료화와 재활용에 온갖 애를 쓰더라도 적어도 폐기물의 1/3 정도는 지속 가능한 방식으로 처리되지 않는다. 중산층의 증가가 가장 빠르게 일어나고 있는 개발도상국들에서 폐기물의 절반은 그냥 버려진다.[16]

쓰레기는 보기에도 안 좋지만 건강도 위협한다. 그리고 쓰레기 속 유기물은 부패하면서 기후변화에도 악영향을 미친다. 그것은 또한 지구의 생태계를 해친다. 샌프란시스코와 하와이섬 사이를 떠다니고 있는 태평양거대쓰레기지대(Great Pacific Garbage Patch)는 260만 평방킬로미터(프랑스 면적의 2배)에 달하며 쓰레기 8만 톤으로 이루어져 있는데 그중에 절반은 버려진 어업 장비다. 그것을 발견한 해양학자 찰스 무어(Charles Moore)에 따르면 그 지대는 10년마다 규모가 곱절로 커진다고 한다.

중산층이 계속 증가하려면 쓰레기 처리 문제는 반드시 해결해야 한다. 그것은 중산층이 전 지구적 차원으로 증가했기 때문에 새삼 문제가 된 것이다. 중산층이 부유한 나라에 집중되었을 때는 쓰레기를 개발도상국으로 수출했다. 중국, 인도, 말레이시아를 비롯한 개도국들은 북반구 선진국의 쓰레기를 대가를 받고 수입했다. 그러나 이들 나라도 자국 중산층이 늘어나면서 쓰레기 수입 규정을 강화히는 한편 자국에서 생산된 쓰레기 문제도 동시에 해결해야 했다. 구시대의 방식은 무너졌고, 새로운 체제인 소위 "순환경제(circular economy)"는 여전히 형성되는 도중에 있다.

순환경제는 쓰레기와 오염을 제거하거나 최소화하는 디자인을 적용하고, 재료를 재활용하며 자연환경은 재생하자는 개념이다.[17] 순환경제 개념에서 재활용은 익숙한 사람들이 많겠지만 디자인과 재생 과정은 새로운 발상이다.

선택된 일부 부문에서 꽤 오랫동안 재활용은 중요한 과정이었다. 가령 알루미늄은 그 화학적 특징을 조금도 잃지 않고 재활용할 수 있다. 그래서 지금껏 생산된 모든 알루미늄에서 3/4 정도가 여전히 사용되고 있다. 이에 비해 플라스틱은 겨우 9퍼센트만이 재활용된다. 그렇다고 알루미늄이 더 우량하다거나 더 환경친화적이라고 볼 수는 없다. 애초에 알루미늄을 생산하는 데는 많은 에너지가 든다. 하지만 재활용을 거친 후에 그것을 처리하는 데는 훨씬 적은 에너지가 소모된다. 사실 알루미늄이 그렇게 많이 재활용되는 이유도 새 알루미늄 깡통 하나를 만드는 것보다 있는 알루미늄 캔을 재활용하는 것이 확실히 더 싸게 먹히기 때문이다.

알루미늄과 같은 부류에 속하는 다른 금속도 많다. 금은 많은 전기 기기의 부품에 사용된다. 이들 기기를 처리할 때에는 당연히 모든 금 성분을 확실하게 재활용하려고 매우 노력한다. 새로운 디지털 경제체제에서 구리 배선, 코발트 양극재를 쓴 리튬배터리 등의 소재에 다양한 광물을 대량으로 사용한다는 사실은 부정할 수 없는 대전제이다. 금속이 미래의 대세가 되었다. 세계경제에 가장 중요한 자원들이 바뀌고 있다. 세계경제를 응원하는 사람들의 구호는 "석유를 많이, 더 많이 파자(drill, baby, drill)"[원래는 트럼프를 비롯한 기후 위기 부정론자들이 화석연료를 가차 없이 개발하자며 내건 슬로건-옮긴이]에서 "광물을 많이, 더 많이 캐자(dig, baby, dig)"로 바뀌고 있다.

  금속에 내재한 가치는 금속 재활용을 괜찮은 벤처 사업으로 만들고 있다. 같은 논리가 다른 원료에도 마찬가지로 적용된다. 종이의 거의 60퍼센트는 기존 종이를 재생한 것이다. 플라스틱은 다르다. 플라스틱은 재생 비용보다 그냥 새로 생산하는 것이 상당히 값싼 편이다. 매년 생산되는 플라스틱 3억 톤 중에서 절반은 장바구니, 빨대, 병, 일회용 수저 세트, 포장지 따위로 단 1회 사용된다. 그렇게 버려지면 대체로 매립지로 가지만, 그중 많은 것―2020년 기준으로 1400만 톤―이 바다로 간다. 세계경제포럼(World Economic Forum)은 2050년이 되면 바다에 물고기보다 플라스틱이 더 많을지도 모른다고 예상한다.

  최초의 플라스틱 재생 공장은 1972년 펜실베이니아주 콘쇼호컨에 건설되었다. 모든 플라스틱 용기에는 삼각형이 있고 그 안에는 숫자가 적혀 있다. 이것은 1988년에 도입되었는데 어떤 것이 재활용 가능하고 어떤 것이 불가능한지를 구분하기 위해서였다. 재활용하기 위해 노력한 50년의 역사가 있음에도 불구하고 플라스틱은 겨우 10퍼센트 정도만이 재생된다. 나머지는 점차 분해되고 더욱 작은 미세플라스틱이 되어 야생동물과 물고기의 체내로 흡수되며 궁극적으로 인간의 체내로 되돌아온다. 이 플라스틱들은 몸에 이롭지 않다. 그리고 이런 플라스틱에 포함된 일부 화학물질, 가령 과불화화합물(Per- and Polyfluoroalkyl Substances, PFAS)은 시간이 흐르면서 몸속에 축적되어 건강을 위협한다는 상당한 증거가 있다.

플라스틱이 현재의 방식으로 생산된다면 현실적으로 더 완전하게 재활용할 가능성이 없다. 재활용이 경제적이지도 않고 필요한 수준으로 소비자가 변화하도록 유인하기도 쉽지 않다. 그럼 플라스틱 문제를 해결하기 위해 무엇을 할 수 있을까? 해답은 디자인에 있다.

새로운 디자인 분야에서 플라스틱 대체물을 발견했다. 종이 빨대가 좋은 예이며 천으로 만든 옛날식 장바구니는 또 다른 예이다. 정부가 규제와 보조금을 결합한 유인책으로 지원한다면 소비자들이 이런 대안을 사용하도록 설득할 수 있을 것이다. 비닐봉지를 가장 먼저 금지한 나라는 방글라데시였다. 이 나라는 지리적으로 저지대에 위치해 있고 사이클론이 지나는 경로에 있어서 주기적으로 홍수를 겪는다. 물길을 돌리기만 하면 홍수가 도시에 입히는 피해를 줄일 수 있는데 비닐봉지가 하수구를 막으면 그런 수고가 허사가 된다. 2002년에 특히 심한 홍수 피해를 겪은 뒤 방글라데시는 하수구를 막아 버리는 비닐봉지의 사용을 금지했다. 국제연합(UN)에 따르면 그때 이후로 중국, 프랑스, 이탈리아를 포함한 일부 큰 나라를 비롯해 69개국이 전면적이거나 부분적으로 비닐봉지 금지 정책을 실행했다. 하지만 방글라데시와 이들 나라 가운데 금지령이 실질적으로 집행된 나라는 별로 없었다. 그래서 유럽 국가 대부분과 일본은 요금이나 세금을 부과하는 금전적 유인책으로 소비자들의 비닐봉지 사용을 줄이려 했다. 그와 달리 일부 나라에서는 의견이 분분하다. 미국이 대표적이다. 캘리포니아와 하와이는 금지책을 도입했다. 워싱턴 DC는 금전적 유인책을 썼다. 뉴욕과 다른 동부의 주들은 재활용과 재사용 프로그램을 개선했다. 플로리다, 애리조나, 중서부의 여러 주는 비닐봉지의 문제점을 전면 부정할 뿐만 아니라 비닐봉지에 이뤄질지도 모르는 정부 규제를 선제적으로 금지해 버렸다.

포장재에는 플라스틱이 가장 많이 사용된다. 새 포장재 디자인은 일회용 재료를 재사용할 수 있는 재료로 바꾸는 데 중점을 둔다. 이런 노력이 경제적으로도 실행 가능해지려면 새로운 재료를 다루는 재활용 시장이 있어야 한다. 결국 효율적으로 재생처리가 되도록 재료를 파악하고 분리, 분류하는 기반 시설이 마련될 때 최선의 결과를 이룰 수 있다. 플라스틱 문제를 놓고 유럽연합은 2030년까지 모든 플라스틱 포장재가 재활용되도록 하겠다는 목표를 세웠다.[18]

순환경제를 위한 혁신은 대부분 새로운 사업 사례와 관행에서 나온다. 한 회사가 사무실에 필요한 카펫을 구입하기보다는 임차한다고 생각해 보라. 공급자는 카펫을 깔 때 뒷면을 점착제로 고정하고, 오래된 카펫 전체나 오물이 묻은 부분을 교체할 시기가 오면 그것을 제거한 다음 재활용할 수 있다. 카펫 공급자가 사용하는 재료를 완전히 통제할 수 있기 때문에 공급자는 즉시 재생 가능한 카펫을 개발하기 위해 분발할 것이다. 이런 양상은 많은 선진국에서 일상이 된 변화다. 네덜란드의 바닥재 회사 인터페이스유럽(Interface Europe)은 바닥재를 디자인하고 그 재료를 생산하는 과정에서 재생에너지와 재활용된 친환경 재료를 100퍼센트 사용하는 데 전력을 기울이겠다고 공식적으로 선언했다. 이 회사는 이미 초음파 절단 기기를 사용해 폐자재를 줄였고 새로운 기술을 써서 물과 가스 소비도 절약했다. 이들의 유럽 지역 사업체에서 생산하고 판매하는 상품 중에 매립지로 보내지는 것은 없다.

순환경제를 궁극적으로 검증하는 것은 단지 자연을 파괴하지 않느냐가 아니라 되살려 내느냐이다. 기술적으로 가능한 일이다. 이를테면 2018년에 캘리포니아에서 창업한 뉴라이트(Newlight)사는 공기 중의 메탄과 탄소를 폴리하이드록시부티레이트(Polyhydroxybutyrate, PHB)라 불리는 바이오 플라스틱으로 바꾸는 기술을 개발했고, 그것으로 플라스틱, 섬유, 가죽을 대체하려고 한다. 제조사는 그것을 "에어카본(AirCarbon)"이라 부른다. 샌프란시스코에 본사를 둔 마이코웍스(MycoWorks)사는 플라스틱이나 섬유를 대체할 수 있는 원료를 생산하고 있다. 버섯 균사체(mycelium)['마이코웍스'의 '마이코(myco-)'는 버섯, 곰팡이라는 뜻-옮긴이]란 땅속에서 실처럼 가늘고 길게 자라나는 균사(菌絲)들이 뭉쳐서 만들어진 그물조직으로 버섯에 영양을 공급한다. 오리건주에서 발견된 그물조직은 세계 최대의 생명체로 유명하다[맬히어(Malheur) 국립공원에 서식하는 꿀버섯 군체. 휴멍거스 버섯(humongous fungus)이라고도 함-

옮긴이). 균사체는 자연에서 키워 압축하고 염색해서 소가죽에서 악어가죽까지 어느 동물의 가죽과도 유사한 재료로 만들 수 있다. 그것으로 가방, 신발, 벨트, 다른 패션 액세서리들도 만들 수 있다. 재료가 수명을 다하고 나면 미생물에 분해되어 퇴비가 된다. 버섯 균사체는 동물 가죽에 비해 물과 에너지를 아낄 수 있고 가죽 무두질에 사용되는 위험한 화학물질을 쓸 일도 없다.

에어카본에 사용하는 바다 미생물과 버섯 가죽에 사용하는 균사체는 자연이 인간의 복지에 어떤 식으로 도움이 될 수 있는지를 보여 주는 사례이다. 자연이 생태적으로 기여하는 또 다른 사례들을 찾는 것은 어렵지 않다. 탄소흡수원 역할을 하는 열대우림과 바닷속 켈프 군락, 해안을 보호하는 맹그로브 숲과 산호초가 그런 사례들이다. 커피, 코코아, 아몬드, 다른 과일과 야채들은 곤충이 수분을 해야 열매를 맺을 수 있다. 암 치료에 사용하는 약물의 70퍼센트는 천연 화합물이거나 자연에서 영감을 받아 만든 합성 화합물이다. 이 모든 사례는 자연이 우리에게 공짜로 준 선물이다. 아마도 그래서 자연의 기여는 심히 폄하되고 이제는 위험한 지경에 처해 있다. 땅과 바다, 습지를 비롯해 지구상의 모든 곳이 인간 때문에 몹시 변형되었다. 그 대가로 앞으로 몇십 년 안에 어쩌면 생명체가 최고 100만 종, 즉 조사된 모든 동식물의 1/4이 멸종할지도 모른다.[19] 이런 결과가 초래된다면 중산층이 계속 늘어날 가능성은 크게 떨어지게 된다. 지구상 거의 모든 문화가 받아들인 '어머니 대지(Mother Earth)'라는 발상을 기반 삼아 자연과의 조화 속에서 행복한 삶을 살겠다는 중산층의 가치도 당연히 파괴될 것이다.

우리는 사실 '여섯 번째 대멸종(sixth mass extinction)'의 시대를 살고 있다. 과학자들이 그것을 문명에 가장 큰 위협이라고 걱정하는 까닭은 그 추세를 돌이킬 수 없을지도 모른다고 생각하기 때문이다.[20] 비록 잦지는 않았지만 대멸종은 과거에도 있었다. 대략 8000만 년에 1번꼴이었고 거대한 화산 폭발이나 소행성의 충돌로 초래되었다. 하지만 이번 위기는 인간이 원인 제공자다. 잘못은 대부분 글로벌 중산층의 욕구에 부응하려다 저질러졌다. 모든 인간과 가축의 총질량은 모든 야생동물의 질량을 합한 것의 30배에 달한다. 지금도 야생동물들은 자연 서식지에서 쫓겨나고 있고 생명을 유지하는 데 필요한 자연 자원을 더 이상 구하기 힘든 처지에 놓여 있다.

과학자들은 오늘날 진행되고 있는 종 소멸의 속도는 역사적 기록에 기반한 추정치보다 100배나 빠르다고 믿는다.[21] 대개 종 소멸 소식은 일반 시민에게 주목받지 못하거나 고개를 절레절레 흔들거나 잠시 유감스러운 기분에 젖는 정도의 반응을 이끌어 낼 뿐이다. 2012년에 갈라파고스제도 핀타섬의 마지막 육지 거북인 외로운 조지(Lonesome George)가 죽었을 때 뉴스가 쏟아졌지만 그 죽음을 자신의 생명과 직결해 받아들인 사람은 거의 없었다. 비록 완전하지 못한 종 개체 수의 하드데이터(hard data)[통계·실험·관찰로 얻은 정보를 객관적으로 수치화한 자료-옮긴이]로 얻은 추정치에 불과하지만 총개체수가 5000마리 이하인 척추동물이 900종 이상에 이른다고 한다. 그런 종들이 멸종에 이르게 되면 그들이 지탱해 준 생태계가 변화할 것이고 다른 종을 위험에 빠뜨리며 멸종의 소용돌이에 가속페달을 밟을지도 모른다고 과학계는 걱정한다.

역설적이게도 중산층의 성공과 그 소비 증가가 종 소멸이라는 위험을 불렀다. 농업과 축산, 도시 건설을 하려고 땅을 개척하면서 자연에 가장 큰 충격을 주었고 뒤이어 지속 가능하지 않은 속도로 어업, 사냥, 수확, 벌목을 벌여 자원을 마구잡이로 고갈시켰다.

그래서 땅을 어떤 식으로 사용해야 할지 방법적으로 변화하는 것을 점점 더 많이 고민하고 있다. "더 많은 땅을 농업용으로 전환하지 않고도 건강하고 안전하며 구입 가능한 음식을 모두에게 제공할 수 있는가"라는 질문에 대한 해답은 정말 단순하게도 "가능해. 하지만 몇 가지 변화는 필요해"이다. 이 중에서 단백질을 어떻게 구할지가 가장 시급하다. 기본적인 사실은 간단하다. 이 세상 곡물의 절반 이하를 인간이 먹는다. 나머지는 동물이 먹거나 바이오 연료를 만드는 원료로 쓰인다. 미국과 호주에서 인간의 몫은 훨씬 적다. 대략 곡물의 10퍼센트만을 인간이 먹는다. 농부가 더 많은 곡물을 심으려고 숲을 벌채하는 이유는 고기와 유제품을 얻기 위해서이다. 전 세계에서 거주 가능한 땅의 절반이 농업용으로 바뀌었는데 그중 대부분이 직접적으로 소를 방목하거나 간접적으로 소를 먹이기 위한 옥수수와 콩을 키우는 데 쓰이니 결국 축산을 목적으로 한 셈이다.[22] 고기와 유제품을 얻는 데 사용하는 땅을 모두 합치면 알래스카에서 티에라델푸에고까지 이르는 아메리카 대륙 전체와 맞먹을지도 모른다.

이런 땅 중에 많은 곳은 자연화할 수 있으며 그리하여 수많은 종을 보호할 수 있다. 만약 모든 사람이 비건 식단을 선택한다면 우리가 먹을 음식을 생산할 땅은 조금 더 필요하겠지만 대신 우리가 차지하고 있는 30억에서 40억 헥타르에 해당하는 농경지와 목초지를 자연에 돌려줄 수 있을 것이다.

모든 이가 비건 식사를 하게 강제하는 것은 너무 극단적일 수도 있다. 대신 우리 식단에 달걀, 닭, 돼지고기, 물고기는 포함한다고 생각해 보자. 비건 식단보다 땅이 겨우 10퍼센트 더 필요할 뿐이다. 유제품인 우유와 치즈를 포함하더라도 여전히 20억 헥타르에 달하는 땅을 돌려줄 수 있을 것이다. 이것만 해도 거의 북아메리카와 맞먹는 크기이다.

그 20억 헥타르로 무엇을 할 수 있을 것인가? 5억 헥타르 정도면 숲길을 폐쇄한 뒤 산림을 복원하는 데 적당하리라고 본다. 그것으로 기후변화를 늦추고 멸종 위기종을 구할 수 있다. 나머지 15억 헥타르는 생물권보존지역을 지정하거나 생태통로를 마련하거나 임업을 겸한 농업을 실시하거나 수로를 보호하기 위해 강기슭에 숲을 조성하는 등 다양한 용도로 쓸 수 있을 것이다.[23] 심지어 소규모 농업과 인간의 거주를 허용할 수도 있다. 이런 종류의 보존·복원 노력은 일부 지역에서 이미 시행하고 있다. 이제는 그 규모를 늘리는 것이 핵심 과제가 되었다.

이런 대책들의 바탕이 되는 과학은 자연을위한국제적합의(Global Deal for Nature)라는 계획에 집약되어 있다. 그 계획을 통해 과학자들은 처음으로 전 세계 모든 나라에 2030년까지 각국 영토의 30퍼센트를 공식적으로 보호하고 추가적으로 20퍼센트를 기후 안정화 지역으로 지정하도록 요청했다.[24] 이런 목표는 더 이상 황당한 발상이 아니다. UN의 후원하에 모든 나라가 2022년 12월에 여러 목표를 합쳐서 글로벌생물다양성프레임워크(Global Biodiversity Framework, GBF)를 채택했다. 미국은 2021년 1월 바이든 대통령이 발동한 행정명령을 통해 이미 실행 단계로 들어갔다. 비록 그 명령이 법적 강제력을 가지지는 못하지만, 미국 내무부는 목표를 달성하려는 계획을 세우도록 지시했다. 그 계획은 "아름다운 미국(America the Beautiful)"이라고 불린다. 미국은 이를 좀 더 과감하게 밀어붙일 필요가 있다. 2022년까지도 미국의 보존 지역은 고작 12퍼센트에 불과해 목표치에 훨씬 못 미친다.

생물다양성 손실을 줄이려는 이런 방편들은 훌륭한 삶의 질을 누리기 위해 음식을 점점 더 많이 소비할 필요는 없다는 생각에 기초한다. 이는 합리적이고 지속 가능한 소비 양식으로 옮아가야 한다는 것을 뜻한다. 토착 공동체와 지역공동체는 이런 목표를 실행할 수 있는 방법에 깊은 지식을 갖고 있다. 그리고 정부와 이들 공동체의 협력 관계가 목표를 달성하기 위한 가장 중요한 체계로서 만들어지고 있다. 중산층이 양보해야 하는 것은 간단하다. 소고기와 양고기를 그만 먹으면 대멸종을 멈출 수 있다. 지구를 위해서는 다행스럽게도 새로이 중산층에 합류한 이들 상당수가 인도인이다. 인도는 단백질 대부분을 이미 식물로 섭취하고 있고 힌두교 신자들에게는 소고기가 금기 식품이다. 그리고 스테이크가 없다면 도무지 행복한 삶이라고 생각할 수 없는 이들을 위해서는 새로 나온 실험실 배양육이 있다. 비록 값은 더 비싸겠지만 맛으로는 현재 먹는 고기와 구분할 수 없게 될 것이다.

중산층을 위한 양호한 일자리와 고용 안정

모든 정부는 일자리 창출에 골몰한다. 단지 그렇고 그런 구태의연한 일자리가 아니라 좋은 일자리, 소위 '양호한 일자리' 말이다. 양호한 일자리는 상당한 소득, 안전한 업무 환경, 경제 침체에 대비하는 가족 부양, 개인의 발전을 도모할 가능성까지 보장한다. 그것은 중산층의 생활양식을 유지하는 기반이다. 문제는 기업은 임금을 최대한 낮추려 한다는 점이다. 가능하다면 기업은 같은 업무를 사람보다 더 믿을 만하게 더 값싸게 수행하는 로봇이나 컴퓨터로 언제든 대체한다. 다행히도 경제의 역사가 보여 주는 바에 따르면 몇몇 부문에서 일자리를 잃는 것은 문제가 되지 않고 오히려 성공의 전조가 된다. 자명종은 깨워 줄 사람을 고용하는 것과 비교하면 명백한 발전이었다. 그래서 노커어퍼(knockerupper)라는 직업은 대략 100년 정도만 유지되었다. 그들은 긴 막대로 창문을 두드리거나 콩알총(pea shooter)[콩알을 긴 빨대에 넣고 불어서 표적을 맞추는 놀이 도구-옮긴이]으로 창문을 따다닥 때려 일꾼들을 깨우고 그들이 아침 교대 시간에 늦지 않도록 했다. 마지막 노커어퍼 일자리는 1970년대에 런던에서 사라졌다.[25]

그렇다면 왜 지금 일자리를 근심하는가? 왜 젊은이들은 그들 또한 기술적으로 선진화된 사회가 제공하는 새롭고도 더 흥미로우며 창의적인 일자리가 주는 혜택을 누리게 되리라고 직관적으로 받아들이지 못하는가? 아마도 해답은 기독교 전통하에서 깊게 뿌리내린 노동 윤리에 있을 것이다. 1891년에 교황 레오 13세는 〈레룸 노바룸(Rerum Novarum)〉[새로운 사태라는 뜻. 산업혁명과 정치적 격변기를 맞아 교황이 반포한 칙서-옮긴이]이라는 회칙을 발표해 노동과 기술의 본성을 논하면서 노동은 노동자와 그의 가족에게 괜찮은 삶을 제공해야 한다는 교의를 천명했다. 그로부터 90년 뒤 교황 요한 바오로 2세는 인간과 노동의 관계를 더 깊이 돌이켜 보고 〈노동하는 인간(Laborem Exercens)〉이라는 회칙을 발표했다. 그는 "땅을 가득 채우고 땅을 정복하라"라는 「창세기」 1장 28절의 명령을 노동은 인간으로서 성취를 이루는 데 필수적인 것이라는 의미로 해석했다.[26] 하지만 교황은 조심스럽게 노동과 고역을 구분했다. 고역은 아담이 신의 명령을 어기고 이브의 말에 따라 금단의 열매를 먹은 대가로 남자에게 내려진 저주였다. 노동은 자아실현을 북돋우는 역할을 한다. 반면 고역은 죗값이었다. 루터교회도 "노동은 인간 존재의 기본 요소다. (…) 인간은 자신이 한 일과 창의성을 남에게 인정받을 때 깊은 만족감을 얻는다"라며 비슷한 생각을 밝혔다.[27] 노동의 권리는 세계인권선언(Universal Declaration of Human Rights) 제23조에 다음과 같이 정식으로 기술되었다. "모든 사람은 일할 권리, 자유로운 직업 선택권, 공정하고 유리한 노동조건에 관한 권리 및 실업으로부터 보호받을 권리를 갖는다."[28]

이런 관점으로 보면 기술은 그것이 "인간의 노동을 용이하게 하고 개선하며 촉진하고 보강할" 때 인간의 동맹자이다.[29] 기계는 그것이 인간을 "노예의 상태"[30]로 격하시킬 때 인간의 적이 된다. 지난 두 세기 동안 일어난 기술 발전은 대부분 전자의 범주에 속한다. 기계는 대체로 반복적이고 따분하며 육체를 써야 하는 노동을 대신해 주었다. 그런데 오늘날에는 이러한 관계가 변하고 있다는 낌새가 있다. 기술이 좀 더 창의적인 일을 대체할 가능성을 보이고 있다. 기계는 인간이 발명한 가장 탁월한 두뇌 게임인 체스와 바둑에서 이미 인간을 능가했다. 이제 많은 사람이 가까운 미래에 기계가 노벨 의학상을 받을지도 모른다고 생각한다.[31] 기업가들은 중역 회의실에 인공지능의 자리를 마련할 수도, 아니 마련해야 하는 상황이 올 수도 있다고 생각한다. 홍콩에 본사를 둔 딥날리지벤처스(Deep Knowledge Ventures)는 "바이탈(VITAL)"이라 불리는 인공지능 알고리즘을 옵서버 자격의 이사[이사회에 참석하고 발언권은 있으나 의결권이나 발의권이 없어 정식 구성원으로 인정되지는 않음-옮긴이로 임명했다. 세상은 대체로 이목이나 끌어 보려는 별난 짓으로 받아들였지만, 중요한 점은 이 잘나가는 생명공학 기업이 성공을 이룬 특징적 경향들을 분석하고 조언하는 역할을 알고리즘에 맡겼다는 것이고 그런 일이 더 이상 과학소설에만 나올 이야기로 들리지 않는다는 사실이다.

선진국의 노동시장에서 나타난 최근의 추세는 오로지 소수의 인간만이 노동을 누리게 되고 처지가 다른 대부분은 고역에 시달리게 되리라는 염려를 더욱 키웠다. 2011년에 IMF에서 모든 선진국 노동시장을 들여다본 보고서가 나왔다.[32] 보고서는 일자리 유형을 고임금, 중임금, 저임금으로 분류하고 1993년과 2006년 사이에 어떤 유형의 일자리가 가장 빨리 늘어났는지 물었다. 결과는 고임금과 저임금 부문이었다. 보고서가 대상으로 삼은 18개국 가운데 단 하나의 예외도 없이 모든 나라에서 중위 임금 일자리는 감소했다.

일부 나라에서는 명백히 나쁜 결과가 나왔다. 핀란드, 아일랜드, 포르투갈은 저임금 일자리의 증가가 중위 임금 일자리의 감소와 정확히 일치했다. 그곳의 승산층은 애를 먹고 있었다. 하지만 다른 나라에서는 결과가 좋았다. 오스트리아, 이탈리아, 프랑스, 룩셈부르크, 독일에서는 중위 임금 일자리가 감소하면서 저임금 일자리도 동반 감소했고 그에 상응하는 수준으로 고임금 일자리가 증가했다. 중산층이 더 나은 일자리를 얻은 것이다. 또 다른 나라는 복잡한 양상을 보였다.

중위 임금 일자리의 하락은 고임금과 저임금 일자리 모두의 상승으로 나타났다. 이런 양상은 중산층 "공동화(hollowing out)"라는 말로 설명되고 입증되었다. 공동화는 사무원, 조수, 기계 운전공, 중간관리자, 여행사 직원에서 작은 가게 주인과 자영 서점 주인에 이르기까지 모든 중개업종 종사자의 몰락을 보여 주었다. 그런데 공동화 현상을 생각할 때 중산층에서 하류층으로 탈락하는 만큼 중산층에서 상류층으로 진입하는 사람들이 있다는 사실을 알아 두는 것도 중요하다.

왜 이런 일이 일어나는지, 많은 제조업 일자리를 개발도상국으로 이전하게 만든 세계화와 기술이 그 원인인지, 아니면 미래의 노동력에 요구되는 기술을 현재의 노동력이 따라가지 못했기 때문인지를 놓고 경제학자들끼리 맹렬한 토론이 벌어졌다. 결국 기술은 국가 수준에서 여전히 번영으로 가는 입장권으로 보인다. 맥킨지글로벌연구소는 신기술 채택을 가속화하면 선진국 경제의 생산성이 매년 1퍼센트 정도 상승한다고 믿는다(팬데믹 이전의 2배 이상 수준).[33] 연구소는 전자상거래로의 전환, 자동화, 덜 효율적인 공장의 폐쇄가 특히 낮은 생산성으로 오랫동안 고생해 온 의료 부문 같은 곳에 장기적으로 긍정적인 효과를 낸다고 주장했다. 이런 긍정적인 뉴스는 주택 시장과 주식시장에서 중산층의 자산 가치를 끌어올리게 했다.

하지만 지난 수십 년 동안 생산성 향상의 혜택이 사회 전체로 골고루 나눠지도록 보장해 왔던 체제가 더 이상은 중산층에게 임금 상승을 허락하지 않고 있다. 미국에서는 1979년부터 2019년까지 40년 동안 생산성이 시간당 임금보다 4배나 빠르게 상승했다. 이런 추세는 비록 중산층이 재교육이나 고등교육을 통해 새로운 능력을 얻더라도 그렇게 끌어올린 생산성이 그들의 임금에 어느 정도로 반영될지 불투명하다는 것을 뜻한다.

일부 선진국에서, 특히 미국과 영국에서 중산층이 가진 사다리 2개가 치워지고 있다. 개인이 자신의 생애 동안 발전할 수 있는 사다리와 그 자녀가 발전할 수 있는 사다리 말이다. 임금이나 봉급으로 생활하는 중산층 개인의 관점에서 양호한 일자리는 개인의 발전뿐만 아니라 상당한 소득도 함께 제공하는 일자리이다. 어떤 이가 평생 동일한 업종에서 일자리를 지키거나 심지어 한 회사에서 일하는 경우는 드물다. 양호한 일자리의 특징은 그것이 개인의 미래를 위해 무엇을 해 주느냐에서 두드러진다. 중산층의 경력은 항상 계층 상승의 가능성과 연결되었다. 개인은 자신의 분야에서 혹은 여러 직업을 전전하면서 노동을 통해 나아갈 수 있었다.

새로운 데이터 덕분에 미국 내에서 개인의 계층 이동을 주적할 수 있게 되었다. 브루킹스연구소(Brookings Institution)는 130개 부문에서 실제로 벌어진 이직 현황 22만 8000건을 연구해 개인의 시작 지점이 계층 상승과 계층 하락에 어떤 식으로 영향을 미치는지 보여 주었다.[34] 대조적인 사례 두 가지가 핵심을 드러냈다. 시간당 12달러를 받으면서 일하는 동일한 규모의 두 집단을 가정해 보자. 그중 절반은 소매 영업을 하고, 나머지 절반은 간병인·요양보호사(personal care aide)로 일한다. 연구자는 이들의 그다음 일자리를 조사했다. 소매 영업 종사자의 2/3가 관리자, 고객 서비스 상담원이 되거나 심지어 경영진으로 승진했다. 나머지 1/3은 도리 없이 계산원이나 종업원처럼 더 낮은 임금을 받는 직종으로 내몰렸다. 이와 대조적으로 간병인·요양보호사는 겨우 1/3만이 간호사, 사회복지사, 카운슬러 같은 더 나은 일자리로 이직했다. 나머지 2/3는 보육사, 가사도우미, 건물 청소부처럼 급여가 비슷하거나 더 낮은 일자리로 옮겼다. 계층 이동의 관점에서 보면 소매 영업 분야의 일자리가 간병인·요양보호사보다 "더 나은" 편이었다.

수많은 이직 사례를 관찰하면서 연구자들은 어떤 일자리가 최고의 계층 상승 가능성을 제공하는지, 어떤 일자리가 계층 하락이나 정체 수준의 이직으로 이끄는지를 확인할 수 있었다. 계층 상승을 담보하는 일자리는 시간이 흐를수록 자기 계발의 형태로 성취감을 일깨운다는 점에서 양호한 일자리의 정의에 부합한다. 정체 수준 혹은 계층 하락으로 이끄는 일자리는 고역의 개념에 더 가깝다. 지속적인 소득은 제공하지만 발전 가능성은 거의 열어 주지 않는다. 일자리와 직업을 이런 식으로 분류함으로써 중산층 공동화의 의미가 좀 더 구체화되었다. 공동화는 단지 소득수준에서 벌어지는 문제가 아니라 성공의 사다리에 문제가 생겨 비롯된 것이다.

계층 이동의 두 번째 사다리, 즉 세대 간 계층 이동의 사다리도 멀어졌다. 예를 들면 누구의 도움 없이도 노력하면 아메리칸드림을 이룰 수 있다는 서사를 여전히 굳게 믿는 미국에서 사회계층 이동은 2차대전 이후로 꾸준히 줄어들었다. 2014년에 하버드대 경제학과 교수 라지 체티(Raj Chetty)는 30대 인구 중에 그들의 부모가 같은 나이대에 번 것보다 더 많이 버는 이의 비율이 50퍼센트로 떨어졌다는 사실을 발견했다. 1975년에 그 비율은 85퍼센트였다.[35] 그 결과 소득이 상위 25퍼센트에 속한 미국 남성 가운데 겨우 9퍼센트만이 부모의 소득이 하위 25퍼센트에 속했다.[36] 이런 경향이 늘 그랬다는 말도 아니고 모든 나라에서 그런 것도 아니다. 그러나 오스트리아, 프랑스, 독일, 아일랜드, 룩셈부르크를 비롯해 점점 더 많은 유럽 국가에서 당신 아버지의 소득이 하위 25퍼센트에 속할 경우 당신이 상위 25퍼센트의 소득을 올리는 계층으로 이동할 가능성이 하위 25퍼센트에 머무를 가능성에 비해 절반 정도로 나타나고 있다.

이런 통계는 노력과 재능을 동원해 꾸준히 애쓰는 것이 성공의 비결이라고 믿는 **중산층** 가정에게 불편한 소식이다. 그것은 성공을 향한 사다리는 모두에게 열려 있다는 믿음에 금이 가게 했다. 그런 믿음이 중산층 가정 대부분에서 자식이 대학 졸업장을 획득하거나 전문적인 자격증을 땄을 때 기꺼이 자랑스러워 하는 바탕이었다. 뱀 사다리 게임(snakes and ladders game)[보드게임의 일종. 사다리 칸에 걸리면 위 칸으로 올라가고 뱀 칸에 걸리면 아래 칸으로 떨어짐-옮긴이]처럼 고등교육은 오랫동안 번영으로 향하는 확실한 사다리로 여겨졌다. 이제 그런 기대는 미약해졌다. 행운이나 계층 이동을 막기 위해 내재된 장벽 또한 그만큼 무시할 수 없는 요소가 되었다.

기술이 진화하는 가운데 누가 운이 좋고 누가 안 그런지를 결정하는 요인은 무엇일까? 한 가지 방법은 일자리를 두 가지 차원으로 분류해 보는 것이다. 일자리에는 "뇌"를 쓰는 것과 "근육"을 쓰는 것이 있다. 좀 더 전문적으로 '지식노동'과 '육체노동'이라 하겠다. 각각의 경우에서 일자리는 반복적이거나 비반복적인 작업을 수행하는 유형으로 더욱 세분화할 수 있다. 재무 관리자와 소프트웨어 기술자는 비반복적인 지식노동에 해당한다. 행정 보좌관, 사무원, 데이터 입력 사무원은 반복적 지식노동에 속한다. 육체노동으로 가면 건설 노동자, 간병인, 경비원이 비반복적 육체노동으로 분류된다. 반면 지게차 기사와 용접공, 금속 성형공은 반복적인 작업을 수행한다.

반복적인 일과 비반복적인 일로 분류하는 것은 일자리 자체보다는 직무와 잘 부합한다. 모든 일자리는 반복적 요소와 비반복적 요소를 얼마간 갖고 있다. 중산층의 관점에서 기술이 일자리의 반복적 요소를 대체하여 더 많은 시간을 비반복적 요소에 투입하도록 돕는다면 그것은 격려할 만한 반가운 일이다. 일자리가 없어진 것이 아니라 고급화된 것이다. 노동력 조사 자료들을 검토해 보면 1980년대 이래로 중산층의 일자리에 바로 이런 현상이 일어나고 있었다. 쇠퇴하는 일자리는 그것이 지식노동을 동원하든 육체노동을 동원하든 반복적인 성격의 중위 임금 일자리들이었다. 이들은 시간의 흐름에 따라 일정한 비율로 쇠퇴하는 것이 아니라 경기 침체기에 몹시 집중적으로 줄어들었다. 이런 식의 집중은 일자리가 조정되는 과정을 더욱 격심하게, 더 두드러지게 만들었고 일자리를 잃은 다수 노동자가 동시에 이직으로 눈을 돌리게 했다. 바로 그런 이유로 이 문제는 정책 입안자들이 대책을 마련하기에 한층 어려운 과제가 되었다.

반복적인 작업을 대체하는 기술이 던진 문제들은 직업상의 이동으로 해결되었다. 경기 침체를 벗어나 회복기로 접어들자 사람들은 일자리와 직업을 바꿨다. 모든 사람이 그럴 수는 없었다. 특히 지리적 조건이나 다른 장애 요인이 이직을 막아서는 경우에는 더욱 그랬다. 그러나 광범위하고도 다양한 일자리를 제공하는 도시 지역의 중산층 대다수는 기술 변화에 대응하는 차원에서 이직했다.

경제학자들은 재훈련, 능력 개발과 이직을 관련지으려고 한다. 그들은 새로운 기술들을 "숙련편향적기술발전(Skill-Biased Technological Change, SBTC)"이라고 칭했다.[37] 퍼스널 컴퓨팅과 IT의 발전으로 지식노동자의 생산성과 수요가 증가했다. 비록 대학 졸업자의 공급은 늘어났지만 (사실은 수요에 적합한 과학, 기술, 공학, 수학 분야에서) 그 수요를 따라잡지 못하는 수준이어서 숙련 노동자의 임금 프리미엄은 올라갔다. 만약 노동자가 숙련도를 향상할 수 있다면 새로운 기술들은 번영을 더욱 빠르게 이끌 수 있다.

불행하게도 숙련도를 올리는 일은 그리 쉽지 않다. 이전의 침체기에도 그랬지만, 코비드-19 팬데믹 동안 특히 대면 위주로 일해야 하는 서비스 부문에서 많은 사람이 해고되었다. 여행업, 호텔, 레스토랑, 항공 부문은 극심한 타격을 입었다. 이 부문의 많은 일자리는 회복되지 않았고 종사자들은 새로운 길을 찾아야 했다. 일부가 새로 얻은 일자리는 이전보다 전망이 더 나쁜 곳이었다.

상위 중산층의 지식노동자와 고용된 전문가는 팬데믹 동안 대개 극단적으로 다른 경험을 했다. 금융과 첨단 기술 부문은 봉쇄 조치에도 별 영향을 받지 않았다. 이들은 인터넷에 접속해서 온라인으로 동료, 공급자, 고객과 소통하며 눈에 띌 만한 차이 없이 일상을 꾸려 나갔다. 코비드-19가 부른 침체에서 경제가 빠져나올 때 과학기술은 대부분 중산층인 이 집단에 주어진 혜택처럼 보였다.

2020년대까지 과학기술을 대하는 보편적인 태도는 그것이 중산층에게는 이롭다는 생각을 반영했다. 그러나 과학기술에 인공지능이라는 새로운 변화가 불어왔다. 인공지능이 이전 과학기술과 다른 점은 이것이 육체노동이 아니라 양호한 비반복적 노동과 경쟁을 벌인다는 사실이다. 카네기멜런대학교 로봇연구소의 교수이자 작가, 기업가인 한스 모라벡(Hans Moravec)은 이런 역설을 다음과 같이 깔끔하게 설명했다. "컴퓨터가 어른 수준의 실력을 내도록 만드는 것은 비교적 쉽다. (…) 그러나 한 살짜리 아기의 솜씨를 발휘하게 하는 것은 어렵거나 불가능하다."[38] 컴퓨터에 모든 유아가 본능적으로 배우는 단순한 능력—움직이기, 말 흉내, 인지—을 가르치는 것은 논리적 추론 같은 더 복잡한 능력보다 훨씬 어렵다. 예컨대 인공지능은 아직 손 글씨는 읽을 수 없지만 통제받고 있는 핵융합 플라스마의 파괴적 불안정성을 예측하는 새로운 방법을 제시할 수는 있다.[39] 간단히 말해 인공지능은 고역인 일자리보다는 양호한 일자리, 그것도 비반복적이며 지식이 필요한 일자리를 파괴하고 있다.

이런 현상은 중산층에게 새로운 도전을 던진다. 인공지능은 지식 관련 과제를 유례없는 수준으로 처리할 수 있다. 예상할 수 있는 최선의 결과는 인공지능이 창의적인 생각을 쏟아 내어 인간의 개인적 만족을 채워 주는 것이다. 그러나 그것은 또한 숙련된 노동자들을 대체해 중산층 공동화를 가속화하는 길로 향할 수도 있다.

아직 인공지능과 관련된 사회적 합의가 없기 때문에 정부로 하여금 새로운 기술의 도입을 늦추거나 규제를 강화하라는 광범위한 요청이 있을 수도 있다. 신기술을 향한 사회의 동요는 새로운 현상이 아니다. 200년도 더 전에 기술혁신 반대자(Luddite)들은 영국의 노팅엄셔 전역을 휘젓고 다니며 섬유기계를 파괴했다. 대응책으로 1812년에 의회는 기계파괴방지법(Frame Breaking Act)을 통과시켜 그런 난동을 벌이면 사형에 처하게 했다. 잡히면 사형이라고 하니 러다이트가 비밀단체가 된 것은 당연하다. 그들은 아마도 가공의 인물로 보이는, 기계파괴운동을 이끌었다는 "장군" 네드 러드(Ned Ludd)의 이름을 따서 단체명으로 삼았다.

빅테크를 규제하라며 점점 크게 외치는 중산층의 항의 속에는 과거 러다이트의 정신이 생생하게 살아 있다. 세계화와 녹색경제(green economy)에 반대하는 산업부문, 자동화에 반대하는 육체노동자, 개인의 사생활과 인공지능 윤리를 걱정하는 이들 사이에서 연대가 형성되고 있다. 이들의 연합을 대변하는 민족주의자, 보호무역론자, 그리고 비대해진 정부의 역할은 중산층의 장기적인 전망을 망칠지도 모른다.

그 대신 중산층은 인공지능을 지식노동자의 대체물이 아니라 조력자로 삼아 지적 업무를 해내야겠다는 생각을 중심으로 뭉칠 필요가 있다. 중산층은 넉넉한 보수를 받지 못하는 일자리들이 반드시 정당한 대가를 받을 수 있도록 애써야 한다. 예를 들어 간병인·요양보호사의 임금수준은 아직 중산층의 정회원이 될 정도에 미치지 못한다. 그들의 보수는 시장에서 형성된 임금이며 그래서 받아 마땅한 만큼 받는다는 생각은 그들이 그 임금으로 만들어 낸 생산성 수준을 보면 타당하지 않다. 이는 아마도 개인 노동자와 거대 기업의 권력 격차 때문일 것이다. 이런 격차는 최저임금 입법, 노동조합, 중산층의 새로운 의제인 다양한 노동시장 제도 개혁을 통해 개선할 수 있다.

만약 이런 개혁 과제를 놓고 서로 공감대를 찾지 못한다면, 중산층은 디지털 경제에 속해 대체로 상위 중산층 수준의 소득을 올리는 전문가 계층과 돌봄 경제에 속한 노동계급으로 쪼개질 위험에 처한다. 두 부류 모두 지적 업무를 수행하지만 경제적으로는 서로 꽤 다른 이해를 갖게 될 것이다. 만약 그런 사태가 벌어진다면 중산층—적은 세금과 (종종 자유무역을 통해) 낮은 물가가 유지되도록 강제하고 성공은 자신의 노력으로 얻는 것이라 믿는, 꽤 단단한 정치적 집단—은 산산조각이 날 수 있다. 정부가 세금으로 교육, 건강, 노령연금, 신변 안전, 정의 구현에 힘쓰도록 이끄는 데 성공한 중산층은 이제 그 명성에 흠이 갈지도 모르게 생겼다. 부자와 상위 중산층은 의제를 바꾸어 재산이나 유산 따위와 관련된 법률의 허점을 통해 법인세를 낮추고 양도소득세를 제한하려 할 것이다.

이 장의 도입부에서 던진 질문은 "중산층이 계속해서 늘어나 가까운 미래에 50억 명에 도달할까?"였다. 답은 "그렇다"이다. 하지만 그것은 중산층이 공통의 경제적 의제하에서 단결하는 것을 가로막는 일부 불안 요소를 해소할 때에만 가능하다. 중산층은 기후변화에 맞서고 자연을 보존하기 위한 연대를 구축해야 한다. 그러려면 단지 현재의 노동자들의 (그리고 유권자들의) 연대뿐만 아니라 세대 간의 연대도 요구된다. 과학기술과 미래를 위한 창의적인 일자리도 열렬히 수용해야 하고 동시에 그런 변화의 물결에 뒤처져 불운한 처지에 빠진 이들을 돌봐야 한다. 또한 중산층은 자신들의 정치적 힘을 유지하기 위해 고숙련과 저숙련 지식노동자 사이에 새로운 다리를 놓아야 한다. 그러자면 이런 유형의 일자리 사이에 있는 임금 격차를 줄여야 한다.

무엇보다도 중산층은 행복한 삶이 무엇인가에 대한 새로운 상상을 할 필요가 있다. 오늘날 중산층 소비자는 많은 것을 사고 많은 곳을 여행한다. 그들이 하는 거의 모든 일에서 커다란 탄소발자국이 생긴다. 중산층의 식단은 단백질이 풍부한데 소고기와 양고기가 대부분이다. 그런데 소와 양은 메탄을 많이 방출한다. 중산층은 널찍한 거주지에 살면서 안락한 온도를 일정하게 유지하고 싶어 한다. 냉난방에는 많은 전력이 소모되고 그 전력은 여전히 화석연료에 크게 의존한다. 중산층은 여행도 좋아한다. 차를 소유하고 매년 휴가를 누리는 것은 삶의 한 부분이다. 각각은 탄소 배출량이 높다. 비행기 여행은 탄소 배출량이 가장 높은 이동 수단이며 가장 빨리 성장하는 여행 수단이다. 지난 200년 동안 탄소를 공기 중으로 그냥 배출해 왔지만 이들 중산층이 살아가는 방식은 용납되었다. 어느 정도의 기간은 별 문제가 없었다. 누적 탄소량이 너무 적어서 문제가 되지 않은 탓이다.

환경친화적이고 자연을 보존하며 양호한 일자리를 만드는 경제를 이룩하는 것은 이제 중산층에게 생존을 건 도전이 되었다. 이 도전에 성공하리라 예상할 수 있는 모든 기술적 능력은 갖고 있다. 만약 성공한다면 중산층은 전 세계에서 계속 번성하고 증가할 것이다. 그러나 중산층의 연합(big tent)을 유지하는 일은 그들이 막 정치적 힘을 얻기 시작한 19세기 초 이래로 해 온 것보다 더 큰 과제이다.

7장

글로벌 중산층을 위한 새로운 과제: 50억 명을 위한 행복

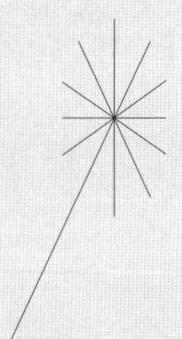

"마침내 풍요가 왔을 때 그것을 즐길 수 있는 이들은
돈을 벌기 위해 자신을 팔지 않아도 되고 삶의 정수를 보존하며
충만하고 완벽하게 배양해 낸 사람들이다."

─존 메이너드 케인스, 1930년[1]

1930년에 케인스는 100년 안에는 경제 문제―물질적 희소성과 생계를 위한 분투―가 해결되리라고 추측했다. 그러나 그것이 저절로 행복을 가져다주지는 않을 것이라고 경고했다. 그는 "평범한 사람들이 수많은 세대에 걸쳐 물려받은 본능과 습성을 불과 몇십 년 안에 버리라고 강요받으면 어떻게 될지 두렵고 근심스럽다"[2]라고 썼다. 어쩌면 오늘날의 중산층을 염두에 두고 한 얘기일지도 모른다. 많은 나라에서 중산층은 대체로 결핍의 상태를 벗어났지만 그 과정에서 더 많은 소득을 올리기 위해 점점 더 오랜 기간, 많은 시간을 일해야 하는 상황으로 몰렸다. 또한 중산층은 소비자주의가 기후변화와 자연 파괴에 미친 영향도 목격하게 되었다. 오늘날 중산층의 삶은 더 이상 만족스러운 것이 되지 못하고 중산층이 추구했던 행복도 여전히 잡힐 듯 잡히지 않고 있다.

돈으로 행복을 살 수 없다는 생각은 1970년대 중반 미국

경제학자 리처드 이스털린(Richard Easterlin)이 학문적 논의의 대상으로 삼았다. 이른바 "이스털린의 역설(Easterlin paradox)"은 비록 행복이 어느 한정된 시기에 나라 안팎으로 소득과 연계될 때가 있기는 하지만, 장기적으로는 한 나라의 소득과 함께 증가하지 않는다고 말한다. 처음에 미국 자료를 근거로 삼았던 이스털린의 연구 결과는 유럽과 일본에서도 입증되었다. 2010년에 이스털린과 동료들이 주도한 여러 개발도상국 연구에서도 마찬가지였다.[3]

이스털린의 역설은 장기적인 조사 결과에 기반한다. 그는 경기순환에서 단기적인 변동으로 호황과 불황이 닥쳤을 때 그것이 행복도의 변동에 영향을 준다는 일반론에는 동의한다. 그의 요지는 "소득이 올랐다고 무턱대고 행복도가 상승하지는 않는다"[4]라는 것이다. 그런 결과는 엄청난 파장을 불렀다. 다른 유명한 경제학자들이 그 결과가 틀렸다고 문제를 제기했다. 노벨상 수상자 대니얼 카너먼(Daniel Kahneman)과 앵거스 디턴은 다음과 같이 좀 더 미묘한 방식으로 그런 비판에 동조했다. "우리는 더 높은 소득으로 삶에 대한 만족감은 살 수 있지만 행복은 살 수 없다는 결론에 도달했다." 그들의 주장은 행복은 다면적인 개념이어서 행복이 어떤 한 가지 요소와 통계적으로 관련성을 갖더라도 그것이 다른 요소에는 적용되지 않을 수 있다는 말이었다. 또한 디턴과 카너먼의 공동 연구는 연봉이 7만 5000달러 이하일 때만 소득이 더 높은 정서적 만족감을 주었다고 밝혔다. 그 수준을 넘어 더 많은 소득을 얻는다고 해서 행복을 더 많이 느끼지는 않았다.[5] 비록 소득으로 얻는 한계 행복(marginal well-bing)[소득이 증가할 때 추가적으로 얻는 행복의 증가분-옮긴이]이 0까지 떨어지지는 않지만, 디턴과 카너먼이 제시한 대로 소득이 오를수록 한계 행복이 감소한다는 데에는 경제학자들이 대체로 의견 일치를 보인다. 이는 소득 증가로 얻는 행복은 소득수준이 낮을 때 더 크다는 사실을 암시한다.

중산층의 관점으로 봤을 때 이런 연구 결과가 제시하는 요점은 돈은 행복한 삶의 한 측면일 뿐이라는 것이다. 돈은 산업혁명이 시작된 이래로 정책 입안자들이 강조해 온 요인이기는 하지만 현대의 중산층에게 만족감을 주는 주요 동력은 아닐지도 모른다. 그런 사실은 행복을 연구한 최장기 프로젝트인 〈하버드대 성인발달연구(Harvard Study of Adult Development)〉로 입증되었다. 원래는 대공황이 한창이던 1938년에 하버드대 학부 2학년 재학생의 건강과 삶의 경험을 추적하고자 시작한 연구인데, 그 이후로 그들의 후손과 외부의 대조군을 포함하면서 연구 대상의 범위를 넓혔다. 이는 안목과 식견을 풍부하게 제공하는 방대한 자료와 경험의 저장소가 되었다. 그중에서도 가장 주목받은 결과는 인간관계의 만족도가 행복한 삶의 핵심이라는 것이다. 그 연구는 80대의 건강을 보다 정확하게 예고하는 잣대가 콜레스테롤 수치 같은 것이 아니라 50대에 스스로가 가졌던 인간관계에 대한 만족도라는 사실을 찾아냈다. 그것은 또한 삶에 대한 만족감을 잘 보여 주는 지표는 돈, 명성, 사회적 지위, 지능 혹은 유전자보다 인간관계라는 사실도 알아냈다.[6] 다행스럽게도 그 연구는 당시 윌리엄 셸던(William Sheldon)과 같은 하버드대 교수들이 주장했던, 체형과 유전자가 장래의 인생을 결정하게 된다는 인종주의적 논리가 틀렸다는 사실을 입증했다.

중산층의 만족과 안정이 위협받으면서 정책 입안자들은 모든 면에서 행복한 삶을 누리는 중산층을 만들어 낼 수 있는 방법을 찾고자 분주히 움직이고 있다. 이것을 이뤄 내기만 한다면 미국, 유럽, 중국, 그리고 이제 기지개를 켜는 나라 중에서 누구든 이 지정학적 경쟁에서 승자가 될 수 있다. 이 싸움에서의 승자는 최대·최강의 군사력으로 압도하는 나라도, 혹은 최고의 경제력으로 빛나는 나라도 아닐 것이다. 그 나라는 시민 대다수가 중산층이고 시민이 정부가 자신들의 염원에 부응하기 위해 여러 정책을 집행한다고 믿는 나라이며, 다른 나라의 중산층이 질투하면서 모방하기를 원하는 나라이다. 그것이 중산층이 찾는 행복한 나라의 모습이고, 전 세계 경제 체제를 지속 가능하며 포용적인 성장의 길로 이끄는 데 필요한 변화를 몰고 올 것을 약속하는 나라이다.

이런 싸움에서 자본주의와 공산주의, 보수주의와 자유주의라는 낡은 범주는 더 이상 적절하지 않다. 그런 용어들은 대개 경제 문제와 물질적 풍요를 놓고 벌이는 싸움과 관련이 있다. 그런 문제는 중요하지만 더는 사회 진보를 이루는 데 결정적인 요소가 아니다. 대신 '가치 있는 삶(good life)'이라는 고대 그리스인의 생각을 몹시 닮은, '참된 삶(well-being)'이라는 좀 더 미묘한 용어가 주목받고 있다. 이 용어는 아시아와 다른 개발도상국에서 새롭게 부상하는 중산층뿐만 아니라 선진국의 중산층에게도 공감대를 얻었다.

21세기의 중산층은 새로운 서사를 찾고 있다. 지난 두 세기 동안은 상품과 서비스를 더 많이 소비하는 물질적인 번영을 이룩했다는 의미에서, 안정적이고 안전하며 존중받는 삶을 이룩했다는 점에서 믿기지 않을 정도로 성공했다. 이런 진보는 개인이 자신의 미래를 책임지고 계획할 수 있는 능력을 갖추어야 한다는 서사를 토대로 했다. 결국 개인이 자신의 계획하에 인생을 선택할 수 있는 자유는 지난 200년 중산층 서사의 핵심이었다. 이는 곧 끊임없는 생존 투쟁에서 벗어날 수 있게 되었을 때 어떻게 살아야 할 것인가에 대한 이야기였다. 중산층은 개별적인 노력과 결단력을 동원해 자신의 삶을 꾸렸지만 공동으로 처리하면 더 효율적인 영역들은 정부에 의존했다. 가령 공중위생과 교육, 질병, 실업 혹은 장애에 대처할 안전망을 마련하는 일들이 그런 영역에 속했다. 개별 가정이 건강과 교육을 책임지고 저축을 통해 보험을 마련하는 것도 가능하며 일부 가정은 그렇게 대처했다. 하지만 이런 일은 자치 정부나 중앙정부를 통해 집단적인 규모로 하는 것이 훨씬 더 효율적이다.

돈은 중산층 가정에 물론 도움이 되지만 행복한 삶을 이루는 데 충분조건은 아니다. 중산층이 번창할 수 있는 환경을 조성하도록 돕는 데 정부가 할 수 있는 다른 역할이 있다는 것이 드러났다. 중산층은 가능하다면 스트레스가 최소한이기를 원하며 삶에 높은 수준의 만족감을 느끼고 미래에 대한 희망을 가지려고 한다. 자신의 행위에 목적의식과 의미도 부여해 주어야 한다. 이런 원칙들을 구현하는 중산층의 삶은 저탄소를 추구하고 자연 친화적이며 포용적인 사회와 잘 어울린다.

이런 쟁점들은 이제야 겨우 정책 입안자들의 우선순위로 떠올랐다. 과거 국가의 통계 체계는 주관적인 행복도보다는 오로지 경제성장에 관한 데이터만 수집했기 때문이다. 그래서 정책 입안자들은 중산층이 겪는 불행의 원인과 심각성을 이해하지 못했다.

이제 이런 경향은 변하기 시작했다. 2010년에 영국통계청(UK Office for National Statistics)은 열 가지 범주를 기준으로 국가적 행복도를 측정하는 프로그램을 도입했다. 이 프로그램에는 주관적 측정치, 즉 일을 하거나 여가 시간을 보낼 때 삶과 인간관계, 목적의식에서 개인이 얻는 만족도를 포함시켰다. 뉴질랜드는 2019년에 행복 예산을 도입하며 정부의 재정지출에서 정신 건강을 확고한 우선 정책 과제로 삼은 최초의 국가가 되었다. OECD는 소비수준 따위를 넘어서 일련의 지표에 따라 회원국들을 비교할 수 있는 더나은삶지수(Better Life Index)를 만들었다. 그 지수에는 공동체에 대한 소속감, 시민 참여, 삶에 대한 만족도, 일과 삶의 균형(work-life balance, 워라밸)이 들어 있다. 2013년 이후로는 독립적인 전문가 집단이 UN의 위탁을 받아 매년 〈세계행복보고서(World Happiness Report)〉를 내고 있다. 이 보고서의 발행은 각국 정부가 "사회·경제적 발전을 성취하고 측정하는 방법을 결정할 때 행복과 안녕에 더 많은 가중치를 주어야 한다"라고 선언한 부탄 정부의 결의안에 UN이 응답하면서 시작되었다.[7] 2021년에 나온 〈세계행복보고서〉는 세계에서 가장 행복한 나라로 핀란드, 덴마크, 스위스, 아이슬란드를 꼽았다. 반면에 가장 불행한 나라로는 짐바브웨와 아프가니스탄이 꼽혔다. 미국은 19위, 중국은 84위, 인도는 139위였다. 마지막 세 나라는 행복지수가 그에 상응하는 경제적 건전성 지수인 1인당 GDP보다 낮았다. 보고서의 분석에 따르면 소득수준, 사회적 지원, 건강기대수명, 인생을 선택할 자유, 관대함, 부패 여부가 나라마다의 행복도 차이를 설명하는 요인들이었다. 새 척도는 사회의 조직 방식과 정부 재정의 지출 방식을 바꾸도록 촉구하고 있다. 중산층을 위한 새로운 의제는 중산층이 중요하게 생각하는 이슈를 정부도 우선시하도록 만드는 것이다.

행복을 학문적으로 구성하는 일은 다양한 종류의 주관적 데이터를 중심으로 이루어진다.[8] 첫 번째는 일상생활에서 느끼는 기분과 감정에 관한 데이터다. 즉 사람들이 웃었는지 혹은 찌푸렸는지, 아니면 스트레스를 받았는지 혹은 근심에 빠졌는지를 질문해 사람들이 보인 반응을 측정하는 쾌락적 지표이다. 두 번째 데이터는 사람들이 자신의 삶에서 전반적으로 느끼는 만족도에 관한 지표이다. 사람들에게 자기 삶에서 일이 되어 가고 있는 모습을 스스로 어떻게 평가하는지 묻는 '삶의 사다리(ladder of life)' 유형의 질문이다. 이 중에서 가장 유명한 것은 1965년에 프린스턴대학의 심리학자 해들리 캔트릴(Hadley Cantril)이 개발한 캔트릴자기규정성취도(Cantril Self-Anchoring Striving Scale)이다. 그는 실험 참여자에게 다음과 같이 질문했다. "맨 아랫단을 숫자 0으로 놓고 거기서 시작해 맨 윗단이 10으로 끝나는 사다리를 떠올려 주세요. 최상단은 당신 삶이 가능한 한 최상의 상황임을 말해 주고 최하단은 최악이라는 걸 뜻합니다. 현재 당신은 개인적으로 이 사다리에서 어디쯤에 서 있다고 생각하나요? 지금으로부터 5년 뒤라면 어디쯤일 거라고 생각하나요?" 미국의 여론조사 및 컨설팅 기업인 갤럽(Gallup)은 이 척도를 사용해서 150개국 이상에서 여론조사를 한다.

세 번째 종류의 데이터는 "에우다이모니아적 정보(eudaemonic information)"라 불린다. 삶의 목적의식을 측정하려는 지표다. 일자리에서 성취감을 느끼는 사람들, 또는 자원봉사나 이타적 행위로 보답받은 사람들은 이 지표에서 점수가 높다.

행복의 척도는 경제에서 비롯한 변수만으로는 설명되지 않는, 사회적 데이터에서 보이는 특이한 현상을 더 잘 설명할 수 있을 때 각별히 부각된다. 이를테면 미국 경제가 호황임에도 불구하고 한창 일할 나이의 남성들이 왜 그렇게 많이 실직 대열에 서게 되었는가? 인도와 중국은 빠른 경제성장을 이루고 역사상 유례가 없을 정도로 극빈 계층이 줄어든 시기에 왜 기록적인 자살률을 보였는가? 경제 번영에 대한 객관적 데이터와 모순되는 주관적 감정에 그 해답이 있는 것으로 드러났다. 목적의식이나 공동체가 부재하면 중산층은 행복한 삶이라고 느끼지 못한다. 새로운 척도는 무엇이 잘못되었는지에 대한 지침을 제공했다.

여러 분야의 학문을 오가며 얻은 결론도 주관적 데이터가 중요하다는 믿음을 주었다. 가장 충격적인 심리학 연구 결과는 무언가를 얻을 기회가 약속하는 기쁨에 비해서 무언가를 잃을지도 모른다는 두려움이 훨씬 더 강력하다는 것이다. 노벨상 수상자인 카너먼과 아모스 트버스키(Amos Tversky)는 사람들이 자기가 이미 갖고 있는 것의 가치를 다른 사람이 똑같은 것에 기꺼이 지불하려고 하는 가치보다 훨씬 더 높이 평가한다는 점을 지적했다. 그런 차이는 자신이 알고 있는 상황에서 모르는 상황으로 변하는 것에 대한 두려움을 반영한다. 중산층은 위험을 회피하려는 경향이 매우 높다. 중산층은 역경에 맞설 수는 있다. 그러나 불안정과 불확실을 좋아하지는 않는다. 아마도 그래서 환경주의와 자연보호의 취지에 그토록 강력하게 동의하는지도 모른다. 과거에 더 나은 미래를 약속한 독재자를 지지한 것도 같은 이유일 것이다. 모순투성이처럼 보이지만 희망의 메시지와 불확실성을 제거하려는 계획이 합쳐지면 그것은 미래를 통제할 수 없다는 무력감에 강력한 해독제가 될 수 있다.

심리학에서 얻은 결과는 생물학으로 보완할 수 있다. 인간은 사회적 접촉을 갈망한다. 그리고 이런 행태는 시상하부에서 분비되는 옥시토신이라는 호르몬과 관련이 있다. 옥시토신은 "사랑의 호르몬(love hormone)"이라고 불리는데 개인 간에 일어나는 긴밀한 유대와 관련되기 때문이다. 그런데 옥시토신에는 또 다른 기능이 있다. 그것은 자기집단중심적 이타성(parochial altruism)을 발휘하는 인간의 경향과도 관련을 보인다. 이는 자신이 속한 공동체의 이익을 위해 기꺼이 희생해도 좋다고 생각하는 동시에 외부 집단이 가하는 위협에 저항하려는 경향이다.[9] 그 결과 옥시토신은 측좌핵(nucleus accumbens) 속의 아난다마이드(anandamide)를 자극해 열정과 행복감을 고조시키는 카나비노이드 수용체(cannabinoid receptor)의 분비를 촉진한다.[10] 인간이 사회적 상호작용과 이타적 행위를 왜 수용해야 하는가, 그리고 이런 결과들을 측정하는 것이 왜 행복의 핵심 요소인가에는 이처럼 직접적이고도 생리학적인 이유가 있다.

스트레스를 낮추며 워라밸을 되찾은 중산층

행복함을 보여 주는 모든 쾌락적 지표―미소 짓기, 찌푸리기 혹은 근심이나 스트레스의 정도―중에서 사람의 삶에 가장 큰 영향을 미치는 것은 스트레스다. 만성적인 스트레스는 행복한 삶에 큰 방해물이다. 우울증, 불안, 불면증 따위로 정신 건강에도 문제를 일으킨다. 그리고 통증, 근육긴장, 소화불량을 초래하고 심지어 심장에 문제를 일으킬 정도로 신체 증상을 부르기도 한다. 스트레스 측정은 전형적인 중산층 상품인 모든 스마트워치의 필수 기능이다.

불행하게도 만성적인 스트레스는 흔히 과로가 원인이 된다. 현재의 경쟁적인 경제 환경에서는 거의 모든 일자리가 열심히 일하기를 요구한다. 대공황과 2차대전의 고통을 겪은 세대에게 고된 노동은 불평거리가 되지 못했다. 중산층에게 그것은 명예 훈장이었다. 자신과 가족을 위해, 솔선해서 더 나은 삶을 일궈 내기 위해 매달린 신조였다. 중산층이 이런 신조를 너무나 철저히 받아들였기에 워라밸에 대한 논의는 대개 중산층의 문제로 여겨질 정도였다. 이런 생각에 따라 중산층은 시간에 쪼들리고 저소득층은 소득에 쪼들리는 계층으로 정형화되었다. 반면에 부유층은 소득과 여가 시간을 모두 충분하게 가졌다.

중산층은 열심히 일해야 한다는 신조가 일부 아시아 문화에서는 너무 극단적인 수준으로 강조되었다. 가령 일본에서 피고용인들은 초과근무를 예사로 여겨서 종종 주당 80시간을 일할 뿐만 아니라 일이 끝나고도 동료들과 친목을 도모하고 애사심을 더욱 강력하게 고양하기 위해 어울리도록 강요받았다. 스트레스는 쌓인다. 일본인들은 과로로 인한 죽음을 표현하고자 '카로시(過勞死)'[과로사-옮긴이]라는 용어를 만들었다. 최악의 경우는 24세 여성 다카하시 마쓰리(高橋まつ

리))의 사례였다. 덴츠(Dentsu)라는 광고 회사에서 거의 매주 100시간을 일하다가 2015년 크리스마스에 자살해서 일본을 충격에 빠뜨렸다. 그가 마지막에 남긴 짤막한 글은 "왜 이다지도 사는 것이 힘든가?"였다.

일본만이 아니다. 한국은 최장의 평균 노동시간을 앞세워 선진국 대열에 진입해 명성을 얻었다. 이제 중국에서는 대학 졸업자들이 탕핑(躺平), 즉 "가만히 드러누워 있기" 운동을 벌이고 있다. 사장이 "996"(월요일에서 토요일까지, 오전 9시에서 오후 9시까지 일하기) 방식으로 일을 시키려는 것에 반대하는 젊은이들의 대응이었다. 홍콩도 흔히 가장 긴 노동시간을 고수하는 도시로 여겨진다. 2016년에 25개국에 걸쳐 밀레니얼세대 1만 9000명을 대상으로 진행한 맨파워그룹(ManpowerGroup)의 연구에서는 인도가 평균 노동시간 순위에서 1등을 차지했다. 어느 나라가 최장 시간을 기록하든 장시간 노동은 만연해 있다.[11]

기만적인 모순은 현대 경제에서 장시간 노동이 늘 더 많은 생산으로 이어지지는 않는다는 사실이다. 나라마다 평균 노동시간의 차이는 놀라울 정도로 크다. 대개 유럽인은 더 적은 시간을 일한다. 그중에서도 독일은 최단 시간을 일하는 나라로 꼽힌다. 이런 결과는 노동조합의 힘으로 주당 최대 노동시간을 48시간으로 정하는 데 성공한 덕분이다. 이제는 회사와 정부가 자진해서 휴식을 의무화하고 정해진 노동시간을 줄여서 뿌리 깊은 초과 노동 관행을 뒤집을 필요가 있다고 생각한다.

아이슬란드는 이런 생각을 가장 큰 규모로 실험해 본 나라이다. 2015년부터 2019년까지 레이캬비크시 의회와 아이슬란드 정부는 노동자 3000명에게 임금은 줄이지 않으면서도 매주 반나절의 휴가를 주었다(주말에 쉬는 것은 당연했다). 이 실험을 수행한 연구자들에 따르면 "실험에 참가한 작업장 대부분에서 생산성과 서비스 품질은 똑같은 수준으로 유지되거나 향상되었고 스트레스와 기력 소모부터 건강과 워라밸에 이르기까지 다양한 지표에서 전체적으로 노동자의 행복도가 상승했다"라고 한다.[12] 그 실험 후에 아이슬란드의 노동조합은 노동시간을 줄이자고 압력을 행사했고 2021년 6월에는 전체 노동인구의 86퍼센트가 노동시간이 줄었거나 그렇게 할 권리를 얻었다.

이런 연구 결과가 다른 나라에는 동일하게 나타나지 않을 수도 있다. 아이슬란드는 스칸디나비아 지역에서 최장 시간 노동을 하는 나라로 손꼽혔다. 그래서 많은 노동자가 귀가 후에 너무 피곤해 필요한 집안일을 할 수가 없을 정도였다. 남녀 할 것 없이 인구 대부분이 종일 노동을 했기 때문에 가구 구성원들이 지치고 스트레스에 시달렸다. 다른 나라에서 수행한 연구에서도 비슷한 결과가 기록됐지만 동일한 규모로 시도되지 않았고 기대한 대로 협상해서 전국적인 노동시간 변화를 이끌어 내지도 못했다. 프랑스는 2000년에 법정 표준 근로시간을 35시간으로 줄였지만 임금 삭감 없이 시행해야 한다는 조항을 넣지 않았다. 많은 프랑스 노동자는 여전히 그보다 긴 시간을 노동하는 편이고 일부는 추가 노동을 하고 초과근무수당을 받기도 한다. 그래서 프랑스의 노동 개혁은 평균 노동시간의 감소보다는 총노동의 대가를 올리는 결과를 낳았다. 2005년과 2015년 사이에 프랑스는 연간 평균 노동시간의 변화를 기준으로 보면 유럽 전체에서 중간 정도였다.

워라밸은 특히 여성을 위한 쟁점이고 사회 전체에서 젠더 불평등의 핵심 요소이다. 세계적으로 여성이 무급 가사 노동을 하느라 쓰는 시간은 남성의 거의 3배에 달한다.[13] 중산층 사회 대부분에서 이런 불균형은 전 세계 평균보다는 적게 나타나지만 여전히 차이가 크다. 여성은 집 밖에서 노동을 하고 재정적으로 가구 소득에 기여를 하는데도 이전처럼 아이나 다른 가족 구성원을 돌보고 잡다한 집안일을 하느라 상당한 시간을 소모하고 있다. 그 결과 여성은 잠도 적게 자고 스트레스에 더욱 많이 노출된다. 갤럽은 부정적경험지수(Negative Experience Index)라는 전 세계적인 여론조사를 했다. 2020년의 결과는 15세 이하의 자식을 둔 여성이 "누구보다도 슬프고 분노에 차 있으며 근심이 많고 가장 많은 스트레스에 노출된다"[14]라는 사실을 보여 주었다.

스트레스를 받는다면 중산층 가족들은 행복한 삶을 살기 어려울 것이다. 맞벌이 가정과 한부모가족은 시간이 매우 쪼들리는 현실에 직면한다. 이미 얼마간의 변화가 진행되고 있다. 변화의 속도는 대안적 노동 형태를 다양하게 실험하지 않을 수 없게 만든 코비드-19 팬데믹 이후에 가속화될 것 같다. 이미 유니레버(Unilever) 뉴질랜드 지사, 마이크로소프트(Microsoft) 일본 지사, 미국의 쉐이크쉑(SHAKE SHACK)과 킥스타터(Kickstarter), 엘리펀트벤처스(Elephant Ventures) 필리핀 지사, 영국의 라디오액티브PR(Radioactive PR)사는 주 4일 근무로 바꿨거나 그것을 시험해 보고 있다. 그 회사들은 한결같이 직원들이 병가를 적게 냈고 스트레스 수치는 하락했으며 가족과 함께하는 시간은 증가했다는 사실을 알게 되었다. 직원이 행복해지면 생산성도 올라간다. 팬데믹이 끝난 뒤에는 노동조건의 유연성이 최고의 인재를 사로잡는 데 도움이 되고 있다. 중산층의 행복에 궁극적인 영향력을 발휘한 시장의 힘은 더 적은 노동시간을 수단으로 삼아 새로운 균형을 이루는 쪽으로 향하고 있다.

팬데믹은 그 변화를 빨라지게 했다. 그것은 중산층에게 더 큰 자유를 누리며 자신의 시간을 자기 뜻대로 통제하는 맛을 알게 해 주었다. 특히 젊은 세대가 그런 자유에 더욱 매료되었다. 제트세대 중에 신진 중산층으로 진입한 이들은 이제 평일 9시부터 5시까지 일하는 근무 방식이나 (실제로는 그보다 훨씬 더 긴 노동시간을 요구하는) 선봉석인 정규직 사무원이 하던 방식으로 돌아갈 생각이 없어 보인다. 그들은 더욱 유연해지기를 요구한다. 그들이 그런 관행을 바꾸는 데 성공할지, 아니면 옛날식 기업 문화에 굴복할지는 아직 좀 더 두고 보아야 한다. 아메리칸익스프레스(American Express)처럼 유연한 노동시간을 제공하는 회사도 있지만 골드만삭스(Goldman

Sachs)처럼 그런 방식에 반발하는 회사도 얼마든지 있기 때문이다. 유연한 노동시간은 기업의 이해와 중산층이 맞부딪는 새로운 전쟁터가 되었다.

삶의 만족도와 중산층의 지위

중산층은 자치, 통제, 개인의 성장을 상당히 중요하게 여긴다. 이런 목적의식을 기반으로 그들은 높은 자존감을 보인다. 그들에게 현재나 앞으로의 삶에 만족하는 정도를 물으면 대체로 만족한다는 답변이 돌아온다. 중산층을 정의하는 특징 하나가 미래에 희망적이라는 점이다. 중산층이 미래를 희망적으로 본다면 삶의 만족도도 상승하는 경향이 있다.

희망에 찬 사람들은 목표를 세우고 이를 달성하고자 길을 낸다. 그들은 의욕이 넘치고 목표가 확고하다. 만약 그 길에서 뜻대로 되지 않는다면 그들은 대안을 찾아 창의성을 발휘한다. 임상심리학자들은 사람이 스트레스를 받는 환경에 처했을 때 희망이 도움이 된다고 주장한다. 희망과 주관적 행복이 서로 긴밀하게 연관된다는 상당한 경험적 증거가 있다. 중산층이 자신을 위해서건 가족을 위해서건 희망을 품는 것은 만족스러운 삶의 핵심 요소다.

희망이 중요하다는 사실은 잘 알려져 있고 널리 수용된다. 가령 정치인은 사람들이 직면한 문제보다는 새로 만들어지는 기회, 즉 희망의 메시지를 중심으로 쟁점을 구성하는 데

능숙하다. 오늘날 선진국의 중산층에게 악영향을 미치는 문제점들도 주로 희망이 부족해 초래된 것으로 보인다.

희망이 추락하는 경향은 부유한 나라에 집중되어 있다. 퓨리서치센터가 2014년에 실시한 전세계태도설문조사(Global Attitudes Survey)에서 신흥국과 개발도상국 응답자 절반이 자기 나라의 아이들이 자라났을 때 부모보다 더 잘살게 되리라고 생각했다. 선진국 응답자는 겨우 28퍼센트만이 그럴 것이라고 대답했다. 프랑스는 그중에서도 가장 비관적이었다. 전 세계적으로 대부분의 사람이 성공이 자신들의 통제권 밖에 있는 힘에 좌우된다고 생각했다.

중산층은 바로 이런 힘을 정부가 통제해 주기를 원한다. 삶의 만족도와 관련된 쟁점들에는 기후변화와 자연보전(nature conservation), 자연보존(nature preservation)['보전'은 인간의 이익을 위해 자연을 보호하고 이용하자는 입장이라면, '보존'은 자연 그대로 보호해야 한다는 입장-옮긴이]의 문제뿐만 아니라 실업률, 물가 상승률, 공공 부채의 규모와 불평등 지수가 있다. 이들 대부분이 잘못된 방향으로 기울면서 선진국 시민들의 설문조사 결과에서 드러난 바와 같이 심각한 불안과 희망의 추락이 야기되었다.

불평등은 거의 모든 나라에서 큰 문제로 보인다. 일본, 베트남, 방글라데시 정도만 예외적일 뿐이다. 인종 문제, 젠더 문제, 성적 지향의 문제를 비롯해 어떤 형태로든 불평등 또는 차별 문제가 전 세계 모든 곳에서 점점 사회 담론으로 불거지고 있다. 많은 나라가 동일한 문제를 놓고 씨름하다 보면 공통의 해결책이 도출되기도 한다. 예컨대 2022년에 130개국이 다국적기업에 글로벌최저한세(Global Minimum Tax)[다국적기업이 법인세율이 낮은 국가에 자회사를 세워 세금을 적게 내는 것을 막기 위한 제도-옮긴이]를 부과하는 데 동의하면서 거대 기업이 마땅히 내야 할 몫을 치르게 하는 방안을 마련했다. 이 정책은 어떤 특정한 나라 안에서 일어나는 불평등에 미칠 영향력 측면에서 보면 미미한 대책일 수도 있겠지만, 전 세계가 공통의 문제에 집단행동을 취했다는 점에서는 그 상징적 의미가 대단하다. 이 사례는 여러 경제 대국에 존재하는 상당한 규모의 중산층이 "공정함"을 요구한다면, 출발점도 다르고 상황도 다른 나라들을 국제 협력으로 이끌 수 있다는 사실을 보여 준다.

중산층에서 희망이 꺼져 가게 만드는 다른 외부 요인은 기후변화와 자연환경의 붕괴에 대한 걱정이다. 각국 정부는 이런 문제를 해결하기 위해 함께 힘을 모아야 한다. 대단히 고무적인 것은 주요 탄소 배출국 대부분에 해결책을 촉구하는 거대한 중산층이 형성되어 있다는 사실이다. 가령 미국과 유럽은 이미 탄소중립을 달성하겠다는 강한 의욕을 보이고 있다. 중국도 저탄소 전환이 자국의 중산층에게 줄 이익을 염두에 두고 적극적으로 나서고 있다. 놀랍지 않게도 인도, 인도네시아, 남아프리카공화국처럼 중산층이 적고 덜 부유하며, 에너지를 석탄에 크게 의존하는 나라들이 가장 거부감을 드러내고 있다. 그런 나라들에서는 자국 내 중산층의 부를 늘리는 문제와 그들의 행복을 더하는 문제 사이에서 미묘한 타협이 이루어져야 한다. 국제적인 금융 지원을 통해서 이 나라들도 경제를 탈탄소화할 채비를 갖춘 상태다.

사람들이 삶에 만족하는 정도인 행복도를 평가하는 척도에서 폭넓은 사회적 상황을 관리하는 정부의 역할은 더욱 커지고 있다. 전 세계적으로 중산층이 확산하면서 과거에는 도무지 가능해 보이지 않았던 집단적 대처도 이제는 가능하다는 상상을 할 수 있게 되었다.

중산층이 뜻을 세우면 생기는 힘

삶에서 의미와 목적을 성취해서 얻는 행복을 말하는 에우다이모니아의 개념은 가장 애매하고 논쟁적인 행복의 구성 요소일 것이다. 인간으로 존재하는 데에는 틀림없이 어떤 목적이 있고 그런 목적을 향해 나아가는 것이 가치 있는 삶의 길이라는 데까지는 다들 동의하는 듯하다. 아리스토텔레스에 따르면 에우다이모니아는 단지 어떤 도식적인 방식이 아니라, 미덕의 힘으로 추구하는 것이라고 한다. 그는 다음과 같이 말했다. "그 모든 형태의 미덕 중에서도 관대함이 가장 소중하다. 관대한 이는 고귀한 동기와 바른 마음으로 선행을 베푼다. 즉 그런 이는 적절한 때에 적절한 사람에게 적절한 정도로 베푼다. 또한 그의 시혜는 마지못해서가 아니라 기꺼운 마음으로 이루어진다. 관대한 이는 받으면 안 되는 곳에서 오는 이득은 취하지 않으며 더욱이 청탁은 하지 않는다."[15]

적절한 시기에 적절한 이유로, 적절한 방식으로 일을 처리하면 개인은 가장 큰 보람을 느낀다. 중산층이 얻고자 갈망하는 매우 현대적인 사고방식이다. 아리스토텔레스의 발상을 현대의 문맥으로 해석하면 사회와 환경에 건강한 영향을 미치는 '지속 가능한 브랜드(sustainable brand)'를 키우려는 움직임과 자원봉사와 이타심의 성장에서 그 전통이 여러모로 이어지고 있음을 살필 수 있다.

오랫동안 일부 중산층 소비자는 재정적으로 그들에게 도움이 되는 쪽에 투표를 해 왔고, 상품이나 서비스 자체보다는 구매함으로써 얼마간의 사회적 가치를 갖게 되는 물건을 소비해 왔다. 그들은 자신의 경제적 선택에 의미를 부여했고 그런 선택을 뿌듯해했다. 유기농 제품이나 지역 농산물을 사려고 노력하는 것이 그런 예이다. 공정 무역 커피나 독립 서점을 이용하는 것도 마찬가지다. 일부 기업은 이런 추세를 노골적으로 기업 전략으로 삼는다. 의류 및 액세서리 회사인 탐스(Toms)는 스스로를 "좋은 뜻을 이루려는 기업이며 삶을 개선하기 위해 사업을 하고 있다"라고 홍보한다. 탐스는 이윤의 1/3을 그들이 만든 상품이나 기금 형태로 기부한다. 독일 기업 셰어(Share)도 비슷한 철학을 갖고 있다. 우리가 셰어의 제품을 하나 사면 "간식을 하나 살 때마다 식사 한 끼를, 돌봄 상품 하나마다 위생용품 하나씩을, 음료 한 병마다 하루치 마실 물을 기부하고 문구류 하나마다 수업을 하나 개설"한다고 한다.

탐스와 셰어는 점점 커지는 추세를 보여 주는 작은 사례들일 뿐이다. 회계컨설팅 기업인 PwC는 미국의 경영자를 대상으로 한 설문조사에서 경영자 79퍼센트가 성공을 거두는 데 그들이 내세운 신념이 중요한 역할을 했다고 믿는다는 사실을 발견했다. 하지만 PwC의 분석가들은 실제로 결정을 내릴 때 이런 신념을 지킨 경영자는 응답자의 절반에도 못 미쳤다는 사실에도 주목해야 한다고 전했다.[16] 일찌감치 신념을 내세운 경영자에게 그것을 실천하는 것은 '믿음의 도약(leap of faith)'[어려운 결단을 내리고 굳은 믿음으로 적극 실천하는 것-옮긴이]에 가까운 과업이었다. 미국의 거대 소매업체인 CVS는 회사가 담배 판매로 연간 약 20억 달러의 수익을 거두고 있던 2014년, 그들의 의약품 체인명을 CVS헬스(CVS Health)로 바꾸고 새로이 건강 부문에 집중하기로 하면서 그런 목적에 부합하지 않는 담배 판매를 포기했다. 그로 인한 단기적 손실은 의약품 체인의 판매로 메울 수 없는 수준이었다.

일부 회사는 방어적인 조치로써 가치지향적 노선으로 전환했다. 제트세대는 틱톡과 다른 소셜미디어가 부적절한 방식으로 사업을 벌이는 기업체(혹은 개인)에 맞서 싸우는 데 효과적으로 사용될 수 있다는 사실을 알게 되었다. 그들은 "캔슬컬처(cancel culture)"[자신과 다른 생각을 드러낸 사람을 배척하는 문화 현상-옮긴이]와 시장 지배력을 활용해 자신의 가치를 증진시키려 했다. 그들은 또한 그것을 긍정적인 방법으로도 썼다. 미국의 한 설문조사에 따르면 제트세대의 절반은 소셜미디어를 통해 긍정적인 영향을 받았고 "사회문제에 힘을 보태는 데 진심이거나 수익금을 자선단체에 기부하거나 환경문제 해결에 전념하거나 확고한 가치를 갖고 있거나 혹은 얻고자 하는 목적에 명확한 비전을 보이는 기업"의 제품을 구매했다고 한다.[17]

제트세대는 가치지향적 회사에서 일하기를 원한다. 미국 제트세대의 2/3는 자신들이 더 나은 세상을 만들고 싶다고 말한다. 그들의 90퍼센트 이상이 이런 일을 실천에 옮기는 좋은 방법은 사회·환경 쟁점을 적절하게 다루는 회사에서 일하는 것이라고 생각한다. 그들은 회사가 목표를 이루는 데 힘이 되기를 원하고, 존중·신뢰·격려받는 문화가 조성된 곳을 찾는다. 그리고 그런 곳에서 자신의 경력을 시작하는 순간부터 어떤 결정을 내리는 데 영향을 미칠 수 있기를 희망한다. 노동시장도 이런 새로운 분위기에 맞추기 시작했다.

자본시장들도 바뀌고 있다. 2022년에 지속가능채권(Sustainable Bond, 확고한 사회적 목적을 내걸고 발행된 채권)의 규모는 2조 달러를 초과했다.[18] 전 세계 채권시장의 규모(2022년에 약 130조 달러)에 비하면 여전히 미미한 수준이지만 중요한 이정표는 세운 것이다. 환경(Environment), 사회(Social), 기업 지배 구조(Governance)의 머리글자를 딴 ESG 채권은 자본시장에서 가장 빠르게 성장하고 있는 부문인데 미국, 유럽, 중국, 한국이 대규모로 발행했다. 적절한 정의와 기준을 세우기 위해 풀어야 할 문제는 산적해 있다. 가령 무엇을 기준으로 지속가능채권과 아닌 것을 가를 것인가? 주로 화석연료를 이용해 운영되는 에너지 기업이 작은 재생 가능 프로젝트를 위한 녹색채권(Green Bond)을 발행한다면 그것을 허용해도 되는가? 그렇지만 이 시장이 폭발적으로 활성화되는 것에는 뚜렷한 이유가 있다. 투자자들은 회사에 돈을 빌려줄 때 이윤 이상의 무언가를 원한다. 그들은 돈이 좋은 뜻으로 쓰일지를 알고 싶어 한다. 기업들은 단순히 이런 수요에 편승하려고 한다. 이런 투자자들은 누구일까? 바로 중산층이다. 기후변화에 생존의 위기를 느낀 부자들이 현재의 의제를 기후변화로 옮기고자 도움을 요청했고 중산층이 그들과 손을 잡았다.

이 모든 것이 변덕스러운 유행 같고 별 소용이 없어 보일 수도 있겠지만 점차 세력을 얻으면서 대세가 되고 있다. "탄소중립"은 국가들이 자국 경제를 탈탄소화하려는 프로그램을 가동하려고 애쓰다가 시작되었다. 신뢰할 만한 탄소중립 전략으로 중장기적 목표들을 설정해 놓았고 분명한 실천 방안과 대책도 세웠으며 성취도를 점검하기 위한 틀—서약, 계획, 실천, 성과의 서면 보고—도 마련했다. 달라진 점은 그런 논의가 정부와 정책 입안사의 공적 공산에서 기업과 경영진의 회의실로 재빨리 옮겨졌다는 사실이다. 《포브스(Forbes)》가 선정한 글로벌 2000대 기업 목록에 오른 모든 기업에 대한 보고서에 따르면 그중 417개 기업이 이미 탄소중립 서약을 했다. 그들의 연 매출 합계는 14조 달러, 즉 목록에 오른 기업 전체 매출의 1/3에 달한다. 가정용품과 개인 용품 부문처럼 고객을 대면하는 부문은 훨씬 적극적이어서 2/3가 탄소중립 서약에 동참했다. 반면에 항공·방위산업 부문과 기업 간 거래(B2B)가 이루어지는 부문은 각각 10퍼센트와 5퍼센트로 굼뜬 편이다.[19] 중산층은 경제력도 든든하고 경제적 선택에 사회적 가치도 포함하겠다는 뜻이 확고하다.

또한 중산층에게는 일터를 벗어나서도 자원봉사와 이타심을 통해 비슷한 방식으로 뜻을 펼치겠다는 의욕이 있다. 대가를 바라지 않고 타인을 돕는 행동으로 정의되는 이타심은 더 높은 삶의 만족, 더 많은 행복, 더 나은 건강과 긴밀하게 연관된다. 그런 연관성은 모든 문화에 걸쳐 뚜렷하다. 옥시토신의 사례에서 보았듯이 개인은 생화학적 자극을 통해 대가를 받을 수도 있다(그래서 그런 행위들이 진실로 이타심의 발로인지 아닌지 학문적 논쟁이 촉발한다). 하지만 이타심과 관련된 "뿌듯하다"라는 느낌은 강력하게 선행을 독려한다. 그 힘이 너무나 강력해서 대부분은 스스로를 평균보다는 더 이타적이라고 여기기를 좋아한다.

이타적 행위와 자원봉사에는 중산층, 특히 중산층 여성들이 호의적인 생각을 갖고 긴밀하게 참여한다. 그런데 그것은 빈부를 가리지 않고 모든 계층에서 공감을 얻는 행위다. 자원봉사는 지역공동체에 스스로 참여할 기회를 얻고 함께 애쓰는 과정에서 강한 사회적 유대를 맺게 한다. 공동체에 활력을 제공하는 자원봉사와 공동체 문제를 해결하기 위해 나서는 집단행동은 종종 그 구분이 모호할 때도 있다. UN에 따르면 자원봉사자들은 2016년에 전일제환산(Full-Time Equivalent, FTE)[주 5일 40시간을 1명으로 환산함-옮긴이]을 기준으로 풀타임 취업자 1억 900만 명에 해당하는 시간을 봉사 활동에 바쳤다. 대략 전 세계에 고용된 노동력의 1/30이나 된다.[20] 달리 말해 지구상 전체 노동자가 일하는 주당 노동시간 중에 1시간 이상이 자원봉사로 쓰였다는 말이다. 이런 노동은 대부분 비공식적으로 이루어진다. 남미와 북미에서는 여성이 자원봉사의 2/3나 담당하지만 다른 지역에서는 젠더 간에 좀 더 공평한 분담이 이루어진다. 아시아에서는 남성이 여성보다 더 많이 참여한다. 기술 발달로 비용 효율이 높고 제때제때 할 수 있는 온라인 자원봉사라는 새로운 장도 열렸다.

새로운 중산층의 서사: 소비자주의에서 행복까지

전 세계적인 차원에서 문제를 생각하면 쉽게 절망하게 된다. 우리 앞에 버티고 선 저 어마어마한 도전을 바라보면 세상은 디스토피아적 미래를 피할 수 없는 것으로 보인다. 그러나 중산층은 지난 200년 동인 국가라는 배를 비록 몇 번은 엉뚱한 쪽으로 향하게 하기도 했지만 결국 똑바른 방향으로 이끌어 갈 방법을 찾아냈다. 게다가 다양하기 짝이 없는 문화적 배경과 연령 집단, 맥락 속에서도 그것을 해냈다. 중산층은 또 해낼 수 있다. 그것은 지나치게 낙관적인 전망일 수도 있다. 하지만 언론인 톰 프리드먼(Tom Friedman)은 이렇게 말했다.

"비관주의자들은 대개 맞고 낙관주의자들은 대개 틀린다. 그러나 모든 위대한 변화는 낙관주의자들이 이루어 냈다."[21]

오늘날이 과거와 다른 것은 중산층의 역사 내내 그랬듯이 변화가 한 나라에 한 번씩 일어나지는 않는다는 현실이다. 전 세계적인 해결책을 요구하는 전 세계적인 문제들이 일어나고 있다. 중산층은 지역 경계를 초월해 문제 해결에 나서야 할 필요가 있지만 서양과 아시아, 다른 나라들은 역사적 배경이 다르다. 북미와 유럽의 확고한 중산층 사이에서는 아시아와 다른 개발도상국에서 점점 늘어나는 새로운 중산층이 자신들에게 해가 되는 건 아닌지를 놓고 논쟁이 있었고, 그와 반대로 아시아의 중산층은 서구 중산층의 물질주의 때문에 지구가 버틸 수 있는 임계치를 넘어 훼손된 것은 아닌지를 놓고 논쟁을 벌였다. 나라 안팎으로 광범위한 경제적 전환의 부담을 중산층이 어느 정도로까지 져야 하는지 마땅한 질문도 제기되었다. 마찬가지로 기술 발전이 중산층에게 이로운가, 아니면 자동화와 인공지능이 양호한 일자리를 얻을 기회를 박탈하는가를 놓고도 토론이 벌어졌다. 이러한 의문과 토론은 국내적으로, 국제적으로 대화하고 경제개혁도 해야 해결할 수 있다. 케인스가 거의 100년 전에 예상한 대로 선진국에서 중산층의 행복을 위한 물질적 필요조건이 충족되었다면 이제는 우선순위에서 밀려 있던 행복의 다른 구성요소들로 초점을 이동시켜야 한다. 가령 스트레스와 과로로 생기는 문제에 대처하기, 미래에 대한 희망 갖기, 이타심, 자원봉사, 목적의식 같은 다른 요소들은 기업과 노동시장, 자본시장의 작동 방식을 새롭게 상상함으로써 추구해 나갈 수 있을 것이다.

행복을 성취하려 애쓰는 것은 모든 나라의 중산층이 마찬가지다. 그리고 그런 마음이 세상을 바꾸고자 하는 낙관주의의 원천이다. 이 책은 다음과 같은 질문으로 시작했다. "다음 세대는 중산층에 진입하려 애쓸 것인가?" 대답은 "그렇다"이다. 세상이 변하도록 몰아붙이는 것은 중산층이다. 새로운 중산층이 모든 나라의 정부와 기업과 시민단체에 전하는 메시지의 핵심은 다음과 같다. "우리가 행복한 삶을 살도록 도와주시오. 그러자면 물질적 소비를 적정한 수준으로 가능하게 하고, 행복한 삶을 살기 위해 필요한 다른 요소들의 성취도 함께 촉진하는 정책과 규정을 마련하며, 그에 걸맞은 상품을 만들고 협력 방안을 모색해야 합니다."

중산층의 도움이 없었다면 세계적인 변화를 이끌어 내기 위한 과거의 노력들은 허사가 되었을 것이다. 이를테면 환경론자들은 한때 중산층에 부정적이며 경제성장에 반대하는 "트리허거(treehugger)"['나무를 껴안는 이'라는 뜻이지만 '지나치게 열렬한 환경주의자'를 일컫기도 함-옮긴이]로 알려졌다. 중산층에 속한 모든 이와 대화의 문을 확대하고 자연 보전론자와 보존론자 간의 의견 차이를 해소하면서 변화하기 위한 연대가 싹텄다. 중산층은 오랜 세월에 걸쳐 다른 집단과 연대를 추구해 왔다. 이제 중산층은 그들 삶의 방식을 보전하고 개선하기 위해 거대한 규모로 연대를 이뤄 내야 한다. 중산층의 안녕을 위협하는 위기에 서로 협력해서 대처하도록 각국 정부에 압력을 행사해야 한다.

선진국 정부들은 젊은 세대가 전통적인 중산층의 생활양식에 의문을 제기하며 반발하고 나서자 이런 방향으로 전환하기 시작했다. 기업들도 같은 방향으로 전환해서 중산층의 젊은 구성원들이 자사 제품을 사도록 끌어들일 방법을 궁리하고 있다. 자본시장은 성공적인 기업의 사례를 교훈 삼아 따르고 있다. 비록 그 실천의 속도는 사태의 긴급함에 비하면 아직 충분하지 않지만 변화의 방향은 명확해졌다.

우선순위와 서사에 대한 이런 변화는 환영할 만하다. 변화가 없었다면 우리 시대가 만난 거대한 지구적 도전―기후변화와 자연보전과 자연보존―은 소수의 뜻있는 개인의 몫으로 남겨졌을 것이다. 바로 그런 이유로 환경 운동은 그 취지가 훌륭했음에도 불구하고 혼자 힘으로는 오랫동안 국가적 정치의 장에서 발판을 구축하기가 힘들었다. 필요한 대중의 관심을 끌지 못했기 때문이다. 이제 방대한 규모의 중산층이 이런 취지에 공감했고 그것이 자신의 행복과 연결되어 있다는 사실을 인식하면서 성공 가능성도 커지고 있다. 그리고 이런 대의가 글로벌 중산층 모두에게 너무나 중요한 과제가 되었기 때문에 정부와 기업이 함께 행동에 나설 가능성이 급격하게 높아졌다.

감사의 말

1985년에 나는 말레이시아반도에서 가장 가난한 클란탄(Kelantan)주에 위치한 한 어촌 마을을 방문했다. 시설이 잘 갖춰진 진료소, 집집마다 매달린 텔레비전 안테나, 잡은 물고기를 부리고 팔 수 있는 콘크리트 부두를 보고 크게 놀랐다. 말레이시아 당국자들이 "가난하다"라고 못을 박았지만 그 마을은 내 고향 남아시아에서 익숙하게 봤던 가난한 마을이라기보다는 중산층 공동체에 더 가까워 보였다. 이것이 내가 중산층을 정의하고 개발도상국에서 중산층의 출현을 연구하며 그런 현상이 세계에 미치는 영향을 밝히는 데 매료된 출발점이었다. 20년 뒤에 나는 이런 흥미를 글로벌 중산층에 대한 학문적 연구로 발전시켰고 더 나은 삶을 위한 정책 개발에 힘쓰는 OECD에서 내 연구를 출판해 주었다. 이 책에서 인용된 데이터는 그 연구를 근거로 하며 거기에는 그런 데이터를 산출하게 된 방법론도 설명해 놓았다.

그 연구를 내놓은 지 얼마 되지 않아 나는 뛰어난 기자이자 작가이며 베네수엘라의 개발부 장관을 지낸 모이세스 나임(Moisés Naím)을 만날 기회가 있었다. 내가 연구하고 있는 것을 그에게 설명했더니 그는 "이건 학자들을 위한 주제는 아닌 것 같아요. 차라리 일반 대중을 위한 책으로 써 보는 게 좋겠어요"라고 조언했다. 그 대화가 이 책의 밑거름이 되었다.

  책을 쓰기 시작할 때부터 나는 많은 도움이 필요하다는 사실을 인식했다. 주제를 탐구하는 문제뿐만 아니라 젊은 세대의 관점에 눈을 뜨는 데도 그랬다. 나는 젊은 세대가 중산층의 힘을 이용해서 전 세계 모든 이의 삶을 개선하는 책임을 져 주기를 희망한다. 재스민 바이어(Jasmin Baier)는 자발적으로 시간을 내고 열의와 지성과 날카로운 안목을 동원해 여러 달 동안 성심껏 도움을 주었다. 그의 막대한 공헌에 대단히 감사드린다.

  또한 물심양면으로 기꺼이 나의 견문을 넓혀 준 친구들이 있다. 수르지트 발라(Surjit Bhalla)와 라비 발라(Ravi Bhalla)는 내가 인도를 이해하도록 도왔다. 청리(Cheng Li)는 중국 관련 내용을 검토해 주었다. 캐럴 그레이엄(Carol Graham)은 행복과 행복한 삶을 어떤 식으로 중산층과 연관시킬 수 있는지를 제시했다. 데이비드 갈록(David Garlock)은 중산층 서사에 대해 꼼꼼하고도 구체적으로 조언했다. 데이비드 구트닉(David Gootnick)은 "목표 독자"의 대표로서 피드백을 주었다. 가족들은 가장 필요할 때 응원을 아끼지 않았다. 그들 모두에게 감사를 전한다.

  마지막으로 이 프로젝트를 믿어 주고 출판까지 가는 데 필요한 모든 노력을 기울인 편집자 빌 피난(Bill Finan)과 옐바 퀸(Yelba Quinn)에게 감사드린다.

옮긴이의 말

옮긴이의 말만 제외하면 모든 번역이 끝났다. 말문을 트기가 어렵듯 첫 줄을 쓰기가 어렵다. 번역 중에 해 놓은 메모(해를 넘긴 벽걸이 달력 뒷장에 끄적인 것이 3쪽)를 훑어보다 잠을 청했고 이 아침을 맞았다. 우선 문을 열고 신문을 갖고 들어왔다. 1면 하단에 "투자의 귀재가 남긴 유일한 책"이라는 책 광고가 눈에 띄었다.

자본에 투자하다 보면 사회적 가치나 공동체의 이익을 따르기보다는 자신이 투자한 곳이 더 큰 이익을 얻기를 바라게 되고 결국 공공적 가치와 정치에서 멀어지게 된다고 경고장을 날린 하다스 바이스의 책 『중산층은 없다(We Have Never Been Middle Class)』가 생각났다.

이 시대에는 중산층이라는 단어가 온갖 자리에서 소환된다. 그런데 그 중산층은 뭔가? 기본적으로 중산층은 관점에 다양한 잣대가 사용되는 유동적인 개념이다.

'중' 자 때문에 중산층은 즉각적으로 상대적인 개념이 된다. 1980년대에 한국인들은 대략 70퍼센트가 '나는 중산층(체감 중산층)'이라고 여겼지만 1인당 국민소득이 훨씬 높아진 2010년대의 한국인들은 40퍼센트 정도만이 자신을 중산층이라고 여겼다. 소득이 증가하면서 중산층에 대한 눈높이가 높아졌기 때문이기도 하겠지만 1997년 IMF 이후 "돈은 위로만 흐르고 빚은 아래로만 흐른" 탓이기도 할 것이다. 『중산층이라는 착각』(조준현 저)에서는 한 경제학자가 학생들에게 질문을 하나 던진다. "나는 5만 달러를 갖고 다른 사람들은 2만 5000달러를 갖는 사회에서 살고 싶은가? 아니면 나는 10만 달러를 갖고 다른 사람들은 20만 달러를 갖는 사회에서 살고 싶은가?" 이 질문에 학생 대부분은 앞의 경우를 선택했다고 한다. 프랑스 작가 쥘 르나르(Jules Renard)는 "행복한 것만으론 충분치 않다. 다른 사람들이 행복하지 않은 것도 필요하다"라고 했다. 소위 "남부럽지 않은(또는 존스네를 따라 하는(keeping up with the Joneses))" 중산층은 남부럽지 않다는 그 기준이 비교 대상마다 달라져서 그것을 객관적 잣대로 쓰기에는 허점이 많다.

말레이시아 출신의 경제학자이며 '브루킹스연구소의 선임 연구원이자 월드데이터랩의 공동 창립자'라는 이력이 보여주듯 저자는 데이터를 기반으로 중산층 문제에 접근한다.

저자는 문명사 기간 중 오랫동안 전 세계 사람의 90퍼센트는 극빈 계층이었고 나머지 10퍼센트에서도 대부분은 '거의 가난한(near poor)' 수준이었으며 겨우 1퍼센트에 못 미치는 사람들이 상당히 어려운 시절을 겪더라도 빈곤을 걱정하지 않을 정도의 '중간 부류'라고 할 만한 사람들과 딴 세상 사람이라 할 상류층으로 구성되었다고 설명한다. (이런 중간 부류를 현대적 의미의 중산층이라고는 볼 수 없다.)

15세기 중후반에 유럽은 밖으로는 신항로 개척의 시대를 열었고, 안으로는 도시로 사람들이 몰려왔으며 시장은 급성장했다. 그곳에서 물적 자본을 제공하는 상인, 은행가, 제조업자와 인적 자본을 제공하는 변호사, 의사, 성직자가 늘어났고 그들은 부르주아라 불렸다. 중산층의 기원이라 할 이 부르주아는 물질적, 시간적 여유가 있었기에 행복한 삶을 살아 낼 능력도 가졌다.

이런 부르주아의 자식들(제임스 와트, 토머스 뉴커먼 등)이 기술·산업 혁명의 선두에 서면서 도시에는 사무원, 회계원, 은행원과 같은 수많은 봉급생활자가 생겨났고 공장 노동자도 폭발적으로 늘어났다.

바로 이 시기의 하급 사무원 가구의 지출 능력을, 이 책의 저자는 중산층의 기준으로 잡았다. (소득과 부를 기준으로 삼기 어려운 이유는 본문에 나온다.) 그렇게 나온 액수가 빅토리아 여왕 시절 하급 사무원 가정의 1인 지출 수준인 하루 12달러다. (12달러는 당시 하급 사무원의 1년 총지출 100파운드를 물가까지 감안해 현재의 가치로 환산한 뒤 당시 평균 가구원 수로 나눈 것이다.) 이 12달러는 빅토리아 시대의 사무원에게도 해당하지만 2017년 남미에서 3년 동안 경기 침체를 겪고도 빈곤 계층으로 전락하지 않은 사람들의 지출 하한선이기도 하고 포르투갈과 이탈리아 수준의 선진국에서 빈곤하다고 여겨지지는 않는 사람의 지출 수준이기도 해서 보편적인 기준으로 삼을 만하다고 설명한다.

이 기준을 가지고 저자는 역사적으로 중산층의 규모를 추적해 중산층 연대기를 구성해 냈다. 대략 1830년(산업혁명)을 중산층의 역사적 등장 시기로 삼고 1975년까지를 10억 명, 2006년까지를 20억 명, 2014년까지를 30억 명, 2022년까지를 40억 명의 중산층을 낳은 해로 설정하고 매 시기마다 추가된 10억 명의 특징과 그것의 시대적 의미를 설명한다.

첫 번째 시기의 중산층 대열은 서구가 주도했고 나머지 지역에서는 유일하게 일본이 합류했다. 산업혁명과 전쟁의 시련과 극복을 거쳐 "소비자주의의 황금시대"를 맞았지만 석유파동으로 위기를 맞는다.

이 시기에 중산층은 필요에 따라 상류층 혹은 노동계급과 연대를 하며 자신의 정치적 이익을 관철했다. 가령 영국의 중산층은 부자들과 연대해서 전쟁 비용을 마련하기 위해 만들어진 누진소득세를 폐기하는가 하면, 노동자 계층과 연대해 농촌 지주들의 반발에 맞서 수입 곡물에 관세를 부과했던 곡물법 폐지를 끌어냈다.

선거제도의 역할도 무시 못 한다. 북유럽은 의석을 득표율에 연동해 결정하는 비례대표제였고 영어권 국가들은 다수대표(최다득표)제였는데 이는 겉으로 보기보다는 더 중대한 차이를 만들었다. 대체로 북유럽은 다당제 연합을 지지하는 경향을 낳으며 중산층이 중도좌파와 연대해서 사회보장제도를 마련하는 방향으로 갔고, 영미권의 중산층은 세금을 낮추기 위해 상류층과 동맹을 맺는 결과를 낳았다. (이 기간에 독일이 부유세를 도입한 상황은 눈여겨볼 만하다.)

그러나 1960년대에 미국이 베트남과 전쟁을 벌이면서 물가를 올렸고 달러화의 힘은 흔들리기 시작했다. 1973년에 석유파동까지 겹치자 불황인데 물가까지 오르는 사상 초유의 스태그플레이션이 발생했다. 전반적으로 풍요로운 삶이 가능해졌을 때 서구의 사회계약은 와해되기 시작했고 중산층은 위기를 맞이한다.

두 번째 10억은 한국을 포함한 한때 네 마리 용이라 불렸던 아시아 나라들이 주도하고 남미 일부, 그리고 베를린장벽 붕괴 이후 동유럽에서 성장한 중산층이 이 자리를 채웠다. 세 번째 10억은 중국이 압도적으로 주도했고 네 번째 10억의 주역은 인도였다.

그러나 저자는 서구와 동구의 중산층이 소비 성향(집, 차, 가구, 휴가, 건강, 여가)은 동일한 궤적을 밟았지만 다른 측면에서는 그 궤적이 달랐음을 지적한다. 서구의 중산층은 참정권 확대, 사적 자산 보호, 낮은 세금, 자유무역, 최소한의 규제를 얻기 위해 싸우는 과정에서 자기답게 살아갈 자유(liberty)와 구속에서 벗어날 자유(freedom), 즉 적극적 자유와 소극적 자유를 얻어 냈다는 전통을 세웠다. 하지만 아시아의 중산층은 그런 자유(가령 참정권)를 그냥 얻었고 그래서인지 중국의 중산층은 개인의 자유와 사회 전체의 이해가 충돌할 때 서구와는 다른 선택을 했다. (아시아의 여러 나라가 정도의 차이는 있지만 그런 경향이 있다.)

이 기간에 미국발 금융 위기가 터졌고 서구 전체가 특별히 큰 충격을 받았다. 이는 미국의 고졸 백인 남성들의 기대수명이 떨어지는 충격적인 통계가 나온 시기이기도 하다. (이 충격을 빼고는 트럼프 대통령 당선자의 등장을 설명할 수 없을 것이다.) 그리고 석유파동 때 금이 가기 시작한 서구의 사회계약이 점점 위태로운 모습을 보인다. (유럽의 총선에서 극우의 선전을 생각해 보라.)

그럼에도 저자는 몇 가지 까다로운 전제를 충족한다면 다섯 번째 10억을 추가할 수 있다고 가능성을 열어 둔다. 첫째, 환경문제 해결을 위해 나설 것. 중산층이 환경문제에 관심을 보이자 정부와 기업도 움직이고 있다.《포브스》글로벌 2000대 기업 중 417곳이 탄소중립 서약을 했다. 심지어 자본시장까지 변하기 시작했다. 가령 지속가능채권, ESG채권에 대한 수요가 증가하고 있다. 둘째, 중산층을 위한 행복의 기준을 바꿀 것. 이스털린의 역설이 말해 주듯 소득이 일정 수준을 넘어서면 그 소득이 주는 행복감의 효용은 떨어진다. 그때부터는 소득보다는 인간관계, 공동체에 대한 소속감, 시민적 참여, 삶에 대한 만족감, 워라밸이 중요해진다. 이 대목에서 저자는 독일을 비롯한 유럽이 노동조합의 주도로 48시간 노동을 정착시키고 이제는 기업과 정부도 자진해서 협력하게 된 사연을 소개한다. 특히 스칸디나비아에서 한때 최장 노동시간을 자랑했던 아이슬란드가 임금 삭감 없이 노동시간을 줄여서 생산성을 올린 사례를 든 뒤 한·중·일 아시아 삼국의 장시간 노동 관행과 그 부작용(과로사)을 이와 대비시킨다. 마지막으로 전 지구적 차원의 불평등 문제를 해결하는 것도 간과할 수 없다면서 2022년 130개국이 글로벌최저한세를 부과하기로 합의에 도달한 것을 그 모범적인 사례로 들었다.

  오래 전 일기에서······.

  영화 〈서칭 포 슈가맨(Searching for Sugar Man)〉의 주인공은 남아공에서는 정체를 알 수 없는 전설적인 뮤지션 "슈가맨"으로 불렸으나 그의 고국 미국에서는 흘러간 무명의 뮤지션으로 막노동을 하며 가족의 생계를 책임진 사람이었다. 영화 속에서 그의 딸이 아빠에 대해서 한 말이 기억에 또렷하다. "아버지는 힘든 일을 하시면서도 우리를 종종 박물관과 미술관으로 데려갔어요." 그는 존엄한 인간이었다. 한국(또는 많은 중산층을 보유한 나라들)에서 가장 부족한 것이 슈가맨 같은 삶의 방식이 아닌가 한다. 욕심껏 누리지는 못할 정도의 가난이라면 기꺼이 받아들이고 가족과 이웃들을 귀하게 대하며 풍요롭고 존엄하게 살기.

  "욕심껏 누리지는 못할 정도"가 "가난"의 수식어로는 적당하지 않지만 옛 기록이니 양해 바란다. 어설프게 쓴 옛 영화 소감을 떠올린 이유는 슈가맨의 모습이 지금 이 나라 중산층의 불안한 모습과 대비되었기 때문일 것이다. 세계적인 기준으로 보면 적잖은 부와 그것이 주는 편의를 누리면서도 그 삶은 그리 편안해 보이지 않는 한국의 중산층과 그들이 주도적으로 가꾼 이 나라의 모습을 다니엘 튜더라는 재한 영국인 작가는 자신의 책 제목으로 삼았다.『기적을 이룬 나라 기쁨을 잃은 나라(Korea: The Impossible Country)』(노경태 역). 일독을 권한다.

— 배동근 드림

주

서문: 행복한 삶

1 Thomas Hobbes, 『리바이어던(Leviathan)』, ed. J. C. A. Gaskin (London: Oxford University Press, 2008).

2 Homi Kharas and Kristofer Hamel, "A Global Tipping Point: Half the World Is Now Middle Class or Wealthier," Brookings Institution, September 27, 2018, www.brookings.edu/blog/future-development/2018/09/27/a-global-tipping-point-half-the-world-is-now-middle-class-or-wealthier/.

3 Andrew T. Jebb, Louis Tay, Ed Diener, and Shigehiro Oishi, "Happiness, Income Satiation, and Turning Points around the World," *Nature Human Behaviour* 2, no. 1 (2018): pp. 33~38, www.researchgate.net/publication/321743107_Happiness_Income_Satiation_and_Turning_Points_Around_the_World.

4 James Carville and Stan Greenberg, 『문제는 중산층이야, 바보야!(It's the Middle Class, Stupid!)』(New York: Plume, 2013).

5 "Growth and the Middle Class," *Democracy Journal* 20 (spring 2011), https://democracyjournal.org/magazine/20/growth-and-the-middle-class/; OECD, *Under Pressure: The Squeezed Middle Class* (Paris: OECD Publishing, 2019), www.oecd.org/els/soc/OECD middle-class-2019-main-findings.pdf; Natalie Chun, Rana Hasan, Muhammad Habibur Rahman, and Mehmet Ali Ulubaşoğlu, "The Role of Middle Class in Economic Development: What Do Cross-Country Data Show?," *Review of Development Economics* (May 29, 2016), https://onlinelibrary.wiley.com/doi/abs/10.1111/rode.12265.

6 Ronald F. Inglehart and Christian Welzel, "How Development Leads to Democracy: What We Know about Modernization Today," *Foreign Affairs* 88, no. 2 (2009): pp. 33~48, https://papers.ssrn.com/sol3/papers.cfm?abstract_id=2391678.

7   Tom W. Smith, Michael Davern, Jeremy Freese, and Stephen L. Morgan, General Social Surveys, 1972~2018, https://gss.norc.org/.

8   Anne Case and Angus Deaton, "Mortality and Morbidity in the 21st Century," Brookings Papers on Economic Activity, 2017.

9   Richard Reeves, "A Middle Class Theory of Relativity: 4 Benchmarks," Brookings Institution, April 10, 2019, www.brookings.edu/blog/up-front/2019/04/10/a-middle-class-theory-of-relativity-4-benchmarks/.

10 Eric Lonergan and Mark Blyth, *Angrynomics* (Newcastle: Agenda, 2020).

11 Seymour Martin Lipset, "Democracy and Working-Class Authoritarianism," *American Sociological Review* 24, no. 4 (1959), www.jstor.org/stable/2089536.

12 FRED Economic Data, "Personal Consumption Expenditures," St. Louis Fed, https://fred.stlouisfed.org/series/PCE, 2023년 3월 17일에 접속했다.

13 Jim Puzzanghera, "A Decade after the Financial Crisis, Many Americans Are Still Struggling to Recover," *Los Angeles Times*, September 9, 2018, www.latimes.com/business/la-fi-financial-crisis-middle-class-20180909-htmlstory.html; Don Peck, "Can the Middle Class Be Saved?," *The Atlantic*, September 2011, www.theatlantic.com/magazine/archive/2011/09/can-the-middle-class-be-saved/308600/.

14 Homi Kharas, "The Unprecedented Expansion of the Global Middle Class," Brookings Institution, Global Economy and Development Working Paper No. 100, February 2017, www.brookings.edu/wp-content/uploads/2017/02/global_20170228_global-middle-class.pdf.

1장 중간 부류에 속한 사람들

1   Bank of England Inflation Calculator: 1209~Present, www.bankofengland.co.uk/monetary-policy/inflation/inflation-calculator.

2   Vivian Song, "World's Oldest Department Store Feels Like the Streets of Paris," CNN Travel, March 10, 2020, https://edition.cnn.com/travel/article/le-bon-marche-paris-department-store/index.html.

3   John Morley, *The Life of Richard Cobden* (London: T. Fisher Unwin, 1879).

4   Thorstein B. Veblen, 『유한계급론: 제도 진화의 경제적 연구(The Theory of the Leisure Class: An Economic Study of Institutions)』 (London: Macmillan, 1899).

5   Charles Mackay, 『대중의 미망과 광기(Extraordinary Popular Delusions and the Madness of Crowds)』 (Wordsmith Reference, 1995).

6   『존 스튜어트 밀 선집(The Collected Works of John Stuart Mill)』, vol. 23, *Newspaper Writings August 1831-October 1834, Part II*, ed. Ann P. Robson and John M. Robson (Toronto: University of Toronto Press, 1986).

7   Susan Carr, "In Search of the *Gentilhommes Campagnards*: Noble Diversity and Social Structure in Burgundy, 1682~1789" (St. Andrews, UK: Centre for French History and Culture, University of Saint Andrews, 2017).

8   John Forster, *The Life of Charles Dickens*, vols. 1~3 (Boston: James R. Osgood, 1875; Project Gutenberg, 2008).

9   Liza Picard, "The Victorian Middle Classes," British Library, October 14, 2009, www.bl.uk/victorian-britain/articles/the-victorian-middle-classes.

10 David Cannadine, "The Landowner as Millionaire: The Finances of the Dukes of Devonshire, c. 1800~c. 1926," *The Agricultural History Review* 25, no. 2 (1977): pp. 77~97, www.jstor.org/stable/40273888; Mark Rothery, "The Wealth of the English Landed Gentry, 1870~1935," *Agricultural History Review* 55, no. 2 (2007): pp. 251~268.

11 Credit Suisse, "The Global Wealth Report 2021," Credit Suisse Research Institute, June 2021, www.credit-suisse.com/media/assets/corporate/docs/about-us/research/publications/global-wealth-report-2021-en.pdf.

12 *Financial Times*, "Nestle Cuts Africa Workforce as Middle Class Growth Disappoints," June 16, 2015, www.ft.com/content/de2aa98e-1360-11e5-ad26-00144feabdc0.

13 UK Inflation Calculator, Alioth Finance, November 21, 2022, www.officialdata.org/uk/inflation/1850?amount=1.

14 OECD, "National Accounts: 4. PPPs and Exchange Rates," https://stats.oecd.org/Index.aspx?DataSetCode=SNA_Table4, 2022년 12월 1일에 접속했다.

15 Henry Colin Gray Matthew, *Gladstone, 1809-1874* (Oxford: Clarendon Press, 1988), p. 127.

16 Stuart Blumin, *The Emergence of the Middle Class* (Cambridge: Cambridge University Press, 1989), p. 1에서 인용.

17 Luis F. Lopez-Calva and Eduardo Ortiz-Juarez, "A Vulnerability Approach to the Definition of the Middle Class," Policy Research Working Paper No. WPS 5902, 2011, World Bank, https://openknowledge.worldbank.org/handle/10986/3669.

18 Homi Kharas, "The Emerging Middle Class in Developing Countries," Organization of Economic Co-operation and Development Working Paper No. 285, 2010.

19 Isabella Beeton, *Mrs. Beeton's Book of Household Management* (1861; Project Gutenberg, 2003).

20 *Annual Report of the White House Task Force on the Middle Class*, February 2010, https://obamawhitehouse.archives.gov/sites/default/files/microsites/100226-annual-report-middle-class.pdf.

2장 최초의 10억: 빅토리아 시대와 서구의 발흥, 1830~1975년

1 Carl T. Lira, "Brief History of the Steam Engine," Michigan State University, www.egr.msu.edu/~lira/supp/steam/index.htm, 2022년 12월 7일에 접속했다.

2 Diego A. Comin and Marti Mestieri, "Technology Diffusion: Measurement, Causes and Consequences," in *Handbook of Economic Growth*, vol. 2, ed. Philippe Aghion and Steven Durlauf, pp. 565~622 (North Holland: Elsevier, 2014).

3 Stafford H. Northcote and C. E. Trevelyan, *Report on the Organisation of the Permanent Civil Service Together with a Letter from the Rev. B. Jowett*, House of Commons (London: George E. Eyre and William Spottiswoode, for Her Majesty's Stationery Office, 1854), www.civilservant.org.uk/library/1854_Northcote_Trevelyan_Report.pdf.

4 Henry Parris, "The Origins of the Permanent Civil Service, 1780~1830," *Public Administration* 46, no. 2 (1968): pp. 143~166, https://onlinelibrary.wiley.com/doi/pdf/10.1111/j.1467-9299.1968.tb01357.x.

5 Erik Bengtsson and Svante Prado, "The Rise of the Middle Class: The Income Gap between Salaried Employees and Workers in Sweden, ca. 1830~1940," *Scandinavian Economic History Review* 68, no. 2 (2020): pp. 91~111.

6 Elementary Education Act, 1876, www.educationengland.org.uk/documents/acts/1876-elem-educ-act.html and www.educationengland.org.uk/documents/acts/1893-elem-educ-blind-deaf-act.html.

7 Grace Chen, "A Relevant History of Public Education in the United States," *Public School Review*, February 17, 2021, www.publicschoolreview.com/blog/a-relevant-history-of-public-education-in-the-united-states.

8 Christelle Garouste, *100 Years of Educational Reforms in Europe: A Contextual Database*, JRC Scientific and Technical Reports, European Commission (Luxembourg, Publication Office of the European Union, 2010), https://publications.jrc.ec.europa.eu/repository/bitstream/JRC57357/reqno_jrc57357.pdf.

9 Max Roser, Hannah Ritchie, and Bernadeta Dadonaite, "Child and Infant Mortality," *Our World In Data*, 2013, https://ourworldindata.org/child-mortality.

10 "Population by World Region, including UN Projections," *Our World in Data*, https://ourworldindata.org/grapher/world-population-by-world-regions-post-1820, 2022년 12월 12일에 접속했다.

11 Leah Platt Bouston, Devin Bunton, and Owen Hearey, "Urbanization in the United States, 1800~2000," National Bureau of Economic Research Working Paper 19041, May 2013, https://scholar.princeton.edu/sites/default/files/lboustan/files/research21_urban_handbook.pdf.

12 Hannah Ritchie and Max Roser, "Urbanization," *Our World In Data*, September 2018, https://ourworldindata.org/urbanization.

13 Julia Zinkina, Ilya Ilyin, and Andrey Korotayev, "The Nineteenth-Century Urbanization Transition in the First World," *Globalistics and Globalization Studies* (2017): pp. 164~172.

14 Alexis C. Madrigal, "Germans Used to Drink an Astounding Amount of Beer," *The Atlantic*, October 22, 2012, www.theatlantic.com/international/archive/2012/10/germans-used-to-drink-an-astounding-amount-of-

beer/263944/.

15 Cissie Fairchilds, "Review: Consumption in Early Modern Europe. A Review Article," *Comparative Studies in Society and History* 35, no. 4 (1993): pp. 850~858.

16 Lorna Weatherill, *Consumer Behavior and Material Culture in Britain, 1660-1760* (London: Routledge, 1996).

17 "Victorians: Daily Life," *English Heritage*, www.english-heritage.org.uk/learn/story-of-england/victorian/daily-life/, 2022년 12월 16일에 접속했다.

18 Francis Fukuyama, *Political Order and Political Decay: From the Industrial Revolution to the Globalization of Democracy* (New York: Farrar, Strauss and Giroux, 2014).

19 Bela Kun, "Marx and the Middle Classes," 1918, www.marxists.org/archive/kun-bela/1918/05/04.htm.

20 Asa Briggs, "Middle Class Consciousness in English Politics, 1780~1846," *Past & Present* 9, no. 1 (1956): pp. 65~74, https://doi.org/10.1093/past/9.1.65.

21 Paul MacKendrick, Deno J. Geanakoplos, J. H. Hexter, and Richard Pipes, *Western Civilization: Paleolithic Man to the Emergence of European Powers* (New York: Harper & Row, 1968).

22 Jim Powell, "Thomas Babington Macaulay: Extraordinary Eloquence for Liberty," Foundation for Economic Education, October 1, 1996, https://fee.org/articles/thomas-babington-macaulay-extraordinary-eloquence-for-liberty/.

23 1846년 6월 23일 코브던이 필 총리에게 보낸 편지. Briggs, "Middle Class Consciousness in English Politics"에서 인용.

24 *First Report of the Commissioners Appointed to Inquire into the Municipal Corporations in England and Wales* (London: C. Knight, 1835), p. 49, https://catalog.hathitrust.org/Record/008604348.

25 "A New American Consumer Culture," US History II, https://courses.lumenlearning.com/suny-ushistory2os2xmaster/chapter/a-new-american-consumer-culture/, 2022년 12월 16일에 접속했다.

26 Roland Marchand, *Advertising the American Dream* (Berkeley: University of California Press, 1985).

27 Thomas C. Leonard, "Eugenics and Economics in the Progressive Era," *Journal of Economic Perspectives* 19, no. 4 (2005): pp. 207~224, www.princeton.edu/~tleonard/papers/retrospectives.pdf에서 인용.

28 Daniel T. Rodgers, "The Progressive Era to the New Era, 1900~1929," The Gilder Lehrman Institute of American History, https://ap.gilderlehrman.org/essays/progressive-era-new-era-1900-1929, 2022년 12월 16일에 접속했다.

29 Laura Root, "'Temporary Gentlemen' on the Western Front: Class Consciousness and the British Army Officer, 1914~1918," *Osprey Journal of Inquiry and Ideas* 5 (2006), https://digitalcommons.unf.edu/cgi/viewcontent.cgi?article=1071&context=ojii_volumes.

30 Matteo Battistini, "Middle Class, Classe Moyenne, Mittelstand: History and Social Sciences in the Atlantic World," in *Modern European-American Relations in the Transatlantic Space*, ed. by Maurizio Vaudagna (Torino: Otto Editore, 2015).

31 Klaus-Peter Sick, "Le Concept de Classes Moyennes: Notion Sociologique ou Slogan Politique," *Vingtieme Siecle. Revue d'histoire* 37 (1993): pp. 13~33.

32 J. Artur, 1929, Sick, "Le Concept de Classes Moyennes."에서 인용.

33 Seymour Martin Lipset, *Political Man: The Social Bases of Politics* (Garden City, NY: Doubleday, 1960).

34 Thomas Childers, *The Nazi Voter* (Chapel Hill: University of North Carolina Press, 1983).

35 Erich Fromm, *The Fear of Freedom* (London: Routledge, 1942).

36 Timothy W. Mason, "Some Origins of the Second World War," in *Nazism, Fascism and the Working Class*, ed. Timothy Mason and Jane Caplan (Cambridge: Cambridge University Press, 1995).

37 James Truslow Adams, *The Epic of America* (Boston: Little, Brown, 1931).

38 Stephen Kemp Bailey, *Congress Makes a Law: The Story behind the Employment Act of 1946* (New York: Columbia University Press, 1950).

39 Bailey, *Congress Makes a Law*.

40 Mark Twain and Charles Dudley Warner, 『도금시대(The Gilded Age: A Tale of Today)』 (Hartford, CT: The American Publishing Company, 1902), 1873년 미국의회도서관에 비치된 원고를 참고했다.

41 마이크 니컬스(Mike Nichols) 감독의 영화 〈졸업(The Graduate)〉, 1967.
42 Christopher J. Tassava, *The American Economy during World War II*, The Economic History Association, https://eh.net/encyclopedia/the-american-economy-during-world-war-ii/, 2022년 12월 19일에 접속했다.
43 Quote Investigator, 2011, https://quoteinvestigator.com/2011/11/16/robots-buy-cars/.
44 Lizabeth Cohen, *A Consumer's Republic: The Politics of Mass Consumption in Postwar America* (New York: Vintage Books, 2004).
45 Wendell Cox and Jean Love, *The Best Investment a Nation Ever Made: A Tribute to the Dwight D. Eisenhower System of Interstate and Defense Highways* (Collingdale, PA: Diane Publishing, 1998).
46 John Kenneth Galbraith, *The Affluent Society* (Boston: Houghton Mifflin, 1958).
47 William Beveridge, *Social Insurance and Allied Services* (London: His Majesty's Stationery Office, 1992).
48 History, "Beetle Overtakes Model T as World's Best Selling Car," February 17, 1972, www.history.com/this-day-in-history/beetle-overtakes-model-t-as-worlds-best-selling-car#:~:text=On%20February%2017%2C%201972%2C%20the,production%20from%201908%20to%201927.
49 Organization for Economic Co-operation and Development, Statistics, Labour, Collective Bargaining Coverage, https://stats.oecd.org/Index.aspx?DatasetCode=STLABOUR#, 2022년 12월 19일에 접속했다.

3장 두 번째 10억: 제3세계의 경제성장과 지구화, 1975~2006년

1 Robert J. Lucas Jr., "On the Mechanics of Economic Growth," *Journal of Monetary Economics* 22, no. 1 (July 1988): pp. 3~42.
2 Ricardo Hausmann, César A. Hidalgo, Sebastián Bustos, Michele Coscia, Alexander Simoes, and Muhammed A. Yildirim, *The Atlas of Economic Complexity* (Cambridge, MA: MIT Press, 2003).
3 Katelynn Harris, "Forty Years of Falling Manufacturing Employment," US

Bureau of Labor Statistics, Employment and Unemployment, November 2020, www.bls.gov/opub/btn/volume-9/forty-years-of-falling-manufacturing-employment.htm.

4   IKEA, "The IKEA Vision and Values," 2022년 12월 20일에 접속했다.

5   Max Roser and Esteban Ortiz-Ospina, "Global Education," 2016, *Our World in Data*, https://ourworldindata.org/global-education.

6   Laura Edgehill, "Why Do South Koreans Teachers Get the Rock Star Treatment?," *World*, October 12, 2015, https://world.wng.org/2015/10/why_do_south_korean_teachers_get_the_rock_star_treatment.

7   워싱턴 DC 소재 국제경제연구소(Institute for International Economics)가 개최한 회의에서 나온 미출간 배경 보고서를 John Williamson, "The Strange History of the Washington Consensus," *Journal of Post Keynesian Economics* 27, no. 2 (2004): 195~206쪽에서 재인용.

8   Williamson, "The Strange History of the Washington Consensus."

9   워싱턴 DC 소재 국제전략문제연구소(Center for Strategic and International Studies, CSIS)에서 존 윌리엄슨이 한 연설 "Did the Washington Consensus Fail?"의 요약문. Peterson Institute for International Economics, November 6, 2002.

10   Jaana Remes, Andrés Cadena, Alberto Chaia, Vijay Gosula, Jacques Bughin, James Manyika, Jonathan Woetzel, Nicolás Grosman, Tilman Tacke, and Kevin Russell, *Latin America's Missing Middle* (McKinsey Global Institute, 2019).

11   Indermit S. Gill and Martin Raiser, *Golden Growth: Restoring the Lustre of the European Economic Model*, The World Bank, 2012, https://documents1.worldbank.org/curated/en/53937/1468036253854/pdf/Main-report.pdf.

12   Stanley Fischer and Ratna Sahay, "Taking Stock," *Finance & Development*, September 2000, www.imf.org/external/pubs/ft/fandd/2000/09/pdf/fischer.pdf.

13   Jennifer Hunt, "Post-Unification Wage Growth in East Germany," National Bureau of Economic Research Working Paper No. 6878, January 1999.

14   Stephen Beard, "Itemizing Germany's $2 Trillion Bill for Reunification," *Marketplace*, November 5, 2019, www.marketplace.org/2019/11/05/itemizing-germanys-2-trillion-bill-for-reunification/.

15   Peter Bofinger, "The German Monetary Unification (GMU): Converting

Marks to D-Marks," *Federal Reserve Bank of St. Louis Review* 72, no. 4 (July/August 1990), https://files.stlouisfed.org/files/htdocs/publications/review/90/07/German_Jul_Aug1990.pdf.

4장 세 번째 10억: 중국몽과 서방의 경계, 2006~2014년

1   Ai Guo Han, "Building a Harmonious Society and Achieving Individual Harmony," *Journal of Chinese Political Science* 13, no. 2 (2008).
2   George H. W. Bush, "Remarks at the Yale University Commencement Ceremony in New Haven, Connecticut," May 27, 1991.
3   Qiang Fu, "The Persistence of Power Despite the Changing Meaning of Homeownership," *Urban Studies* 53, no. 6 (2016).
4   Lu Gao, "Achievements and Challenges: 30 Years of Housing Reform in the People's Republic of China," Asian Development Bank Working Paper No. 198, April 2010, www.adb.org/sites/default/files/publication/28408/economics-wp198.pdf.
5   EconData, CEIC China database, https://econdata.com/databases/ceic/#:~:text=CEIC%20China%20Database%20is%20a,and%20municipal%20data%20on%20China, 2022년 12월 22일에 접속했다.
6   Dennis Tao Yang, Junsen Zhang, and Shaojie Zhou, "Why Are Savings Rates So High in China?," National Bureau of Economic Research Working Paper No. 16771, February 2011, www.nber.org/papers/w16771.
7   Anthony Rush, "China's Labour Market," *Reserve Bank of Australia Bulletin*, September 2011, www.rba.gov.au/publications/bulletin/2011/sep/pdf/bu-0911-4.pdf.
8   John Knight and Jinjun Xue, "How High Is Urban Unemployment in China?," *Journal of Chinese Economic and Business Studies* 4, no. 2 (2006): pp. 91~107.
9   Xin Meng, Chris Manning, Shi Li, and Tadjuddin Noer Effendi, *The Great Migration: Rural-Urban Migration in China and Indonesia* (Northampton: Edward Elgar Publishing, 2010).
10 Gilles Guiheux, "The Political 'Participation' of Entrepreneurs: Challenge or

Opportunity for the Chinese Communist Party?," *Social Research* 73, no. 1 (2006).

11 David H. Autor, David Dorn, and Gordon H. Hanson, "The China Shock: Learning from Labor Market Adjustment to Large Changes in Trade," National Bureau of Economic Research Working Paper No. 21906, 2016, www.nber.org/papers/w21906.

12 Dorothy J. Solinger, "Labor Discontent in China in Comparative Perspective," *Eurasian Geography and Economics* 48, no. 4 (2007): pp. 413–438.

13 M. Elfstrom and S. Kuruvilla, "The Changing Nature of Labor Unrest in China," *Industrial & Labor Relations Review* 67, no. 2 (2014): pp. 453–480.

14 *The Economist*, "Light and Death: Suicides at Foxconn," May 29, 2010.

15 GETChina Insights, "China No. 1 on 2018 PISA: Is the Country Really an Education Powerhouse as the Rankings Suggest?," January 3, 2020, https://edtechchina.medium.com/china-1-on-2018-pisa-is-the-country-really-an-education-powerhouse-as-the-rankings-suggest-8b626cc1ae92.

16 Thomas L. Friedman, "The Shanghai Secret," *New York Times*, October 23, 2013, www.nytimes.com/2013/10/23/opinion/friedman-the-shanghai-secret.html.

17 Zhang Chunyan, Chen Jia, Wu Wencong, and Tang Yue, "Li Pledges Measures in Fight for Clean Air," *China Daily USA*, January 16, 2013, http://usa.chinadaily.com.cn/epaper/2013-01/16/content_16125844.htm.

18 Qiang Zhang, Yixuan Zheng, Dan Tong, and Jiming Hao, "Drivers of Improved PM2.5 Air Quality in China from 2013 to 2017," *PNAS* 116, no. 49 (2019), www.pnas.org/content/116/49/24463.

19 "Under the Dome by Chai Jing: Air Pollution in China," YouTube, March 8, 2015, www.youtube.com/watch?v=V5bHb3ljjbc.

20 Zhang Chun, "China Court Rules in Favour of First Public Interest Environmental Lawsuit," *China Dialogue*, November 11, 2015, https://chinadialogue.net/en/pollution/8291-china-court-rules-in-favour-of-first-public-interest-environmental-lawsuit/.

21 Zhe Liu, Anthony N. Mutukumira, and Hongjun Chen, "Food Safety Governance in China: From Supervision to Coregulation," *Food Science & Nutrition* 7, no. 12 (2019): pp. 4127–4139, www.ncbi.nlm.nih.gov/pmc/

articles/PMC6924309/.
22 Anita Chang, "12 More Arrested in China's Tainted Milk Scandal," Associated Press, September 21, 2008.
23 Anne Case and Angus Deaton, "Rising Morbidity and Mortality in Midlife among White Non-Hispanic Americans in the 21st Century," *PNAS* 112, no. 49 (November 2, 2015), www.pnas.org/content/112/49/15078.
24 Raj Chetty, Nathaniel Hendren, Patrick Kline, Emmanuel Saez, "Where Is the Land of Opportunity? The Geography of Intergenerational Mobility in the United States," *Quarterly Journal of Economics* 129, no. 4 (November 2014).
25 Carol Graham and Sergio Pinto, "The Geography of Desperation in America," *Social Science & Medicine* 270 (February 2021), https://doi.org/10.1016/j.socscimed.2020.113612.
26 Danny Quah, "The Global Economy's Shifting Centre of Gravity," *Global Policy* 2, no. 1 (January 2021), https://onlinelibrary.wiley.com/doi/full/10.1111/j.1758-5899.2010.00066.x.

5장 네 번째 10억: 인도라는 난감한 거인, 2014~2022년

1 Anil Kumar Malhotra, *A Passion to Build: India's Quest for Offshore Technology, a Memoir* (Lulu.com, 2007).
2 EDP Staffing Services, "2000 Computer Industry Salary Survey," www.csus.edu/indiv/c/chingr/info/salaries2000.pdf, 2022년 12월 22일에 접속했다.
3 Statista, "Number of Mobile Cellular Subscriptions in India from 2000 to 2021," www.statista.com/statistics/498364/number-of-mobile-cellular-subscriptions-in-india/, 2022년 12월 22일에 접속했다.
4 Telecom Regulatory Authority of India, "Highlights of Telecom Subscription Data as on 31st December 2015," press release no. 15, 2016, www.trai.gov.in/sites/default/files/PR_No_15_TSD_December_15.pdf.
5 Pankaj Jaloti and Pari Natarajan, "The Growth and Evolution of India's Software Industry," *Communications of the ACM* 62, no. 11 (November 2019): pp. 64~69, https://cacm.acm.org/magazines/2019/11/240381-the-growth-

and-evolution-of-indias-software-industry/fulltext.

6   India Brand Equity Foundation, "Services," January 2021, www.ibef.org/uploads/industry/Infrographics/large/Services-Infographic-January-2021.pdf, 2022년 12월 22일에 접속했다.

7   R. Inglehart and C. Welzel, 『민주주의는 어떻게 오는가: 근대화, 문화적 이동, 가치관의 변화로 읽는 민주주의의 발전 지도(Modernization, Cultural Change and Democracy: The Human Development Sequence)』 (New York: Cambridge University Press, 2005).

8   B. N. Ghosh, *Gandhian Political Economy: Principles, Practice and Policy* (Aldershot, Hampshire, UK: Ashgate Publishing, 2007).

9   Albert O. Hirschman, 『떠날 것인가, 남을 것인가: 퇴보하는 기업, 조직, 국가에 대한 반응(Exit, Voice, and Loyalty: Responses to Decline in Firms, Organizations, and States)』 (Cambridge, MA: Harvard University Press, 1970).

10 Financial Express On-Line, "How Many People in India Actually Pay Tax? Income Tax Department Clarifies PM Modi's Claim," February 13, 2020, www.financialexpress.com/economy/how-many-people-in-india-actually-pay-tax-income-tax-department-clarifies-pm-modis-claim/1867332/.

11 World Health Organization, Global Health Expenditure Database, https://apps.who.int/nha/database, 2023년 3월 17일에 접속했다.

12 Government of India, Ministry of Finance, Department of Economic Affairs, Economic Division, *Economic Survey 2016–17*, January 2017.

13 Government of India, *Economic Survey 2016–17*, p. 51.

14 Manject Bhatia, ed., *Locating Gender in the New Middle Class in India* (Shimla: Indian Institute of Advanced Studies, 2017).

15 S. Dickey, "The Pleasures and Anxieties of Being in the Middle: Emerging Middle-Class Identities in Urban South India," *Modern Asian Studies* 46, no. 3 (2012): pp. 559~599.

16 A. Krishna and D. Bajpai, "Layers in Globalizing Society and the New Middle Class in India," *Economic and Political Weekly* 50, no. 5 (2015).

17 Prabhat Jha, Maya A Kesler, Rajesh Kumar, Faujdar Ram, Usha Ram, Lukasz Aleksandrowicz, Diego G. Bassani, Shailaja Chandra, and Jayant K. Banthia, "Trends in Selective Abortions of Girls in India: Analysis of Nationally

Representative Birth Histories from 1990 to 2005 and Census Data from 1991 to 2011," *The Lancet* 377, no. 9781 (2011).

18 US Department of the Treasury, "About the CARES Act and the Consolidated Appropriations Act," https://home.treasury.gov/policy-issues/coronavirus/about-the-cares-act, 2022년 12월 22일에 접속했다.

19 117th Congress, Public Law 117-2, American Rescue Plan Act of 2021, www.congress.gov/bill/117th-congress/house-bill/1319/text.

20 Swetha Totapally, Petra Sonderegger, Priti Rao, Jasper Gosselt, and Gaurav Gupta, *State of Aadhaar Report, 2019* (Dalberg, 2019), https://stateofaadhaar.in/assets/download/SoA_2019_Report_web.pdf?utm_source=download_report&utm_medium=button_dr_2019.

6장 다섯 번째 10억: 앞에 닥친 위험, 2022~2030년

1 "Why Are People in Denmark So Happy?," https://denmark.dk/people-and-culture/happiness, 2022년 12월 22일에 접속했다.

2 David Rothkopf, *Superclass* (New York: Farrar, 2002), https://carnegieendowment.org/2008/03/24/superclass-global-power-elite-and-world-they-are-making-pub-20002.

3 2019년 9월 23일 그레타 툰베리가 뉴욕에서 열린 UN기후행동정상회의에서 한 연설.

4 Brundtland Commission, *Report of the World Commission on Environment and Development: Our Common Future* (New York: UN, August 4, 1987), https://sustainabledevelopment.un.org/content/documents/5987our-common-future.pdf.

5 Anthropocene Working Group, "Results of Binding Vote by AWG," May 21, 2019, http://quaternary.stratigraphy.org/working-groups/anthropocene/.

6 Matthew C. Nisbet, "Communicating Climate Change: Why Frames Matter for Public Engagement," *Environment: Science and Policy for Sustainable Development* 51, no. 2 (2009): pp. 12~23.

7 Diana Ivanova, John Barrett, Dominik Wiedenhofer, Biljana Macura, Max

Callaghan, and Felix Creutzig, "Quantifying the Potential for Climate Change Mitigation of Consumption Options," *Environment Research Letters* 15, no. 9 (2020), https://iopscience.iop.org/article/10.1088/1748-9326/ab8589.

8   Economist Intelligence Unit, "Energy Transition Will Move Slowly over the Next Decade," December 1, 2022, www.eiu.com/n/energy-transition-will-move-slowly-over-the-next-decade/#:~:text=By%202032%2C%20fossil%20fuels%20will,by%20the%20war%20in%20Ukraine.

9   IEA, "Net Zero by 2050: A Roadmap for the Global Energy Sector," 2021, https://iea.blob.core.windows.net/assets/4719e321-6d3d-41a2-bd6b-461ad2f850a8/NetZeroby2050-ARoadmapfortheGlobalEnergySector.pdf.

10 IEA, "Net Zero by 2050," p. 20.

11 Julio Friedman, Zhiyuan Fan, and Ke Tang, *Low Carbon Heat Solutions for Heavy Industry* (New York: Center on Global Energy Policy, 2019), www.energypolicy.columbia.edu/research/report/low-carbon-heat-solutions-heavy-industry-sources-options-and-costs-today.

12 https://climatecommunication.yale.edu/.

13 IEA, "Net Zero by 2050."

14 Green Eatz, "Food's Carbon Footprint," www.greeneatz.com/foodscarbon-footprint.html#:~:text=Food's%20Carbon%20Footprint%3A%20Eat%20vegetarian&text=A%20vegan%20diet%20has%20the,such%20as%20beef%20and%20lamb, 2022년 12월 28일에 접속했다.

15 United Nations, Department of Economic and Social Affairs, Statistics Division, "Responsible Consumption and Production," https://unstats.un.org/sdgs/report/2019/goal-12/, 2022년 12월 28일에 접속했다.

16 Silpa Kaza, Lisa Yao, Perinaz Bhada-Tata, and Frank Van Woerden, *What a Waste 2.0: A Global Snapshot of Solid Waste Management to 2050* (Washington, DC: World Bank, 2018), https://datatopics.worldbank.org/what-a-waste/trends_in_solid_waste_management.html.

17 World Bank, *Squaring the Circle: Policies from Europe's Circular Economy Transition, 2022* (Washington, DC: World Bank, 2022), www.worldbank.org/en/region/eca/publication/squaring-circle-europe-circular-economy-transition.

18 European Commission, *Directive on Single-Use Plastics*, July 2, 2019, https://ec.europa.eu/environment/topics/plastics/single-use-plastics_en.
19 IPBES, *The Global Assessment Report on Biodiversity and Ecosystem Services* (Bon, Germany: IPBES, 2019), https://ipbes.net/sites/default/files/inline/files/ipbes_global_assessment_report_summary_for_policymakers.pdf.
20 G. Ceballos, Paul R. Ehrlich, and Peter H. Raven, "Vertebrates on the Brink as Indicators of Biological Annihilation and the Sixth Mass Extinction," *PNAS* 117, no. 24 (2020): pp. 13596~13602, https://doi.org/10.1073/pnas.1922686117.
21 Ceballos, Ehrlich, and Raven, "Vertebrates on the Brink."
22 Hannah Ritchie, "If the World Adopted a Plant-Based Diet We Would Reduce Global Agricultural Land Use from 4 to 1 Billion Hectares," *Our World in Data*, March 4, 2021, https://ourworldindata.org/land-use-diets.
23 World Resources Institute, *Atlas of Forest and Landscape Restoration Opportunities*, 2004, www.wri.org/data/atlas-forest-and-landscape-restoration-opportunities.
24 E. Dinerstein, C. Vynne, E. Sala, A. R. Joshi, S. Fernando, T. E. Lovejoy, J. Mayorga, D. Olson, G. P. Asner, J. E. M. Baillie, N. D. Burgess, K. Burkart, R. F. Noss, Y. P. Zhang, A. Baccini, T. Birch, N. Hahn, L. N. Joppa, and E. Wikramanayake, "A Global Deal for Nature: Guiding Principles, Milestones and Targets," *Science Advances* 5, no. 4 (2019), https://advances.sciencemag.org/content/5/4/eaaw2869#ref-16.
25 Sitala Peek, "Knocker Uppers: Waking Up the Workers in Industrial Britain," BBC News, March 27, 2016, www.bbc.com/news/uk-england-35840393.
26 「창세기」 1장 28절
27 The Lutheran World Federation, *Dignity of Work: Theological and Interdisciplinary Perspectives* (Minneapolis, MN: Lutheran University Press, 2011).
28 1948년 12월 10일 UN에서 채택된 세계인권선언(Universal Declaration of Human Rights), www.un.org/en/about-us/universal-declaration-of-human-rights.
29 John Paul II, *Laborem exercens*, Encyclicals, September 14, 1981, www.vatican.va/content/john-paul-ii/en/encyclicals/documents/hf_jp-ii_enc_14091981_

laborem-exercens.html.

30   John Paul II, "*Laborem exercens.*"

31   *The Economist*, "What If an AI Won the Nobel Prize for Medicine?," July 3, 2021.

32   International Monetary Fund, *World Economic Outlook: Slowing Growth, Rising Risks* (Washington, DC: International Monetary Fund, 2011), www.imf.org/en/Publications/WEO/Issues/2016/12/31/Slowing-Growth-Rising-Risks.

33   Jan Mischke, Jonathan Woetzel, Sven Smit, James Manyika, Michael Birshan, Eckart Windhagen, Jörg Schubert, Solveigh Hieronimus, Guillaume Dagorret, and Marc Canal Noguer, *Will Productivity and Growth Return after the COVID-19 Crisis?* (McKinsey Global Institute, 2021), www.mckinsey.com/industries/public-and-social-sector/our-insights/will-productivity-and-growth-return-after-the-covid-19-crisis.

34   Marcela Escobari, Ian Seyal, and Carlos Daboín Contreras, "Moving Up: Promoting Workers' Economic Mobility Using Network Analysis," Brookings Institution, June 14, 2021.

35   Peterson Institute for International Economics, *How to Fix Economic Inequality* (Washington, DC: Peterson Institute for International Economics, 2020), www.piie.com/sites/default/files/documents/how-to-fix-economic-inequality.pdf.

36   Peterson Institute for International Economics, *How to Fix Economic Inequality*, p. 7.

37   D. Acemoglu and D. Autor, "Skills, Tasks and Technologies: Implications for Employment and Earnings," in *Handbook of Labor Economics*, vol. 4 (North Holland, Amsterdam: Elsevier, 2010).

38   Hans Moravec, 『마음의 아이들: 로봇과 인공지능의 미래(Mind Children: The Future of Robot and Human Intelligence)』 (Cambridge, MA: Harvard University Press, 1988).

39   J. Kates-Harbeck, Alexey Svyatkovskiy, and William Tang, "Predicting Disruptive Instabilities in Controlled Nuclear Fusion Plasmas through Deep Learning," *Nature* 568 (2019): pp. 526~531.

7장 글로벌 중산층을 위한 새로운 과제: 50억 명을 위한 행복

1. John Maynard Keynes, 『설득의 에세이(Essays in Persuasion)』 중 「손자 세대의 경제적 가능성(1930년)(Economic Possibilities for Our Grandchildren(1930))」(New York: Harcourt Brace, 1932), pp. 358~373.
2. John Maynard Keynes, 「손자 세대의 경제적 가능성(1930년)」.
3. Richard A. Easterlin, Laura Angelescu McVey, Malgorzata Switek, Onnicha Sawangfa, and Jacqueline Smith Zweig, "The Happiness-Income Paradox Revisited," *PNAS* 107, no. 52 (2010): pp. 22463~22468.
4. Richard A. Easterlin, "Will Raising the Incomes of All Raise the Happiness of All?," *Journal of Economic Behavior and Organization* 27, no. 1 (1995).
5. Daniel Kahneman and Angus Deaton, "High Income Improves Evaluation of Life but Not Emotional Well-Being," *PNAS* 107, no. 38 (2010): pp. 16489~16493.
6. Liz Mineo, "Good Genes Are Nice but Joy Is Better," *Harvard Gazette*, April 11, 2017.
7. John F. Helliwell, Richard Layard, Jeffrey D. Sachs, Jan-Emmanuel De Neve, Lara B. Aknin, and Shun Wang, *World Happiness Report, 2021* (New York: United Nations, 2021), https://happiness-report.s3.amazonaws.com/2021/WHR+21.pdf.
8. Carol Graham and Sara MacLennan, "Policy Insights from the New Science of Well-Being," *Behavioral Science and Policy* 6, no. 1 (2020).
9. Carsten K. W. De Dreu, Lindred L. Greer, Michel J. J. Handgraaf, Shaul Shalvi, Gerben A. Van Kleef, Matthijs Baas, Femke S. Ten Velden, Eric Van Dijk, and Sander W. W. Feith, "The Neuropeptide Oxytocin Regulates Parochial Altruism in Intergroup Conflict amongst Humans," *Science* 328, no. 5984 (2010): pp. 1408~1411.
10. University of California at Irvine, "'Love Hormone' Oxytocin Helps Produce 'Bliss Molecule' to Boost Pleasure of Social Interactions," *Social Psychology*, October 26, 2015.
11. ManpowerGroup, *Millennial Careers: 2020 Vision: Facts, Figures and Practical Advice from Workforce Experts* (ManpowerGroup, 2016), https://web.

archive.org/web/20180314183158/https://www.manpowergroup.com.au/documents/White-Papers/2016_Millennials_2020Vision_White Paper.pdf.

12 Gudmundur D. Haraldsson and Jack Kellam, *Going Public: Iceland's Journey to a Shorter Working Week* (Alda, Association for Democracy and Sustainability and Autonomy, 2021), https://autonomy.work/wp-content/uploads/2021/06/ICELAND_4DW.pdf.

13 UN Women, *Turning Promises into Action: Gender Equality in the 2030 Agenda for Sustainable Development* (United Nations, 2018), www.unwomen.org/en/digital-library/publications/2018/2/gender-equality-in-the-2030-agenda-for-sustainable-development-2018.

14 Julie Ray, "2020 Another Emotionally Taxing Year for Women with Children," Gallup, 2021.

15 Aristotle, 『니코마코스 윤리학(The Nichomachean Ethics)』, trans. J. E. C. Welldon (New York: Macmillan, 1902).

16 PwC, *Putting Purpose to Work* (PwC, June 2016), www.pwc.com/us/en/about-us/corporate-responsibility/assets/pwc-putting-purpose-to-work-purpose-survey-report.pdf.

17 "What Does a Purpose Driven Company Look Like?," Salesforce.org, 2019, www.salesforce.org/blog/what-does-a-purpose-driven-company-look-like.

18 "Green Bond Market Hits USD2tn Milestone at End of Q3 2022," Climate Bonds Initiative, September 11, 2022.

19 Energy and Climate Intelligence Unit and Oxford Net Zero, *Taking Stock: A Global Assessment of Net Zero Targets* (Energy and Climate Intelligence Unit and Oxford Net Zero, March 2021), https://ca1-eci.edcdn.com/reports/ECIU-Oxford_Taking_Stock.pdf?v=1616461369.

20 UN Volunteers, *The Thread That Binds: Volunteerism and Community Resilience* (UN Volunteers, 2018), www.unv.org/sites/default/files/UNV_SWVR_2018_English_WEB.pdf.

21 Thomas L. Friedman, AllAuthor.com, 2023년 5월 4일에 접속했다.

찾아보기

밑줄 처리한 표제어는 한국어판 역자가
추가한 항목이다.

ㄱ

<u>가정연산승포책임제</u>(家庭聯産承包責任
  制) 177
가족 구성원 수 149, 237
간디, 마하트마(Gandhi, Mahatma)
  233~234
갤브레이스, 존 케네스(Galbraith, John
  Kenneth) 120~121
  『풍요로운 사회(The Affluent Society)』
  120
경기순환 81
  ―과 행복 298
  전후 시기의 ― 118~119
경제문제연구소(Institute of Economic
  Affairs) 261
경제협력개발기구(OECD) 137, 195, 302
계층과 열망 61~63
고기 263, 275~276
고대 그리스 철학과 중산층 48~49
고등교육
  ―과 미국 중산층의 분열 211~213
  아시아의 ― 147~148
  인도의 ― 224~227, 230
  중국의 ― 194~196
고르바초프, 미하일(Gorbachëv, Mikhail)
  163
고역과 양호한 일자리 279~281, 284, 289
고용
  ―과 스트레스 307~308
  ―과 아메리칸드림 113~115
  ―과 중산층의 성장 74~81
  ―의 미래 278~293
  국제무역과 ― 191~192
  동유럽의 ― 실태 166
  미국의 ― 실태 208~209
  슈퍼리치(Super-rich)와 ― 254
  영국의 ― 실태 121~122
  중국의 ― 실태 181~182, 184~186,
  192~194
곡물법(Corn Law) 87~89
골턴, 프랜시스(Galton, Francis) 98
공동체와 행복(well-being) 297~301
공무원
  ―과 파시즘 108
  영국의 ― 74~75
  인도의 ― 222~223
공산주의
  소련의 ― 111
  중국의 ― 177~181, 191
공해 198~199
  중국과 ― 197~203
  플라스틱과 ― 269~271
과로사 29
<u>과불화화합물</u>(Per- and Polyfluoroalkyl
  Substances, PFAS) 269
과학자들
  ―과 기후변화 252~253
  ―과 자연을위한국제적합의 277

관세및무역에관한일반협정(General
 Agreement on Tariffs and Trade, GATT)
 187~189
교육
　—과 계층 44
　—과 계층 이동 285~286
　미국의 — 76~77, 95
　영국의 — 75~76, 90
　인도 여성과 — 238
　인도의 — 224~225, 229~230
　중국의 — 147~148, 194~197
교토의정서(Kyoto Protocol) 261
국가 주도 경제체제
　중국의 — 177~181
　프랑스의 — 125~126
국영기업
　남미의 — 156
　중국의 — 182~183, 185
국제에너지기구(IEA) 256, 258, 262, 265
국제적 비교
　경제적 인과관계와 — 206~215
　교육에 대한 — 194~196
　노동시간에 대한 — 307~310
　행복에 대한 — 301~305
국제적인 중산층 운동
　—과 기후변화 250~251
　—과 안녕 321~324
　1차대전과 — 106~107
국제통화기금(IMF) 155, 160
국제학업성취도평가(PISA) 195~196
권력과 계층 51
귀족 41
　—과 삶의 질 49

1차대전과 — 103~106
('상류층'도 참고하라.)
그레이, 찰스, 백작(Grey, Charles, earl) 86
그리스 170, 213~214
그린버그, 스탠(Greenberg, Stan) 26
　『문제는 중산층이야, 바보야!(It's the
　Middle Class, Stupid!)』('카빌, 제임스'
　공저) 26
글래드스턴, 윌리엄 유어트(Gladstone,
　William Ewart) 59, 86
글로벌 슈퍼클래스(superclass) 250~254
글로벌 엘리트 250~254
금속 재활용 268~269
금주법 94~95
금 태환제 132
기온역전(temperature inversion) 198
기술
　—과 고용 280~293
　—과 녹색전환 254~266
　—과 아메리칸드림 115~116
　—과 중산층의 성장 68~74
　인도와 — 223~231
기후변화 250, 314~315
　—의 영향 253
　탈탄소와 — 254~266

ㄴ

낙관주의 321~324
　교육과 — 211~212
난방 257
남성
　—과 삶의 만족도 하락 210~212
　—과 자원봉사 321

남아시아의 인구 변화 67, 244
남아프리카공화국 314
남해회사버블(South Sea Bubble) 45
냉난방 258
네루, 자와할랄(Nehru, Jawaharlal) 224~225
네 번째 10억 219~245
네슬레(Nestlé) 57
노동시간 307~312
노동 쟁점들
 남미의 ― 156
 ―과 아메리칸드림 113~114, 116~117
 동아시아의 ― 145
 목적의식과 ― 318
 미국의 ― 94~95
 미래의 ― 278~293
 영국의 ― 90~91, 121~124
 유럽의 ― 125~127
 인도의 ― 232~235
 중국의 ― 186, 192~194
노동조합
 남미의 ― 156
 ―과 노동시간 308~309
 ―과 아메리칸드림 116~121
 ―의 미래 290
 미국의 ― 94~95
 영국의 ― 90~91, 121~124
 유럽의 ― 126~131
 중국의 ― 192
녹색전환 254~266
 ―과 식단 262~263, 275~278
농부 41, 44

 ―와 삶의 질 49
 ('하층계급'도 참고하라.)
농업
 녹색전환과 ― 262~263, 275~278
 아시아의 ― 147~148
 인도의 ― 230, 234
농촌 여성과 실내 공기 오염 201
뉴라이트(Newlight) 272
뉴커먼, 토머스(Newcomen, Thomas) 69~70
능력 개발 287~289
니스벳, 매슈(Nisbet, Matthew) 255
니콜라이 2세, 러시아의 황제(Nikolai II, czar of Russia) 107
닉슨, 리처드(Nixon, Richard) 132

ㄷ

다섯 번째 10억 33~34, 249~293
다수대표제 97
다자간섬유협정(Multi Fibre Arrangement) 187~189
다카하시 마쓰리(高橋まつり) 307~308
단백질 263, 275~278
달러 143
대공황(Great Depression) 108
대만 33, 141~142, 146, 150, 153
대분기(Great Divergence) 27
대수렴(Great Convergence) 27, 139, 171
대침체(Great Recession) 31~32, 179, 192, 206~210
더나은삶지수(Better Life Index) 302
덩샤오핑(鄧小平) 194
덴마크 249~250

도쿄 178
도금시대(Gilded Age) 93, 115
도시화 78~79
 인도의 — 223, 228~229
 중국의 — 181~182
독일
 —과 교육 77
 —과 복지국가 97, 128~129
 —과 수출 146
 —과 자가 소유 183
 —과 파시즘 108~110
 —과 1차대전 102~103, 105
 —과 2차대전 110~111
 —의 노동시간 308
 —의 재통일 169~171
 전간기(interwar period)의 — 107~108
 전후 시기의 — 127~130
돌봄 노동에 대한 대가 290~291
동독 166~170
동아시아
 —에서의 쟁점들 150~152
 —의 인구 변화 67
 —의 중산층 139~154
 2차대전과 — 110~111
동유럽의 중산층 162~171
두 번째 10억 137~173
디지털격차(digital divide) 213
 인도의 — 243~245
 코비드-19 팬데믹과 — 288
디키, 세라(Dickey, Sara) 238
디킨스, 찰스(Dickens, Charles) 45~46
 『데이비드 코퍼필드(David Copperfield)』 45~46
디턴, 앵거스(Deaton, Angus) 210, 298~299
디포, 대니얼(Defoe, Daniel) 38
 『로빈슨 크루소(Robinson Crusoe)』 38
딥날리지벤처스(Deep Knowledge Ventures) 280~281
땅의 보존 276~277

ㄹ

라틴아메리카
 —와 코비드-19 242
 —의 긴축정책 160~161
 —의 인구 변화 67
 —의 중산층 154~162
 —의 중소기업 부족 157
 —의 천연자원 158~159
러다이트(Luddite) 289~290
런던 그레이트 스모그(Great Smog) 198
러시아 100, 102, 162~171
레오 13세, 교황(Leo XIII, pope) 279
 〈레룸 노바룸(Rerum Novarum)〉 279
로너건, 에릭(Lonergan, Eric) 30
 『앵그리노믹스(Angrynomics)』('블리이스, 마크' 공저) 30
로또의 저주(curse of the lottery) 25
로스, 에드워드(Ross, Edward) 99
로스코프, 데이비드(Rothkopf, David) 251
로저스, 대니얼 T.(Rodgers, Daniel T.) 100
루마니아 167
루서, 월터(Reuther, Walter) 116~117

루스벨트, 시어도어(Roosevelt, Theodore) 96, 99~100, 104~105
루카스, 로버트(Lucas, Robert) 136, 139
룩셈부르크 61, 281, 285
르봉마르셰(Le Bon Marché) 백화점 39~40, 80
리스턴, 월터(Wriston, Walter) 159~160
리커창(李克强) 199
리투아니아 165
립셋, 시모어 마틴(Lipset, Seymour Martin) 31, 108
　『정치적 인간(Political Man)』 108

◻

마력(horsepower) 69
마르샹, 롤랑(Marchang, Roland) 93
　「상품민주주의라는 우화(Parable of the Democracy of Goods)」 93
마르크스, 카를(Marx, Karl) 83
마셜플랜(Marshall Plan) 112, 121
마이코웍스(MycoWorks) 272~273
말레이시아 141~142, 146, 150~152
맞벌이 가구 237
　아시아의 ─ 149~150
매카이, 찰스(Mackay, Charles) 42~43
매콜리, 토머스 배빙턴(Macaulay, Thomas Babington) 84~85
맥주 80
맥킨지글로벌연구소(MGI) 156~157, 282
맨, 호러스(Mann, Horace) 76~77
메스티에리, 마티(Mestieri, Marti) 71~72
멕시코 59, 160, 186, 201

멜라민 204
멜버른, 윌리엄 램, 자작(Melbourne, William Lamb, viscount) 86
멸종 273~276
모네, 장(Monnet, Jean) 125
모라벡, 한스(Moravec, Hans) 288~289
모스, 새뮤얼(Morse, Samuel) 71
목적의식 302~303
　─과 행복한 삶 315~321
몰도바 164
몰타 167
무솔리니, 베니토(Mussolini, Benito) 110
무어, 찰스(Moore, Charles) 267
물가
　남미의 ─ 158~159
　녹색전환과 ─ 265~266
　동유럽의 ─ 165
　유가 인상과 ─ 132~133
　1차대전과 ─ 106~108
미국
　─과 교육 76~77, 95
　─과 낙관주의의 쇠퇴 210~212
　─과 대침체 208~209
　─과 수출 146
　─과 에너지 생산 256
　─과 자가 소유 183
　─과 제조업 143
　─과 코비드-19 241
　─과 1차대전 104~106
　─과 2차대전 111
　─의 경기 과열과 금리 인상 151
　─의 고용 208~209
　─ 중산층의 정치적 힘 91~96

미덕과 행복한 삶 48~49
미래
    ―에 대한 제안들 297~324
    ―에 대한 희망 312~315
    ―에 영향을 미치는 쟁점들 249~293
미래를위한금요일(Fridays for Future)
    250~252
민영화
    독일의 ― 170
    동유럽의 ― 166
    인도의 ― 235~236
민족주의 100~101, 107, 207, 254
민주주의 82
    미국의 직접 ― 93~95
    일본의 ― 140~141
    중산층과 ― 27, 31
밀레니얼세대 211~212
밀, 존 스튜어트(Mill, John Stuart) 44

ㅂ

바움, 프랭크(Baum, Frank) 92
    《스토어윈도(Store Window)》 92
바이든, 조(Biden, Joe) 241, 277
바이마르공화국 107~108
박애주의자 80
반곡물법동맹(Anti-Corn Law League)
    87~88
반복적인 일(업무, 노동 등) 286~288
방글라데시 237, 270
백열등 264
백화점 39~40, 92~93
뱀 사다리 게임(snakes and ladders game)
    285~286

법치(rule of law) 82
복지국가 132
    영국의 ― 121~124
    유럽의 ― 96~97, 128~132
봉급('임금'을 참고하라.)
봉급생활자
    영국의 ― 74~75
    인도의 ― 222~223
    일본의 ― 140
    코비드-19 팬데믹과 ― 288
부(wealth) 24
    ―와 계층 53
부르주아(bourgeois) 41~42
부시, 조지 H. W.(Bush, George H. W.)
    180, 190
부시코, 아리스티드(Boucicaut, Aristide)
    39~40
부유세(wealth tax) 129~130
부정적경험지수(Negative Experience
    Index) 310
부패(미국의 경우) 93~95
북대서양금융위기(North Atlantic
    Financial Crisis, 대침체) 32, 179, 192,
    206~207
북미
    ―의 인구 변화 67~68
    2차대전과 ― 111
북아프리카의 인구 변화 67
북유럽 모델 130~131
불가리아 165, 167
불평등 32, 313~314
    남미의 ― 156~157
베를린장벽의 붕괴 162~171

베버, 막스(Weber, Max) 43
베버리지, 윌리엄(Beveridge, William) 121
베블런, 소스타인(Veblen, Thorstein) 42
베이징 182, 198~199
베이커, 짐(Baker, Jim) 160
브라질 242
브래디, 니컬러스 F.(Brady, Nicholas F.) 160
브루킹스연구소(Brookings Institution) 283
브룬틀란, 그로 할렘(Brundtland, Gro Harlem) 251~252
블라이스, 마크(Blyth, Mark) 30
비건 식단 263, 276
비닐봉지 270~271
비례대표제 97, 130~131
비반복적인 일(업무, 노동 등) 286~287
비스마르크, 오토 폰(Bismarck, Otto von) 97
비용('지출'을 참고하라.)
비튼, 이저벨라(Beeton, Isabella) 239
『비튼 부인의 가정 관리법(Mrs. Beeton's Book of Household Management)』 61~62
빅토리아 시대 중산층의 발달 46~49, 60, 67~133
　　―과 잘 산다는 것(living well)의 의미 61~62
빅토리아 영국 여왕(Victoria, queen of Great Britain) 46, 67~68
빈곤 25
　　―의 정의 59~60
　　제3세계의 ― 138, 158
　　중국의 ― 178~179
빌헬름 2세, 카이저(Wilhelm II, kaiser of Germany) 102

ㅅ

사스(SARS, 중증급성호흡기증후군) 28, 33
사하라사막 이남의 아프리카
　　―의 유아사망률 77~78
　　―의 인구 변화 67
사회경제적 계층(class)의 본질 43~44
사회경제적 지위(status)의 정의 41
사회계약
　　―과 아메리칸드림 111~121
　　인도와 ― 234~235
사회계층(social class)
　　미국 사회와 ― 91~92
　　―의 정의 40~42
　　세 가지 ― 분류 체계 44~46
사회계층 이동 45~46, 124~125
　　―에서의 변화 211, 283~286
사회적 위계와 계층 51
　　아시아의 ― 148
사회적 지위(social status)
　　―의 변화 312~315
　　인도의 ― 238~240
　　중국의 ― 196~197
사회주의 83, 111, 137
　　미국의 ― 94~95
　　―와 자가 소유 183
　　소련 ―의 붕괴 164
　　유럽의 ― 96, 107
산업혁명 68~74

산유국 132
삶의 만족도
　— 대 행복 298~299
　—와 행복한 삶 301~303
　—의 변화 312~315
　소득과 — 25~26
삼국동맹(Triple Alliance) 102~103, 107
삼국협상(Triple Entente) 102~103, 105~106
상대적 계층 경계 50~52, 55~61
　— 대 절대적 계층 경계 57~58
상류층
　—의 경계 61
　—의 미래 290~293
　—의 분류 50~51
　—의 인구 변화 67
　소득과 — 47
　1차대전과 — 103~104
상하이 182, 195
새로운 사업 제도와 관행들 72~74
　인도의 — 228~229
생산성
　—과 노동시간 308~310
　—과 소득 290
　—과 소득 증가 282~283
　아시아의 — 147~148
생존주의 232
생활수준
　남미의 — 158~159
　동아시아의 — 143
　동유럽의 — 162~163
　—의 격차 138
　자가 소유와 — 184

전후 유럽의 — 125
서독 127, 166, 169~170
서비스 부문
　인도의 — 222~231
　코비드-19 팬데믹과 — 288
석유 회사
　남미의 — 159
　—와 기후변화 261
　—와 대기오염 199~200
섬유및의류에관한국제협정(Agreement on Textiles and Clothing) 187~189
섬유 제조업 187~189
세계가치관조사(World Values Survey, WVS) 233
세계무역기구(World Trade Organization, WTO) 185, 189~191, 206, 208, 212
세계인권선언(Universal Declaration of Human Rights) 280
〈세계행복보고서(World Happiness Report)〉 303
세계화 139~154
세금
　녹색전환과 — 266
　독일의 — 129~130
　– 과 다국적기업 314
　영국의 — 84, 122~123
　인도의 — 235
세대 간 계층 이동과 변화 211~212, 285~286, 313
세대 간 연대 291~292
세 번째 10억 177~215
세속적인 사회 231~233
셰어(Share) 316

세이버리, 토머스(Savery, Thomas) 69
셰익스피어, 윌리엄(Shakespeare, William) 248
    〈햄릿(Hamlet)〉 248, 250
셸던, 윌리엄(Sheldon, William) 300
소득
    —과 계층 44~47, 52~54
    —과 삶의 만족도 25~26
    —과 생산성 282~283, 290
    —과 중진국의 함정 157~158
    —과 행복 297~299
    —과 행복한 삶 298~299
    영국의 — 123
    ('임금'도 참고하라.)
소득세('세금'을 참고하라.)
소련 137
    —의 붕괴 162~171
    2차대전과 — 111
소로스, 조지(Soros, George) 151
소말리아 77
소비
    과시적 — 42
    남미의 — 부족 157
    미국의 — 92~93
    백화점과 — 39~40
    —를 위한 권고 321~324
    —와 기후변화 253~255
    —와 아메리칸드림 115~119
    —와 지속가능한발전 262~264
    —와 지속 가능한 브랜드 316~320
    식습관의 변화와 — 275~278
    아시아의 — 154
    인도의 — 239~240
    19세기의 — 79~81
소셜미디어와 브랜드 317~318
솔린저, 도러시(Solinger, Dorothy) 192~193
수출
    아시아와 — 142~146
    인도와 — 229
    중국과 — 185~186
숙련도 향상 287~288
순환경제(circular economy) 267~272
    —를 위한 재사용 271~272
    —의 디자인 270~272
쉬망, 로베르(Schuman, Robert) 127
스미스, 애덤(Smith, Adam) 72
스웨덴 77, 130~131, 256
스칸디나비아(북유럽)
    —의 경제모델 130~131
    —의 쟁점들 249~250
    —의 정치적 힘 96~97
스태그플레이션(stagflation) 133
스트레스 302~303, 306~312
시어스 카탈로그(Sears catalog) 93
시장 78~79
    중국과 — 189~191
시진핑(習近平) 176, 178, 183, 198
시험제도
    미국의 — 95
    아시아의 — 148
    중국의 — 194
식민지 74, 99
신용
    그리스의 — 170, 213~214
    동아시아의 — 150~151

—과 소비자주의 92~93
실내 공기 오염 201
실업('고용'을 참고하라.)
싱, 만모한(Singh, Manmohan) 218~223
싱, V. P.(Singh, V. P.) 220
싱가포르 33, 141, 143, 146, 150, 183
썬마이크로시스템스(Sun Microsystems) 225
쓰레기 감소 및 처리 방안 263, 266~278

ㅇ

아난다마이드(anandamide) 306
아동성비(child sex ratio) 239~240
아르메니아 165
아르튀르, J.(Artur, J.) 107
아르헨티나 242
아리스토텔레스 22~23, 48, 315
아메리칸드림 66, 111~121
아시아
　—와 경제 위기 32~34
　—의 과로 스트레스 307~308
　—의 문해력 147~148
　—의 외환 위기 151~153
　—의 인구 변화 67~68
　—의 중산층 30~31, 33~34, 139~154, 244~245
　('중국', '인도'도 참고하라.)
아이슬란드 309
아카마쓰 가나메(赤松要) 141
아편전쟁 100
아프리카 35, 57, 67, 77
안정
　스칸디나비아의 — 130~131

아시아의 — 146~147
　—과 중산층의 성장 74~81
　유럽연합과 — 169
애덤스, 제임스 트러슬로(Adams, James Truslow) 66, 112
『미국의 서사시(The Epic of America)』 66, 112
앵글로색슨계 백인 프로테스탄트(White Anglo-Saxon Protestant, WASP) 94
양호한 일자리 278~293
　—의 본질 278~280
　('고용'도 참고하라.)
에너지 생산의 전환 255~257
에어포칼립스(airpocalypse) 198
에우다이모니아(eudaemonia. '행복한 삶'을 참고하라.)
에우다이모니아의 개념과 행복(well-being) 304~305, 315~316
에콰도르 242
에피쿠로스(Epicurus) 48
엘란데르, 타게(Erlander, Tage) 131
여섯 번째 대멸종(sixth mass extinction) 274
여성
　미국의 — 92, 94~95
　아시아의 — 149~150
　—과 고용 113
　—과 실내 공기 오염 201
　—과 워라밸 310
　—과 자원봉사 320~321
　영국의 — 74
　인도의 — 237~240
연쇄점 92

영국
　—과 관세 87
　—과 아편전쟁 100
　—과 자가 소유 183
　—과 정치적 힘 84~91
　—과 1차대전 102~104
　—에서 중산층의 성장 67~91
　—의 지방정부 85, 89
　—의 타운의회((Town council) 89
　전후 시기의 — 121~124
오바마, 버락(Obama, Barack) 61~62
옥시토신(oxytocin) 306
온실가스(Greenhouse Gas, GHG) 255, 260
와트, 제임스(Watt, James) 69~71
요한 바오로 2세, 교황(John Paul II, pope) 279
　〈노동하는 인간(Laborem Exercens)〉 279~280
우루과이 158, 162
우루과이라운드(Uruguay Round) 188~189
우생학 98~99
우크라이나 164~165
우편 주문 카탈로그 93
운송
　영국의 — 89~90
　—과 아메리칸드림 118
　—의 혁신 68~74
　인도의 — 230, 239
　전기화와 — 257~258
워싱턴컨센서스(Washington Consensus) 139, 154~162

웰젤, 크리스천(Welzel, Christian) 27, 231~232
위고, 빅토르(Hugo, Victor) 218
위프로(Wipro) 223
윌리엄슨, 존(Williamson, John) 139, 154~155
윌버포스, 리처드(Wilberforce, Richard) 123
윌슨, 우드로(Wilson, Woodrow) 105
유교 147, 178
유기농 식품 263
유니콘(unicorn) 229
유니클로(Uniqlo) 145
유대인과 계층 43
유럽
　마셜플랜과 — 112, 121
　—과 교육 77
　—의 인구 변화 67
　—의 정치적 힘 96~98
　전후 시기의 — 121~131
유럽석탄철강공동체(ECSC) 127, 208
유럽연합(EU) 68, 127~128, 162, 271
　—과 노동력의 이동 167
　—의 확장 167~170, 172, 208
유아사망률 77~78
유제품 275~276
유치원 77
유한책임회사(limited liability company, LLC) 72~73
육체노동 286~287
음식
　—과 지속가능성 275~278
　중국의 — 안전에 관한 쟁점

203~205
의료
  영국의 — 75
  유럽의 — 77~78
  인도의 — 235
의미('목적의식'을 참고하라.)
이동성(mobility. '세대 간 계층 이동과 변화', '사회계층 이동'을 참고하라.)
이스털린의 역설(Easterlin paradox) 298
이슬람 국가와 여성 고용 150, 237
이케아(IKEA) 144~145
이탈리아 60, 77, 79, 102, 110, 123
인간관계와 행복한 삶 299~300, 306
인공지능 280~281, 288~290
인도 219~245
  —와 기후변화 314
  —와 정보기술(IT) 223~231
  —의 공학도들 222~225
  —의 노동시간 308
  —의 농촌 노동자들 233~234, 242
  —의 비공식 부문 경제 233~234
  —의 상호부조 집단 233
  —의 전문가들 222
  —의 휴대폰 227~228, 243
  — 중산층의 "탈출" 235~236
인도공과대학(Indian Institutes of Technology, IIT) 224~225
인도네시아 146, 150~152, 314
인디아스택(India Stack) 243
인류세(Anthropocene) 252~253
인적 자본
  영국의 — 75
  —과 계층 44

인종 문제 98~99, 300
인종 자살(race suicide) 99
인터페이스유럽(Interface Europe) 272
인포시스(Infosys) 223
인플레이션
  남미의 — 156, 161
  동유럽의 — 165
  미국의 — 132~133
일(work. '고용'을 참고하라.)
일과 삶의 균형(work-life balance, 워라밸) 302, 306~312
일당 통치 140, 146
일본
  —과 2차대전 110
  —의 업무 스트레스 307~308
  전후 시기의 — 139~140
일자리('고용'을 참고하라.)
임금
  동유럽의 — 166
  아시아의 — 143, 146
  인도의 — 227
  —과 고용 278
  — 유형별 일자리 증감 281~282
  중국의 — 186, 193~194
  ('소득'도 참고하라.)
잉글랜드('영국'을 참고하라.)
잉글하트, 로널드(Inglehart, Ronald) 27, 231~232

ㅈ

자기집단중심적이타성(parochial altruism) 306
자동차 산업

독일의 ― 128
　　　동유럽의 ― 168~169
　　　미국의 ― 116~117
　　　소련의 ― 163~164
　　　인도의 ― 221, 230
자본시장
　　　지속가능한발전과 ― 318~320
　　　혁신과 ― 71~74
자연
　　　―보호 266~278
　　　('기후변화'도 참고하라.)
자연을위한국제적합의(Global Deal for Nature) 277
자원봉사 304, 316, 320~321
자원의 희소성 문제에 대한 케인스의 생각 297
자유무역 86~87, 99~100, 180, 191~192, 207~208
자유민주주의(liberal democracy) 31, 82, 107
장쩌민(江澤民) 191
　　　〈삼개대표론(三個代表論)〉 191
재교육 287~288
재생에너지 256~257
재활용 267~271
저축
　　　미국의 ― 117
　　　중국의 ― 185
적록연정(red-green alliance) 96
적백연정(red-white alliance) 96
전기
　　　―로 전환 256~260
　　　―의 탈탄소화 254~257

전 세계 경제의 구심점 이동 214~215
전 세계 인구
　　　고대의 ― 23
　　　1820~1837년의 ― 23, 67~68
　　　1920년의 ― 78~79
　　　1차대전과 ― 103
전통적인 사회 231~232
전후 시기 111~131
절대적 분류법 50~52, 55~61
　　　― 대 상대적 분류법 55~56
절망사(deaths of despair) 29, 210
젊은이와 기후변화 250~254
정부의 역할
　　　라틴아메리카에서 ― 155~156
　　　미국에서 ― 113~114, 120~121
　　　아시아에서 ― 146~147
　　　인도에서 ― 220~221, 233~236, 242
　　　일본에서 ― 140~142
　　　―과 기술 289~291
　　　―과 삶의 만족도 하락 313
　　　―과 여성 고용 150
　　　―과 지속가능한발전 259~262
　　　―과 행복한 삶 300~303
　　　중국에서 ― 178, 197~198
정신 건강의 쟁점들 29~30, 306~307
정치적 힘 24, 27, 81~83
　　　미국의 ― 91~96
　　　영국의 ― 84~91
　　　유럽의 ― 96~98
제대군인원호법(GI Bill of Rights) 115
제조업
　　　인도의 ― 221~222
　　　―과 아메리칸드림 115~116

—과 여성 고용 149~150
　　중국의 — 185~192
제트세대 252
　　—와 워라밸 311~312
　　—와 지속 가능한 브랜드 317~318
제퍼슨, 토머스(Jefferson, Thomas) 76
제1세계의 정의 137
제2세계
　　—의 정의 137
　　—의 중산층 138, 162~171
제3세계의 정의 137
젠더('남성'과 '여성'을 참고하라.)
조지아 164~165
조화로운 사회 건설과 중국 177~178,
　　181~184
〈졸업(The Graduate)〉, 영화 116
주문자상표부착생산업체(OEM)
　　168~169
주식합자회사법(Joint Stock Companies
　　Act) 72~73
주택 공급
　　인도의 — 230
　　중국의 — 181~184
주4일 근무 311
중국
　　—과 기후변화 314
　　—과 서구 중산층의 쟁점들 206~215
　　—과 아편전쟁 100
　　—과 인권 190
　　—의 교사들 196~197
　　—의 기반 시설(인프라) 186~187
　　—의 기업가들 191
　　—의 노동자 시위 192~193

　　—의 비정부기구(NGO) 202~205
　　—의 임대료 182~183
　　—의 자가 소유 182~184
　　—의 중산층 177~215
　　—의 평균 노동시간 308
중국몽(Chinese dream) 176, 178, 183,
　　198~199
중국 석유천연가스공사(PetroChina) 200
중동의 인구 변화 67~68
중산층
　　— 공동화(hollowing out), 용어 282
　　— 사이의 분열 290~293
　　—에게 불리한 상황 24~25
　　—을 분류하는 척도 50~54
　　—을 위한 조언 297~324
　　—의 기원 40~46
　　—의 연대와 집단행동 321~324
　　—의 이점 26~27
　　—의 이타적 행위 320~321
　　—의 쟁점들 249~293
　　—의 정의 46~49
　　—이라는 개념의 발전 39~63
중산층의 가치관 27, 47~49, 61~63
　　남미 — 161~162
　　독일 — 129~130
　　미국 — 92~93
　　아시아 — 153~154
　　인도 — 231~236
　　중국 — 178~181
　　—과 민주주의 30~31
　　—과 사회계층 이동 285~286
　　—과 아메리칸드림 112
　　—과 지속가능한발전 273~274

중산층의 행동 양식 46~49
　　인도 — 239~240
　　—과 여성 고용 237~239
　　—과 지속적인 발전 262~264
중산층 인구
　　코비드-19 팬데믹과 — 240~245
　　남미의 — 161~162
　　동아시아의 — 153
　　동유럽의 — 171
　　1820~1830년 23, 63, 67~68
　　1914년 81
　　2차대전과 — 110~111
　　1975년 68, 131~132
　　2021년 244~245
중소기업
　　동유럽의 — 166
　　미국의 — 114~115
　　인도의 — 223
중앙아시아의 인구 변화 67
중위투표자(median voter) 이론 244
중진국의 함정(middle-income trap) 158
지구기후연합(Global Climate Coalition) 261
지구위험한계선(planetary boundaries) 249, 254
지배력과 계층 51
지속가능채권(Sustainable Bond) 318~319
지속가능한발전(sustainable development) 251~252
　　순환경제와 — 266~272
　　자연 복원과 — 272~278
　　—을 위한 권고 사항들 291~293
　　탈탄소와 — 254~266

지속 가능한 브랜드(sustainable brand) 316~320
지식노동을 위한 일자리 286~287
지역별 노동조합 119~120, 126~127
지위재(status goods) 42
지적재산권 188
지출 26
　　유럽과 북아메리카의 — 79~81
　　—과 계층 분류 53~54
직업
　　—과 계층 47
　　—과 사회계층 이동 283~288

ㅊ

차이징(柴靜) 199~200
　　〈돔 지붕 아래서(穹頂之下)〉 199~200
참여(목소리 내기)에 관한 허슈먼의 분석 234
채무
　　그리스와 — 170, 213~214
　　남미의 — 159~161
　　동아시아의 — 150~151
체코공화국 164
체티, 라지(Chetty, Raj) 285
최초의 10억 67~133

ㅋ

카너먼, 대니얼(Kahneman, Daniel) 298~299, 305
카디건 경, 제임스 토머스 브루더넬 (Cardigan, James Thomas Brudenell) 103

카로시(過勞死, 과로사), 용어 307
카빌, 제임스(Carville, James) 26
카스트제도 232
카푸르, 셰카르(Kapur, Shekhar) 222
캔슬컬처(cancel culture) 317
캔트릴, 해들리(Cantril, Hadley) 304
    캔트릴자기규정성취도(Cantril Self-Anchoring Striving Scale) 304
케이스, 앤(Case, Anne) 210
케인스, 존 메이너드(Keynes, John Maynard) 207~208, 296~297
    〈민족주의의 정신(spirit of nationalism)〉 207
코로나바이러스(coronaviruses) 28
코민, 디에고(Comin, Diego) 71~72
코브던, 리처드(Cobden, Richard) 87~88
코비드-19 팬데믹(COVID-19 pandemic) 24, 28, 31~33
    인도와 ― 223, 236
    중국과 ― 181
    ―과 노동시간 310~312
    ―과 서비스 부문 288
    ―과 전 세계 중산층 240~245
코슬라, 비노드(Khosla, Vinod) 225
코펜하겐기준(Copenhagen criteria) 168
콰, 대니(Quah, Danny) 214
쿡, W. F.(Cooke, W. F.) 71
크로아티아 167
클렌부테롤(clenbuterol) 204
클린턴, 빌(Clinton, Bill) 26, 190
키프로스 167, 213

ㅌ

타타컨설턴시서비스(TCS) 223
탄소 배출 202, 254~266, 319~320
탄소중립(Net Zero) 202, 254~266, 314, 319~320
탄소흡수원(carbon sink) 273
탐스(Toms) 316
태국 141~142, 150~151
태평양거대쓰레기지대(Great Pacific Garbage Patch) 267
토머스 아퀴나스(Thomas Aquinas) 49
토요타자동차 221
통신
    인도와 ― 223~231
    ―의 혁신 71~72
통화위기 151~152
투표
    미국의 ― 94~96
    영국의 ― 84~86
    유럽의 ― 96~98
    파시즘과 ― 108~110
툰베리, 그레타(Thunberg, Greta) 250~251
튤립버블(Tulip Bubble) 42~43
트레비식, 리처드(Trevithick, Richard) 70~71
트루먼, 해리(Truman, Harry) 113
트버스키, 아모스(Tversky, Amos) 305
트웨인, 마크(Twain, Mark) 115

ㅍ

파나마운하 100
파리기후협약(Paris Climate Agreement)

202
파시즘 107~110
파키스탄 237
팔메, 올로프(Palme, Olof) 131
페레스트로이카 163
폭스바겐 비틀(Volkswagen Beetle) 128
폭스콘(Foxconn) 193
폴란드 162~167
폴리하이드록시부티레이트(PHB) 272
퓨리서치센터(Pew Research Center) 55, 313
프란츠 페르디난트 대공(Franz Ferdinand, archduke) 101
프랑스
    전간기의 ― 107
    전후 시기의 ― 125~127
    ―와 복지국가 97
    ―와 비관주의 313
    ―와 에너지 생산 256
    ―와 자가 소유 183
    ―와 탈탄소화 257, 263~264
프롬, 에리히(Fromm, Erich) 109
프뢰벨, 프리드리히(Fröbel, Friedrich) 77
프리덤하우스(Freedom House) 31
프리드먼, 톰(Friedman, Tom) 321~322
프리드먼, 훌리오(Friedman, Julio) 259~260
프린치프, 가브릴로(Princip, Gavrilo) 101
플라스틱
    비닐봉지 270~271
    ― 재활용 268~271
플라잉기스모델(Flying Geese Model, 기러기 편대 모델) 141~143

플라자합의(Plaza Accord) 143
플립카트(FlipKart) 229
피치, 존(Fitch, John) 70
피트, 윌리엄(Pitt, William the Younger) 84
필, 로버트(Peel, Robert) 87~88

ㅎ

〈하버드대 성인발달연구(Harvard Study of Adult Development)〉 299~300
하우스먼, 리카도(Haussman, Ricardo) 142
    경제적 복잡성(Economic Complexity)에 관한 도표 142~143
하이퍼인플레이션(hyperinflation) 108, 165
하층계급
    제3세계의 ― 138
    ―과 삶의 질 49
    ―과 지출 58~59
    ―의 경계 58~60
    ―의 분류 50~51
    ―의 인구 변화 67
한국
    ―의 경제성장 141~143
    ―의 교육 148
    ―의 노동시간 308
    ―의 외환 위기 150~153
    ―의 중산층 증가 33, 153, 158
    ―의 ESG채권 발행 318
합리적인 사회 231~232
항공 산업의 환경적 영향 258, 263, 292
항상소득(permanent income) 54
해러즈(Harrod's) 백화점 39~40
해외투자

인도의 — 225~227
중국의 — 186~187
행복(happiness)
　　소득과 — 25~26, 297~299
　　— 대 삶의 만족도 297~299
　　—에 대한 국제적 조사와 비교 302~303
　　—한 정도의 하락 29~30
행복(well-being)
　　—을 위한 권고 사항 297~324
　　('행복한 삶'도 참고하라.)
행복한 삶(good life) 23~27
　　독일의 — 129~130
　　목적의식과 — 315~321
　　중국의 — 197
　　중산층과 — 61~63
　　중산층에 대한 정의로서의 — 46~49
　　—과 개인주의 301
　　—을 위한 권고 297~324
　　—의 다양한 측면들 298~301
　　—의 미래 292~293
허슈먼, 앨버트(Hirschman, Albert) 234
헝가리 162~164
혁신
　　—과 녹색전환 259~260
　　—과 아메리칸드림 115~116
　　—과 중산층의 성장 68~74
홀로세(Holocene) 252~253
홍콩 308
화석연료 255~262
환경 쟁점들 314~315
　　중산층과 — 28
　　('기후변화'도 참고하라.)

후쿠야마, 프랜시스(Fukuyama, Francis) 82~83
휘게(hygge) 250
휘트먼, 월트(Whitman, Walt) 59
휘트스톤, C.(Wheatstone, C.) 71
휴양지 80~81
흑인과 선거권 94
희망 312, 321~324
히틀러, 아돌프(Hitler, Adolf) 108
힌두스탄모터스(Hindustan Motors) 221~222, 230

기타

ACWA 256
CVS 317
ESG채권 318~319
GATT와 금융 관련 쟁점 187~189
JAM 트리니티(Jan Dhan-Aadhar-Mobile Trinity) 243
PwC 317
Y2K 공포(Y2K scare) 228
1차대전 81, 101~107
2차대전 108~111
　　전후 시기 111~131, 139~140, 240
5대 악(five giant evils) 122
19세기의 오락거리 80~81

Philos 039

중산층 연대기

1판 1쇄 인쇄 2025년 6월 11일
1판 1쇄 발행 2025년 6월 30일

지은이 호미 카라스
옮긴이 배동근
해제 조귀동
펴낸이 김영곤
펴낸곳 (주)북이십일 아르테

책임편집 최윤지 배성원
기획편집 장미희 김지영
디자인 채홍디자인

마케팅 남정한 나은경 한경화 전연우
영업 한충희 장철용 강경남 황성진 김도연
해외기획 최연순 소은선 홍희정
제작 이영민 권경민

출판등록 2000년 5월 6일 제406-2003-061호
주소 (10881) 경기도 파주시 회동길 201(문발동)
대표전화 031-955-2100 팩스 031-955-2151 이메일 book21@book21.co.kr

ISBN 979-11-7357-335-4 (03320)

아르테는 (주)북이십일의 문학·교양 브랜드입니다.

(주)북이십일 경계를 허무는 콘텐츠 리더

페이스북 facebook.com/21arte　　블로그 arte.kro.kr
인스타그램 instagram.com/21_arte　　홈페이지 arte.book21.com

· 책값은 뒤표지에 있습니다.
· 이 책 내용의 일부 또는 전부를 재사용하려면 반드시 (주)북이십일의 동의를 얻어야 합니다.
· 잘못 만들어진 책은 구입하신 서점에서 교환해 드립니다.

카라스는 희망적인 메시지로 글을 맺는다. 세계 중산층이 탈탄소화를 촉구하고 지속 가능한 제품을 소비하며 계층 이동과 양질의 일자리를 보장하는 정책을 지지할 때, 중산층은 더 나은 사회와 정치, 공동선을 실현하는 강력한 동력이 될 수 있다.
– 《포린어페어(Foreign Affairs)》

이 책에서 호미 카라스는 산업혁명부터 현재까지 중산층의 성장 과정을 연대기적으로 기록하고, 50억 명에 육박하는 이 거대한 중산층의 존재를 위협하는 문제들을 논의한 다음, 미래를 위해 실천해야 할 의제와 방향성을 제시한다. 모든 독자에게 추천할 만한 책이다.
– 《초이스리뷰(Choice Reviews)》

디지털 혁명이나 세계화, 인공지능 같은 화려한 변혁들에 비하면 전 세계적인 중산층의 등장은 그리 대단해 보이지 않을 수 있다. 하지만 경제학자 호미 카라스는 『중산층 연대기』에서 이것이야말로 인류 역사상 가장 중대한 변화일 수 있다고 역설한다. 그는 냉철하면서도 희망적인 어조로, 인류에게 절실하게 필요한 체계적 변혁을 이끌어 낼 주체는 바로 이 거대한 집단이라고 강조한다. 이를 위해 중산층은 그들이 지향하는 '행복한 삶'의 의미를 새롭게 정의해야 한다.
– 《크리스천사이언스모니터(The Christian Science Monitor)》

호미 카라스가 희소식을 전한다. 불과 200년 만에 세계는 극심한 빈곤에서 벗어나 전 세계 인구의 절반이 중산층에 속하게 되었고, 앞으로도 빈곤 종식과 수십억 명의 중산층 진입 같은 더 큰 도약이 가능하다는 것. 카라스는 이러한 발전의 역사와 그 원동력이 된 동인을 명쾌하게 짚어 내면서도 우리가 직면한 중대한 과제들을 외면하지 않는다. 전 지구적 협력, 사회적 결속, 양질의 교육, 지속 가능성, 디지털 기술의 현명한 활용 등 앞으로 인류가 풀어야 할 숙제들을 날카롭게 제시한다. 지적이고도 인간적이며 시의적절한 이 책은, 더 나은 미래를 꿈꾸는 전 세계의 모든 독자를 위한 필독서가 될 것이다.
- 제프리 D. 삭스(Jeffrey D. Sachs), 컬럼비아대학교 교수, 『제프리 삭스 지리, 기술, 제도』 저자

어느 사회든 성공하려면 중산층이 건강해야 한다. 세계 경제의 성공 역시 마찬가지다. 『중산층 연대기』는 경제 발전 분야에서 쌓은 저자의 오랜 연구 경험을 토대로, 중산층의 성장을 위한 깊이 있는 통찰을 전한다.
- 로런스 H. 서머스(Lawrence H. Summers), 전직 미국 재무부 장관, 하버드대학교 명예총장

호미 카라스는 특유의 명쾌한 논리로 복잡한 질문을 던진다. 전 세계 중산층의 증가는 과연 지구촌의 성장과 번영, 안정, 그리고 행복에 반드시 도움이 될까? 그 답은 아마 당신을 놀라게 할지도 모른다. 역사에 관심이 있고 지적 호기심이 왕성한 독자라면 절대 놓쳐서는 안 될 책!
- 응고지 오콘조이웨알라(Ngozi Okonjo Iweala), 세계무역기구(WTO) 사무총장

가난이란 무엇인가, 무엇이 가난을 만들고 지속시키는가, 어떻게 가난을 해결할 것인가. 이 주제는 오랜 세월 동안 수많은 연구가 축적된 분야다. 그러나 학자와 정치인, 평론가 들의 관심은 대개 극빈층과 초부유층, 특히 사람들을 빈곤에서 어떻게 구제하고 소득과 부를 어떻게 공정하게 분배할 것인가에 집중되어 왔다. 그에 비해 전례 없이 빠르게 확대되고 있는 중산층에 대한 논의는 그 중요성에 비해 턱없이 부족했다.
다행히 이제 우리는 호미 카라스의 명쾌하고 독창적이며 엄밀한 연구를 통해 전 세계적인 중산층의 성장을 이해할 수 있게 되었다. 그의 선구적인 연구는 새로운 중산층 형성의 원동력을 밝히고, 수십억 인구가 다시 빈곤의 늪으로 추락하지 않도록 보호하기 위한 정책을 제시한다. 『중산층 연대기』는 앞으로 전 세계 중산층을 둘러싼 모든 진지한 논의에서 반드시 거쳐야 할 책이 될 것이다.
- 모이세스 나임(Moises Naim), 카네기국제평화재단 최고연구원, 『권력의 보복(The Revenge of Power)』 저자